W0245013

Jan Bürger

Der Neckar

Jan Bürger

Der Neckar

Eine literarische Reise

C.H. Beck

2. Auflage. 2013

© Verlag C. H. Beck oHG, München 2013
Gesetzt aus der Janson Text bei
Fotosatz Amann, Aichstetten
Druck und Bindung: GGP Media GmbH, Pößneck
Gedruckt auf säurefreiem, alterungsbeständigem Papier
(hergestellt auf chlorfrei gebleichtem Zellstoff)
Printed in Germany
ISBN 978 3 406 64692 8

www.beck.de

Für Nicolas, Moritz und Anna

Dieser Fluß durchschneidet das Herzogthum dergestalt, von Mittag gegen Mitternacht, daß es fast in zwey gleiche Theile getheilet wird. Man möchte sagen, daß er seinen Namen von den alten Teutschen Wasser-Göttern, denen Necken habe, von denen sie geglaubet, dass sie in den Wassern der Bronnen und Flüsse sich aufhalten und in menschlicher Gestalt, jedoch mit ungeheuren Fisch-Schwänzen sehen lassen. Weil es aber nur ein zufälliger Gedanke ist, so läßt man es auf sich beruhen.

Christian Friderich Sattlers Historische Beschreibung des Herzogthums Würtemberg, 1752

Ohne Schiller wäre Goethe
eben nur die halbe Klassik.
Peter Rühmkorf, 2008

Inhalt

In der Schleuse

Die Tore hinter dem Heck der ‹Hanna Krieger› haben sich leise geschlossen. Regelmäßig pendelt der 105 Meter lange Frachter zwischen Mannheim und Neckarsulm, beladen mit Kies, Sand oder Salz. In der Schleusenkammer ist es plötzlich still wie in einer Grotte. Die Mauern sind dunkel und feucht, es riecht nach Algen und Fisch. Aber die Morgensonne knallt auf das Deck, und über die Kieshügel im offenen Laderaum schießen blaue Libellen. Dann wird die Kammer gefüllt. Um den Bug herum brodelt und spritzt es wie in einem Whirlpool. Langsam steigt das Schiff in die Höhe.

Wer vom Rhein aus zum Ende des schiffbaren Neckars gelangen möchte, über Heilbronn hinaus bis in das 203 Kilometer entfernte Plochingen, muss dieses Ritual 27 Mal über sich ergehen lassen. So wird ein Höhenunterschied von 161 Metern überwunden. Um anschaulich zu machen, was das bedeutet, zieht man in Baden-Württemberg gern den Turm des Ulmer Münsters zum Vergleich heran: Denn dieser alles andere als bescheidene Ausdruck von Gottesfurcht und Bürgerstolz misst ebenfalls 161 Meter, und wie der streckenweise sehr unscheinbare Neckar gehört auch er zu den Wahrzeichen des Bundeslandes.

Baden-Württemberg verlässt der Neckar auf seinem 367 Kilometer langen Weg von Schwenningen nach Mannheim nur ein einziges Mal. Zahlreiche Bäche und kleinere Flüsse, darunter namhafte wie die Enz, die Rems, der Kocher und die Jagst, nimmt er dabei in sich auf. Das Gebiet, aus dem er sein Wasser bezieht, ist fast 14 000 Quadratkilometer groß. Es ist keine Frage, dass der Neckar den deutschen Südwesten entscheidend prägt. Dennoch wird er von den Menschen, die in seiner Nähe leben, heute oft nur wenig beachtet.

Das hat vor allem kulturelle Gründe: Im Laufe der Zeit verwandelte sich der einst so idyllische und stellenweise reißend-gefährliche Strom mit seinem Gefälle von über 600 Metern in eine Treppe mit zahlreichen Staustufen. Auf der Großschifffahrtsstraße sind einige von ihnen drei Meter hoch, andere aber auch zehn. Die meisten bestehen aus einem Wehr, einem Kraftwerk und einer Doppelschleuse, die weitgehend automatisch bedient wird. Früher gab es noch die ‹Mauerläufer›, die darauf achteten, dass kleine Boote zwischen den Toren nicht havarierten. Doch seit die Schleusen mit Kameras ausgestattet wurden, genügt ein Mann, um den Betrieb zu überwachen.

Dieser kanalisierte Fluss ist wohl niemandem so vertraut wie den Schleusenwärtern und Binnenschiffern. Für sie bestimmt er den Alltag. Mit einem unberührten Gewässer hatte er allerdings auch vor seiner technischen Hochrüstung nur noch wenig gemein. Das gesamte Neckartal trägt die Spuren einer jahrtausendealten Siedlungsgeschichte. Schon immer haben Menschen den Fluss genutzt und verändert. Wälder wurden gerodet und Sümpfe trockengelegt. Man errichtete Brücken, Mühlen und Wehre und begradigte bereits im Mittelalter einzelne Uferabschnitte. Bis zur Unkenntlichkeit entstellt wurde der Neckar aber erst im vergangenen Jahrhundert, als man ihn bis Plochingen schiffbar machte. Die radikale Umgestaltung unserer Flüsse ist ein typisches Kennzeichen des Industriezeitalters, nicht anders als der Eisenbahn- oder der moderne Straßenbau.[1]

Seitdem hat der Neckar nur noch entfernte Ähnlichkeit mit jener unberechenbaren Naturgewalt, als die er einst von sich reden machte. Heute ist er vor allem anderen ein Bauwerk, und als solches verbindet er eine Region, deren Bevölkerung im 20. Jahrhundert sprunghaft wuchs. Allein im Großraum der Landeshauptstadt Stuttgart leben derzeit etwa 2,7 Millionen Menschen, um 1900 waren es nur 770 000.[2] Für die Ökonomie gewann das württembergische Stammland zwischen Tübingen und Heilbronn ebenso wie das kurpfälzische Mannheim spätestens mit der Reichsgründung von 1871 und der Erfindung des Automobils europäische Bedeutung. Aber nicht nur das: Parallel zum industriellen Ballungsraum hat sich gleichsam auch eine intellektuelle Verdichtung herausgebildet, wie man sie ansonsten allenfalls aus Weltstädten kennt.

Zu Recht gilt das Neckartal als eine Landschaft der Erfinder, Denker und Dichter. Je weiter der Fluss sich von seinem Ursprung zwischen dem Schwarzwald und der Schwäbischen Alb entfernt, desto stärker wird er mit Geschichte aufgeladen, desto mehr Ereignisse und Biografien stehen mit ihm in Verbindung. Allein das in seiner Nähe entstandene literarische Leben war in den vergangenen 250 Jahren so facettenreich, dass eine ganze Bibliothek nötig wäre, wollte man es auch nur annähernd vollständig erfassen. Es war zwar der Mercedes-Stern, der den Neckar weltbekannt gemacht hat, die Dichtung aber erhob ihn zum kulturellen Monument.

Der vorliegende Versuch ist keine Kultur- oder Literaturgeschichte im herkömmlichen Sinne und auch keine ‹Biografie eines Flusses›, wie sie zum Beispiel Claudio Magris für die Donau oder Peter Ackroyd für die Themse auf sehr unterschiedliche Weise verfasst haben.[3] Ausgehend vom Anblick des Flusses im Laufe eines Jahres – vom Frühlingsanfang 2011 bis zum März 2012 – und von immer neuen Streifzügen durch die Literatur ist vielmehr ein Kaleidoskop mit zwölf beweglichen Plättchen entstanden, denen die Geistes-, die Landschafts- und Landesgeschichte auf exemplarische Weise eingeschrieben sind. Räumlich beginnt die literarische Reise am Hölderlinturm, sieben Stationen führen hinunter bis Mannheim, an den Ort von Schillers bahnbrechendem Erfolg mit den *Räubern*, um von dort aus ins Quellgebiet und schließlich nach Tübingen zurückzukehren.

Es dauert nicht einmal zehn Minuten, bis der Steuermann die Taue wieder löst, mit denen er die ‹Hanna Krieger› an der Schleu-

senwand gesichert hat. Vor dem Bug geben die Tore schon die Sicht
auf das erstaunlich stille Oberwasser frei, in dem sich grandiose
Wolkenberge spiegeln. Der Name Neckar soll keltischen Ursprungs
sein und so viel wie der ‹Unbezähmbare› bedeuten. Auch das ist
heute nur noch eine Reminiszenz an längst vergangene Zeiten, in
denen der Fluss noch nicht in einen zuverlässigen Transportweg
verwandelt werden konnte. Immer leichter fiel es den Menschen,
natürliche Grenzen zu überschreiten. «Eng ist die Welt, und das
Gehirn ist weit, / Leicht bei einander wohnen die Gedanken, /
Doch hart im Raume stoßen sich die Sachen, / Wo eines Platz
nimmt, muß das andre rücken, / Wer nicht vertrieben sein will,
muß vertreiben», lässt Schiller seinen *Wallenstein* sagen.[4] Pläne zu
dieser Trilogie beschäftigten den bekanntesten schwäbischen Dramatiker, als er sich zum ersten Mal seit seiner Flucht wieder in seiner Heimat aufhielt. Das war im Herbst 1793, mehr dazu später.

1.
Tübingen

März 2011 – Der Hölderlinturm – Scardanellis ungebetene Gäste –
Wilhelm Waiblinger und sein krankes Idol – Feuer im Klinikum –
Ein Gedächtnisort wird geschaffen

23. März 2011, eine Bank am Ufer unterhalb der Bursagasse: Gegenüber verdoppelt der Fluss den Anblick der Platanen. In ihren
kahlen Kronen zetern Krähen. Es riecht nach Frühling, doch die
Morgensonne ist noch winterlich schwach. Die dünnen Zweige
einer Trauerweide zittern unter dem Gewicht einer Amsel und
streifen mit ihrem frischen Grün beinahe die stille Wasseroberfläche. Zwei Enten, die Köpfe zwischen den Flügeln verborgen, lassen
sich nicht aus der Ruhe bringen.

Am 20. März 1770 kam Friedrich Hölderlin in Lauffen am
Neckar zur Welt. Gut 73 Jahre später, am 7. Juni 1843, starb er hier,
in Tübingen, in jenem verwinkelten Gebäude am Fluss, das damals
schon zu einem weithin bekannten literarischen Ort geworden war.
In ihm verbrachte Hölderlin die Hälfte seines Lebens. Aber mit
dem Dichter, der er einst gewesen war, hatte er in dieser Zeit nicht
mehr viel gemein. «Man hatte sich hier so an sein stilles Daseyn ge-
wöhnt», schrieb Gottlob Kemmler in seinem Nachruf, «daß uns
am 8ten Juni die Nachricht von seinem in der verflossenen Nacht
erfolgten Tode wirklich überraschte. Ein leichter Katarrh löste den
schon so vielfach bestürmten Organismus ohne Schmerzen voll-
ends auf.»[1] Kemmler war Student am nur wenige Schritte entfernten Evangelischen Stift, das 1536 als staatliche Ausbildungsstätte für
den Theologennachwuchs begründet worden war und bis heute
einer der wichtigsten Orte schwäbischer Gelehrsamkeit geblieben

ist. Johannes Kepler und der einflussreiche Pietist Johann Albrecht Bengel zählten einst ebenso zu den Stiftlern wie Hölderlin und dessen Freunde Hegel und Schelling. Für Gottlob Kemmler scheint es selbstverständlich gewesen zu sein, sich gelegentlich in die Bursagasse zu begeben, um den greisen Dichter in Augenschein zu nehmen.

Im breitgetretenen Laub des vergangenen Herbstes glitzern Kronkorken wie Katzengold: ‹Veltins›, ‹Sanwald› und ‹Beck's›. Für Kemmler und seine Kommilitonen gehörten Besuche bei Hölderlin zu den Ritualen des Tübinger Studentendaseins, fast so wie die notorischen Gelage. Die rostigen Metallringe in der betonierten Uferböschung, an denen im Sommer die berühmten Stocherkähne befestigt werden, gab es hingegen noch nicht – die Tradition des geselligen Bootfahrens ist in Tübingen nicht älter als die Versorgung der Haushalte mit Elektrizität. Erst nachdem der Lauf des Neckars zwischen 1909 und 1912 zum Schutz vor Hochwasser ‹korrigiert› und durch Schleusen und ein Wasserkraftwerk beruhigt worden war, richtete man die Landeplätze für Stocherkähne ein. Hölderlin wird, am Fenster stehend, vorwiegend Fischer und Flößer zu Gesicht bekommen haben, die auf dem Neckar stocherten.

War es wirklich nur seiner Krankheit geschuldet, dass er sich in seinen letzten Jahren Phantasienamen gab, seine sorgfältig ausgeführten Schriftproben, von denen sich einige erhalten haben, mit ‹Scardanelli› unterzeichnete und scheinbar willkürlich mit Daten aus der Vergangenheit oder der Zukunft versah? War das nicht auch der hilflose, selbstverständlich neurotische Versuch, sich dagegen aufzulehnen, in ein lebendes Exponat verwandelt worden zu sein – zum erschreckenden Schatten einer Künstlerexistenz, zu der Hölderlin selbst keinen Zugang mehr zu haben schien? War die «Anhänglichkeit», welche die «akademische Jugend dem wahnsinnigen Dichter in Tübingen bewahrt» hatte, wie Georg Herwegh bereits 1839 schrieb, wirklich nur «rührend» und der Begeisterung

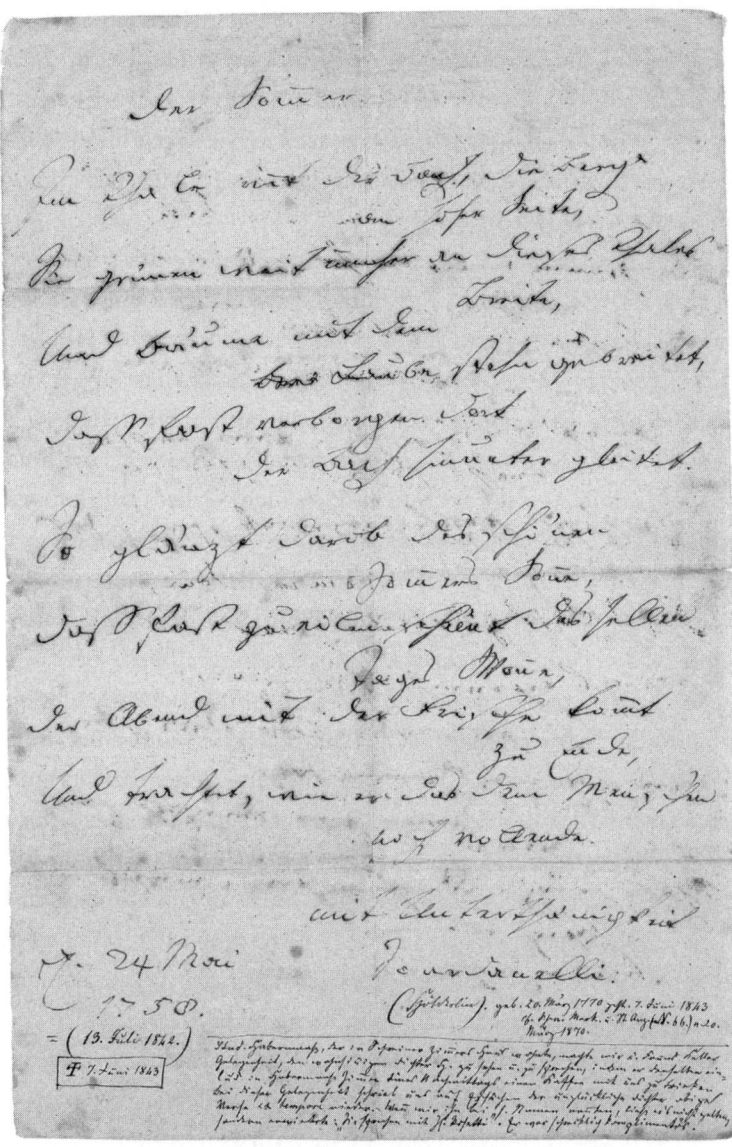

‹Der Sommer›, geschrieben von Hölderlin im Juli 1842

für Hölderlins Briefroman *Hyperion* geschuldet? Oder redete Herwegh in seinem revolutionären Überschwang Hölderlins Lage schön, indem er hoffte, es sei «mehr als Neugierde» gewesen, mit der die Studenten «zu dem 70jährigen Greise» pilgerten, der ihnen nichts mehr zu bieten hatte «als einige übelgegriffene Akkorde auf einem elenden Klaviere»?[2]

Zumindest der junge, 1823 geborene Kemmler wirkt in seinem Nachruf vor lauter Wohlwollen Hölderlin gegenüber vor allem eines – herablassend und übergriffig, wenn auch ungewollt. Der größte Lyriker des 19. Jahrhunderts ist in den Erinnerungen des Studenten am Ende kaum mehr als ein debiler Schausteller: «Das freundlichste Bild gab er uns in der lezten Zeit, wenn er, am Pulte stehend, seine Gedanken zum ‹dichtenden Gebet› zu sammeln rang; da war alle Aengstlichkeit von der gedrückten Stirne weggeflohen, und eine stille Freude verbreitete sich darüber; man mochte noch so laut um ihn her sich unterhalten, ihm über die Schulter sehen, nichts vermochte ihn da zu stören.»[3]

Auf diese Weise wurden dann Strophen wie die folgende überliefert, rhythmisch stimmig, makellos im Formalen und doch durch die Wiederholung eines äußerst beschränkten Motiv-Vorrats geradezu abstrus. ‹Scardanelli› datierte das Gedicht auf den 24. Mai 1758:

Der Sommer.

Im Thale rinnt der Bach, die Berg' an hoher Seite,
Sie grünen weit umher an dieses Thales Breite,
Und Bäume mit dem Laube stehn gebreitet,
Daß fast verborgen dort der Bach hinunter gleitet.

So glänzt darob des schönen Sommers Sonne,
Daß fast zu eilen scheint des hellen Tages Wonne,

Der Abend mit der Frische kommt zu Ende,
Und trachtet, wie er das dem Menschen noch vollende.

mit Unterthänigkeit
Scardanelli.

Ferdinand Schimpf, ein weiterer Stiftler, stellte Hölderlins Datierung unter dem schlichten Gedicht richtig. In Wirklichkeit sei *Der Sommer* im Juli 1842 niedergeschrieben worden, ein knappes Jahr vor Hölderlins Tod. Schimpf gibt auch Auskunft darüber, wie das Blatt entstanden ist. Die Situation gleicht der von Kemmler beschriebenen: «Stud.[ent Friedrich] Habermaaß, der in Schreiner Zimmers Haus wohnte, machte mir und Freund Keller Gelegenheit, den wahnsinnigen Dichter H.[ölderlin] zu sehen u. zu sprechen, indem er denselben einlud in Habermaaß Zimmer eines Nachmittags einen Kaffee mit uns zu trinken. Bei dieser Gelegenheit schrieb uns auf Ersuchen der unglückliche Dichter obige Verse ex tempore nieder. Wenn wir ihn bei s.[einem] Namen nannten, ließ er's nicht gelten, sondern erwiederte: ‹Sie sprechen mit HE. Rosetti.› Er war schrecklich komplimentös.»[4]

In der Regel waren es Hölderlins Zimmernachbarn, die den Kranken mit Fremden konfrontierten. Das von Schimpf überlieferte Blatt ist exemplarisch: Als Scardanelli, Rosetti oder Buonarotti richtete sich Hölderlin nicht nur in Parallelexistenzen ein, er behauptete auch, in einer anderen Zeit zu leben. Dabei fällt auf, dass er bei seinen fiktiven Datierungen oft den 24. eines Monats wählte. Möglicherweise spielte er damit auf Jesus Christus an. Aber wozu dies alles?

Vielleicht ist die Frage müßig, auf der Grundlage der wenigen überlieferten Zeugnisse wird wohl niemand den Sinn solcher Normabweichungen erschließen können. In den meisten Fällen lassen sich die Verse, die Hölderlin den ungeladenen Gästen mitgab, in ihrer verstörenden Luzidität immerhin mit der Neckarlandschaft in Verbindung bringen, mit dem Blick aus den Fenstern seines Asyls, mit der Nähe zum Schwarzwald, dessen Holz damals, zu gewaltigen Flößen zusammengebunden, den Fluss bis in den Rhein hinabgetrieben wurde.

Zu Hölderlins Zeiten war der Neckar vor allem ein Handelsweg: eine der wichtigen Wasserstraßen nach Holland, wo große Holzmengen für Schiffe und Häuser benötigt wurden, und damit zum Meer. Auch wenn Tübingen kein Floßlandeplatz war, vermittelte die Präsenz der Flößer im Alltag der Universitätsstadt eine Ahnung von einem vollkommen anderen Leben. Sie machten deutlich, wie eng der schwäbische Kosmos war, so eng, dass es in der ersten Hälfte des 19. Jahrhunderts wahrscheinlich unmöglich war, in Tübingen zu studieren, ohne auf den kranken Dichter aufmerksam zu werden, der in unmittelbarer Nähe der wichtigsten Universitätsgebäude lebte.

Hölderlins Begegnungen mit seinen Besuchern verliefen keinesfalls immer harmonisch. Neben der fast stereotypen Idealisierung der ‹griechischen› Schönheit seines Gesichts, seiner hochgewölbten Stirn und seines Blicks, «an welchem der Wahnsinn keine Spur hinterlassen hatte»,[5] finden sich in mehreren Berichten auch Äußerungen über Wutausbrüche. Wenige Wochen vor seinem Tod soll er den Schriftsteller und Ästhetiker Friedrich Theodor Vischer gar «hinter den Ofen» geworfen haben.[6]

Diese Darstellung könnte überzeichnet sein. Doch auch wenn Hölderlin Vischer tatsächlich angegriffen hat, so handelte es sich bei dem Vorfall sicher um eine Ausnahme. In den ersten Jahren seiner Krankheit soll er oft ‹getobt› haben, später aber muss er sich in der Regel recht friedfertig verhalten haben. Nur so konnte ihn die Familie des belesenen Schreinermeisters Ernst Zimmer, die ihn am 4. Mai 1807 in ihr Haus aufnahm, bei sich behalten.

Zuvor war Hölderlins Zustand im Klinikum von Johann Heinrich Ferdinand Autenrieth, das zu den modernsten Krankenanstalten des Landes gehörte, immer bedenklicher geworden. Schließlich war der berühmte Mediziner mit seinem Latein am Ende und prognostizierte, dass der Dichter «höchstens noch drei Jahre leben» würde.[7] Zimmers Haus im ‹Zwingel› zwischen Stadtmauer und Neckar, das er erst kurz zuvor gekauft hatte, grenzte unmittelbar an den Garten des Klinikums.[8] Daher war es wahrscheinlich auch aus ärztlicher Sicht ein vergleichsweise geringes Wagnis, den schwierigen Patienten zu entlassen.

Anfangs hatte Hölderlin bei Zimmers noch das Bedürfnis zu schreiben, und er bemühte sich weiterhin um die Herausgabe seiner Werke. Es fehlte ihm dabei auch nicht an Unterstützern. Zu seinen frühen Besuchern gehörten die Dichter Ludwig Uhland und Justinus Kerner, Letzterer hatte als Medizinstudent im September und Oktober 1806 zeitweise Hölderlins Krankentagebuch führen müssen.

In den folgenden Jahren verschlechterte sich Hölderlins Zustand zusehends, darüber geben Zimmers Briefe an die Mutter des Dichters Auskunft. Sogar die von Uhland und Gustav Schwab 1826 bei Cotta herausgegebene Sammlung seiner Gedichte interessierte ihn kaum noch. Immerhin war sein Domizil im ersten Stock des turmartigen Gebäudes am Neckar keine unwürdige Behausung, sondern für den Kranken geradezu ein Glücksfall. «Hölderlin war und ist noch ein großer Natur Freund und kan in seinem Zimmer daß ganze Näkerthal samt dem Steinlacher Thal übersehen», schrieb Zimmer 1835 in einem Brief.[9] Der junge, 1804 in Heilbronn geborene und in Stuttgart und Reutlingen aufgewachsene Dichter Wilhelm Waiblinger, der Hölderlin am 3. Juli 1822 erstmals besuchte, zeigt sich in seinem Tagebuch geradezu überwältigt von dem gelassenen Umgang und der liebevollen Fürsorge, mit der insbesondere Zimmers «wunderhübsche» Tochter Christiane den Schöpfer des *Hyperion* behandelte.[10] Hölderlins kleiner Wohnraum war mit seinen weißen Wänden und den wenigen Möbeln spartanisch einge-

Wilhelm Waiblinger, Selbstporträt aus der Tübinger Zeit

richtet. Wie in einem Atelier bot er Platz zum Auf- und Abgehen, und das tat die «hagere», in Selbstgespräche vertiefte «Gestalt», so Waiblinger, stundenlang.[11]

Brachte ihn Hölderlin anfangs noch «in Verwirrung», erwies sich Waiblinger im Umgang mit dem Kranken schon bald als überraschend einfühlsam.[12] Schenkt man seinen Aufzeichnungen Glauben, scheint es ihm immer wieder gelungen zu sein, Hölderlin für einige Stunden aus der Isolation seiner Wahnvorstellungen zu befreien. «Womit ich ihn am meisten vergnügte», berichtet Waiblinger, «das war ein hübsches Gartenhaus, das ich auf dem Österberg bewohnte, dasselbe, worin Wieland die Erstlinge seiner Muse niederschrieb. Hier hat man Aussicht über grüne freundliche Täler, die am Schlossberg emporgelagerte Stadt, die Krümmung des Neckars, viele lachende Dörfer und die Kette der Alb.»[13]

Bis heute prägen Waiblingers Aufzeichnungen unsere Vorstellung von Hölderlins letzten Jahrzehnten. Nicht nur in der biografischen Forschung werden sie immer wieder zitiert und variiert, sondern auch in Erzählungen wie jener, die Hermann Hesse 1913 über Waiblinger, dessen Studienfreund Eduard Mörike und Hölderlin im «Presselschen Gartenhaus» veröffentlichte. Hesse, der die Jahre 1895 bis 1898 als Lehrling in der Tübinger Buchhandlung Heckenhauer verbracht hatte, waren die Umgebung und auch das Evangelische Stift vertraut, diese «ehrwürdige Pflanzstätte der exzellentesten Geister», wie er seinen Mörike ironisch feststellen ließ.[14] Dennoch griff Hesse stärker auf seine Quellen als auf eigene Beobachtungen zurück und übernahm viele von Waiblingers Formulierungen fast wörtlich.

Wem Waiblingers Name um 1900 überhaupt noch etwas sagte, der kannte ihn vor allem als Exzentriker, gewissermaßen als den Punk unter den oft betulichen schwäbischen Romantikern. Seine «Geister» loderten, um ihn selbst zu zitieren, «wie angezündeter Branntwein».[15] Schon bei seiner Aufnahmeprüfung für das Stift wurden ihm die «Auswüchse einer zügellosen Phantasie» vorgeworfen.[16] Unter Studenten galt er hingegen spätestens seit der Veröffentlichung des an Hölderlin geschulten Briefromans *Phaëton* im renommierten Stuttgarter Verlag von Friedrich Franckh als genial – ein Ruf, den er voll auszukosten versuchte, indem er, darüber lassen seine Tagebücher wenig Zweifel, einen ausschweifenden Lebensstil anstrebte. Im «‹Museum› 2 Heringe gefressen, Bier gesoffen und geraucht –», hielt Waiblinger am 22. Dezember 1822 in

Tübingen fest, «von 6–7 literarisches Gespräch – nach dem Fraß gegen 6 Schoppen Wasser gesoffen – ich und Mörike hinterm Pult: ich mit einem abgeschabten Magisterhut, wie ein Zigeuner, die Pfeife in der Physiognomie – Mörike mit hinunterhängenden Hosen, den Bauch aus dem Hemd streckend».[17] Unter dem 21. März 1823 heißt es: «Durch einen Gewaltstreich, durch eine wilde Tat der Verzweiflung muß ich dem dumpfen Streben, dem verglühenden Sehnen ein Ende machen. Ich muß frisch werden, mich toben lassen. Tübingen und die Universität ekelt mich an. Das stillt nicht, das befriedigt nicht. Oh könnt' ich – hinausziehen durch alle Länder und Meere, das Wesen zu suchen, das mich liebt, das mein ist, das ich will!»[18] Als Waiblinger dies notierte, war er 18. Neben Verbalexzessen finden sich vor allem in seinen späteren Aufzeichnungen und Briefen für das Alter des Autors – er starb mit 25 in Rom – außerordentlich differenzierte Beobachtungen seelischer Zustände, und mit dem im Winter 1827/28 niedergeschriebenen Aufsatz *Friedrich Hölderlins Leben, Dichtung und Wahnsinn* gelang ihm der bedeutendste Versuch über den Dichter zu dessen Lebzeiten.

Während die meisten Besucher Hölderlin aufgaben und ihn wahlweise als wahnsinnig oder geistig umnachtet bezeichneten, fühlte sich Waiblinger dem Dichter des *Hyperion*, mit dessen Werken ihn Uhland und Schwab bekannt gemacht hatten, von Anfang an verwandt. Bereits am 1. September 1822 stellte er jugendlich-pathetisch fest: «Sein Leben ist das große, furchtbare Rätsel der Menschheit. Dieser hohe Geist mußte untergehen oder er wäre – nicht so hoch gewesen. Was sind all' die Poeten [...] gegen ihn?»[19] Dabei stand es ihm fern, Hölderlins pathologischen Zustand zu verklären. Bereits unter dem 24. Oktober 1822 heißt es in seinem Tagebuch über einen Besuch bei dem Kranken: «Ich richtete viele Fragen an ihn, die ersten Worte, die er dann sprach, waren vernünftig, die andern fürchterlicher Unsinn.»[20] Fünf Jahre später, nachdem er Württemberg den Rücken gekehrt hatte, wollte er diesen «fürchterlichen Unsinn» und Hölderlins Elend auf dem Stand seiner psychologischen Kenntnisse rekapitulierend begreifen. Dabei suchte er die Hauptursachen für den Ausbruch von Hölderlins Krankheit in jenem Studium, unter dem er selbst wenige Jahre zuvor extrem gelitten hatte. Zumindest wirkte die theologische Ausbildung in Denkendorf, Maulbronn und Tübingen, davon war Waiblinger überzeugt, auf Hölderlin verheerend. Ohne ihre Zwänge hätte der Dichter möglicherweise gerettet werden können: «Hölderlins böses Geschick führte ihn in ein Seminarium, worin junge Leute für das Studium der Theologie vorbereitet und erzogen werden. Er wurde, wie er selbst in seinen spätern Jahren, ja noch zur Zeit seines Irrens sagte, von Außen bestimmt, und gezwungen, sich der Theologie zu widmen. Dies widersprach gänzlich seiner Neigung.»[21]

Waiblingers Einschätzung deckt sich mit den Zweifeln am Beruf des Pfarrers, die der junge Hölderlin im Frühjahr 1787 in Briefen andeutete. In der höheren Klosterschule in Maulbronn fühlte sich der 16-Jährige zwar nicht mehr ganz so eingeengt wie während der ersten Phase seiner Ausbildung in Denkendorf, aber nach wie vor deprimierte ihn das Klosterdasein – und das nicht nur, weil er sich bereits in jungen Jahren zum Dichter berufen fühlte, sondern auch wegen der praktischen Zumutungen: Oft scheint er schlicht Hunger gelitten zu haben.[22]

Auch der Wechsel ins Tübinger Stift brachte für Hölderlin keine wesentliche Verbesserung der Grundsituation mit sich. Waiblinger stellt diesen dritten und letzten Abschnitt der durch ein herzogliches Stipendium ermöglichten Ausbildung vor allem als Teil eines rigiden Zwangssystems dar. Damit schloss er sich den Überzeugungen jenes Kreises an, in dem sich der junge Hölderlin spätestens seit 1791 bewegt hatte.

Doch bei aller Repression war die klösterliche Welt des Stifts

Tübingen, um 1790

keine geschlossene Gesellschaft. Gegen Ende des 18. Jahrhunderts machten die revolutionär-demokratischen Tendenzen auch vor seinen Mauern nicht Halt. In Hölderlins Umfeld gab es zahlreiche Anhänger Klopstocks und Kants, und auch die Französische Revolution ließ viele Studenten nicht unberührt, insbesondere nach dem Tod Karl Eugens im Jahre 1793, jenes Herzogs, der den Absolutismus wie kein anderer Schwabe verkörperte und der bis heute für seine märchenhafte Dekadenz und Maßlosigkeit berühmt geblieben ist, mit der er sein Land fast in den Ruin führte.[23] Bezeichnend dafür ist eine seit Generationen überlieferte Legende: Einmal soll er die Allee zwischen dem Ludwigsburger Schloss und der bei Stuttgart gelegenen Solitude mit Salz bestreut haben, um mitten im Sommer in einem von Hirschen gezogenen Schlitten an seinen staunenden Untertanen vorüberzugleiten. Dieses Ereignis, das Karl Eugens Lebenswandel wie kaum ein anderes anschaulich zu machen scheint, wird allerdings so nicht stattgefunden haben: Allein schon das Salz für die 13 Kilometer lange Strecke wäre damals nicht zu beschaffen gewesen.[24]

Angesichts des Sturms auf die Bastille hatte Karl Eugen schon am 5. November 1789 bei seinem Besuch im Stift zu «strenger Ordnung und Gesetzlichkeit» gemahnt.[25] Durch die Französische Revolution wurde die Theologie für viele Studenten zur Nebensache, viel stärker interessierte man sich nun für französische Zeitschriften und für Jean-Jacques Rousseau. So ging es auch Hegel, Hölderlin und Schelling. Hegel galt als Jakobiner, Hölderlin machte aus seinem freiheitlichen Denken kein Geheimnis, und der junge Schelling wurde vom Herzog sogar – zu Unrecht – verdächtigt, die Marseillaise übersetzt zu haben. Das Stift selbst geriet dabei ins Kreuzfeuer der Kritik: Die Obrigkeit witterte in ihm eine Brutstätte der Demokratie, und eine Reihe von Studenten begehrte tatsächlich gegen die Zwänge ihrer Ausbildung auf, so etwa Louis Kerner, der zweitälteste Bruder des Dichters Justinus Kerner, der seinen Vater unverhohlen wissen ließ: «In dem Kerker dieses theologischen Stiftes schmachte ich nicht länger mehr. Die Zeit ist herangekommen, wo ein jeder ein freier Weltbürger ist. Ich habe mir einen Büchsenranzen gekauft, in diesen werde ich Kants Schriften packen und mit ihnen nach Paris wandern. Haben Sie was dagegen, so verstehen Sie den Zeitgeist nicht. Vive la liberté, vive la Nation!»[26]

Im Fall von Louis Kerner erschöpfte sich der revolutionäre Geist im Rhetorischen, denn er brach nie nach Paris auf, sondern wurde, wie sein Bruder Justinus in seinen Memoiren anmerkt, von der Mutter durch eine «Sendung Kuchen» wieder «fürs schwäbische Vaterland gewonnen».[27] Für immer.

Dennoch lassen Erinnerungen wie die von Justinus Kerner keinen Zweifel daran, dass die theologische Ausbildung im Stift spätestens seit Hölderlins Zeiten ähnliche Folgen haben konnte wie die militärische in der herzoglichen Hohen Karlsschule, deren berühmteste Zöglinge Schiller und der Bildhauer Johann Heinrich Dannecker waren. Schillers Flucht im Jahre 1782 war der besonders radikale Ausdruck einer allgemeinen Tendenz: Gerade die talentiertesten Studenten begehrten zumindest innerlich gegen ein System auf, das ihre intellektuellen Fähigkeiten einerseits förderte, andererseits aber auf die traditionellen Unterdrückungsinstrumente autoritärer Herrschaft setzte, vom Streichen des Tischweins über das Einschließen in den Karzer bis hin zur Exklusion aus der Gemeinde, die für viele zugleich das vorzeitige Ende ihres Berufswegs im Herzogtum Württemberg bedeutete.[28] Spätestens in den 1790er Jahren scheint immer mehr Stiftlern der Widerspruch zwischen den zum Teil überaus fortschrittlichen Studiengegenständen und den – um Waiblinger zu zitieren – «harte[n] Fesseln» der Erziehungsanstalten bewusst geworden zu sein.[29] Unstrittig ist, dass der junge Hölderlin besonders stark unter dem Druck des Stifts litt, in das er am 21. Oktober 1788 aufgenommen worden war.[30]

Demgegenüber klingt er in seinem einzigen erhaltenen Reisebericht aus dem vorangegangenen Juni ungewohnt optimistisch. Auf Einladung des Bräutigams seiner Cousine fuhr er für nur fünf Tage nach Speyer. Trotz der Kürze dieser Reise waren ihre Wirkungen enorm. Zum ersten Mal überschritt Hölderlin die Grenzen seiner Heimat – und zum ersten Mal gelangte er an die Ufer eines europäischen Hauptstroms. Im Vergleich zum «majestätischruhige[n] Rhein, so weit her, daß man die Schiffe kaum noch bemerkte», wirkte der Neckar auf den jungen Hölderlin plötzlich wie ein beschaulicher Bach:[31] «Man stelle sich vor – ein Strom, der dreimal breiter ist, als der Nekar, wo er am breitesten ist – dieser Strom von oben herab an beiden Ufern von Wäldern beschattet – und weiter hinab die Aussicht über ihn so lang, daß einem der Kopf schwindelte – das war ein Anblik – ich werd' ihn nie vergessen, er rührte mich außerordentlich.»[32]

Das sind Worte eines sehr empfindsamen Beobachters, aber jeder wird den Schwindel eines 18-Jährigen nachvollziehen können, der plötzlich mit einem Naturphänomen wie dem Rhein konfrontiert wird. In den wenigen überlieferten Dokumenten aus dieser Zeit deutet noch nichts auf Hölderlins spätere Krankheit hin. Hier wirkt er tatsächlich noch wie jener «aufstrebende Jüngling», als den Waiblinger ihn beschreibt. Aber war es wirklich das Studium der Theologie, das Hölderlin auf die abschüssige Bahn gebracht hat?

Waiblinger, der immer auch ein Übertreibungskünstler war, behauptet, fünf Jahre lang den kranken Hölderlin regelmäßig gesehen zu haben. In Wirklichkeit werden es nur etwas mehr als vier Jahre gewesen sein, doch das ändert nichts daran, dass er sich offenbar so intensiv wie niemand sonst aus dem Stift um ihn bemüht hat. In dieser Zeit wurde ihm Hölderlin immer vertrauter, was nicht nur dem Kranken, sondern auch ihm selbst half: Nach und nach sei es ihm gelungen, das «Grauen» abzulegen, «das wir in der Nähe solcher unseligen Geister fühlen».[33]

Die Aufgabe, die Waiblinger sich gestellt hatte, war erstaunlich, auch wenn er sein Handeln rückblickend sicher idealisierte: Er hatte sich vorgenommen, den Verlauf der Psychose und die Ursachen für ihren Ausbruch nachzuvollziehen, im Grunde wollte er vorgehen wie ein Gesprächstherapeut. Wie Waiblinger selbst konstatiert, sei er mit diesem Vorhaben in seinen unsteten Tübinger Jahren allerdings gescheitert. Erst in der Distanz, als Ausgewanderter, sollte es ihm als «schlichte Charakterschilderung» und ein großartiges Beispiel biografischer Literatur gelingen.[34]

Waiblinger geht davon aus, dass sowohl die Anlagen für Hölderlins unvergleichliches Werk als auch jene für seine Krankheit in der Kindheit des Dichters zu suchen sind: «Denn die Keime, die ersten Gründe und Ursachen [...] sind in den frühesten Entwicklungsjahren seines Lebens, ja gewissermaßen einzig und allein in der unselig feinen geistigen Organisation zu suchen, die bei allzuvielen Täuschungen, harten Ereignissen und traurigen Kombinationen äußerer Umstände sich endlich in sich selbst zerstörte.»[35]

Die ersten Schicksalsschläge, die Hölderlin trafen, waren 1772 der Verlust des Vaters in Lauffen und 1779 der ebenfalls viel zu frühe Tod des Stiefvaters in Nürtingen. Unklar ist, wie genau Waiblinger von diesen prägenden Erfahrungen wusste. Er geht davon aus, dass die entscheidenden psychischen Verletzungen dem Jungen erst später, während der theologischen Ausbildung, zugefügt worden sind, vor allem von unfähigen Pädagogen, die nicht in der Lage gewesen seien, mit den Eigentümlichkeiten ihrer Schüler umzugehen, und sie stattdessen behandelten, «als wenn sie nichts als gleich gebaute Uhren wären, deren Stahlfeder der Lehrer nach Belieben aufzöge».[36] An dieser Stelle wird besonders deutlich, wie stark Waiblingers Hölderlin-Porträt durch seine eigenen Erfahrungen in Tübingen geprägt wurde.

Im Stift zeigte sich, so Waiblinger, zum ersten Mal Hölderlins eigentümliche, über die Vorbilder Klopstock und Schiller hinausweisende Begabung. Auf der Grundlage mündlicher Auskünfte berichtet er, dass der Dichter bei seinen Kommilitonen durchaus beliebt und selbst normalerweise auch nicht «ungesellig» gewesen sei. Mitunter schottete sich Hölderlin aber damals schon wochenlang ab. Dann habe er sich mit niemandem mehr unterhalten, außer «mit seiner Mandoline, zu der er sang».[37] Während des Studiums begann auch seine Verehrung des Griechischen, das sich mehr und mehr zu einer inneren Gegenwirklichkeit entwickelte. Diese intellektuelle Abwendung von seiner Umwelt scheint Waiblinger damals schon nicht ungefährlich gewesen zu sein: «Wir sehen in diesem allmählich immer feindseligern Verhältnis, in das er sich zur Welt stellte, und das ihm gar nichts weniger als natürlich war, schon die ersten Anlässe zu dem traurigen Zustande, der sich auf diese Weise, schon in der Blüte seines Lebens, unter Verhältnissen, die allerdings für seine Phantasie, für seinen Stolz, seinen Ehrgeiz, seine Traumwelt nichts Reizendes hatten, [...] trotz einer Zukunft voll weiter und schöner Hoffnungen allmählich vorbereitete.»[38] Möglicherweise hätten ihm Humor, Ironie und ein Talent zum Parodistischen helfen können – seine Anlagen aber seien ganz anders geartet gewesen. Hölderlin habe damals schon die tragische Welt des *Hyperion* in sich getragen, zumindest stamme die Idee zu seinem Hauptwerk aus dieser Zeit.

Eine weitere entscheidende Etappe auf Hölderlins Weg in den Wahnsinn war für Waiblinger, und hierin folgten ihm die meisten Hölderlin-Biografen, die unglückliche Liebe zu Susette Gontard, die zum wichtigsten Modell der Diotima im *Hyperion* wurde. Sie war die Gattin des Frankfurter Kaufmanns und Bankiers Jakob Gontard, in dessen Haus Hölderlin als Hofmeister angestellt gewesen war. Der Bruch mit Susette habe Hölderlin einen «Riß in seinem Innern» zugefügt, «der immer gefährlicher wurde». Nicht zuletzt drücke sich dieser Riss in der Dichtung des *Hyperion* aus, in der ein «dumpfer fürchterlicher Schmerz» vorherrsche: «Es lassen sich auf jeder Seite beinahe einige Gedanken finden, die gleichsam Prophezeiungen seines eigenen schrecklichen Schicksals sind.»[39] Hinzu kam, dass Hölderlin auch auf seinen folgenden Stationen wenig Glück beschieden war, trotz seiner ungeheuren Begabung und trotz der Fürsprache Schillers. Hätte er sich als Professor etablieren können, davon geht Waiblinger aus, wäre sein Leben ganz anders verlaufen. Doch Hölderlin fand keine Stelle, die ihm angemessen war. Besonders schmerzlich müsse für ihn gewesen sein, dass ihn sogar Goethe verkannte. Deshalb führten ihn seine Wege in die Schweiz und nach Frankreich – bis zum ersten Zusammenbruch.

Mitte Juni 1802 tauchte Hölderlin plötzlich wieder in seiner schwäbischen Heimat auf.[40] Waiblinger gibt eine ergreifende Erinnerung des Lyrikers Friedrich von Matthisson wieder, die fortan zum festen Bestandteil aller Hölderlin-Darstellungen wurde. Matthisson, der zu Hölderlins engen Studienfreunden gehörte, erzählte Waiblinger, «daß er ruhig in seinem Zimmer gesessen» habe, als plötzlich ein Mann bei ihm erschienen sei: «Er war leichenbleich, abgemagert, von hohlem wildem Auge, langem Haar und Bart, und gekleidet wie ein Bettler. Erschrocken hebt sich Herr von Matthisson auf, das schreckliche Bild anstarrend, das eine Zeitlang verweilt, ohne zu sprechen, sich ihm sodann nähert, über den Tisch hinüberneigt, häßliche ungeschnittene Nägel an den Fingern zeigt, und mit dumpfer geisterhafter Stimme murmelt: ‹Hölderlin›. Und sogleich ist die Erscheinung fort, und der bestürzte Herr hat Not, sich von dem Eindruck dieses Besuchs zu erholen. In Nürtingen bei seiner Mutter angelangt, jagte er sie und sämtliche Hausbewohner in der Raserei aus dem Hause.»[41]

Das war der Nullpunkt: Aus dem genialen Neckar-Hellenen war ein heruntergekommener Landstreicher geworden. Gefangen in seinen Wahnvorstellungen, zerrüttet und tobend gegen jeden, der ihm in den Weg kam, sogar gegen die eigene Mutter, hatte er kaum noch etwas gemein mit dem einst so einnehmenden Jüngling. Seine Einlieferung war von da an nur eine Frage der Zeit. Zwei Jahre dauerte es noch, bis er ins Autenrieth'sche Klinikum gebracht wurde, unter dem Vorwand, in der Universitätsstadt Bücher kaufen zu müssen.

Tübingen stand am Anfang von Hölderlins Elend, Tübingen stand am Ende. Waiblinger lernte ihn als umnachteten «Bibliothekar»[42] kennen. Das hinderte ihn aber nicht daran, sein eigenes Schicksal in Hölderlins Vita zu spiegeln. Auch seine eigene Begeisterung für die Vorzüge der Stadt und des Stifts hatte sich ja schnell verflüchtigt. Wenige Monate nach seinem Einzug konnte es ihn kaum noch trösten, dass man von der mit sieben anderen Studenten geteilten Stube aus einen weiten Blick hatte «über eine grüne, vom Neckar durchwundene, von einer Pappelallee durchkreuzte, in der

Ferne durch hübsche Bergrücken, und drüber hinein durch einen Teil der malerisch gruppierten, den Tag über in den vielfachsten Farbentönen schwimmenden Alpen begrenzte Wiesenfläche».[43] Bereits im Sommer 1823 machte er sogar Ludwig Uhland gegenüber kein Geheimnis mehr aus seiner inneren Zerrissenheit: «Das Leben im Stift ist mir gar zu einförmig, zu kahl, zu farbenlos. Das Gestern wiederholt sich ewig im Heute. […] Nirgends find ich eine Wirksamkeit, die meinem Geiste einen freien Spielraum gestatten könnte. […] Ich habe hier nur zwei Menschen, die ein Licht in meine Seele werfen – einen feurigen Jüngling voll Geist und Leben, der dasselbe Streben mit mir teilt, […] und Hölderlin. Dieser Wahnsinnige, wenn er in meinem Gartenhaus am Fenster sitzt, ist mir oft mehr, ist mir oft näher, als Tausende, die bei Verstande sind.»

Bedenkenswerter noch als die Erwähnung des kranken Idols ist der darauf folgende Absatz des Briefes, in dem sich Waiblinger selbst zugleich als extrem begabt und als extrem gefährdet darstellt – eben als jungen Einzelgänger, dessen innere Disposition der Hölderlin'schen auf geradezu fatale Weise ähnelte, bis hin zu den Zweifeln an der christlichen Religion und damit an seinem eben erst begonnenen Studium: «Ich bin zwar noch jung und Sie sollten meinen, ich habe noch wenig zu klagen. Aber ich bin früher, als es gut war, ernst geworden, habe unsäglich viel verloren, da ich wirklich unsäglich viel besessen; mußte entsagen, sollte verschmerzen, und das machte mein Herz denn doch nicht wenig wund. Die schönste Blume meiner Jugend mußt' ich hergeben. Einst hatte der Gott in mir gejauchzt und in der Wiege meines innersten Lebens das himmlische Kind meines sehnenden Geistes und seiner Schwestergeliebten, der unsterblichen Mutter Natur, die reine, ewige, geistige Liebe. Das ist vorüber.»[44]

Einige Wochen zuvor, am 26. Mai 1823, hatte Waiblinger seinen Debütroman *Phaëton* an Goethe nach Weimar geschickt, worauf der Großdichter nicht einmal mit einer Empfangsbestätigung reagierte. Das mag Waiblinger wiederum an Hölderlins Schicksal erinnert haben. Kaum anders verhielt es sich mit seiner ersten großen Liebe: Ende des Jahres, als sein Kontakt zu Hölderlin vielleicht am engsten war, lernte er Julie Michaelis kennen. Sie sollte seine Susette, seine Diotima werden. Julie war zwar ledig, aber fünf Jahre älter als Waiblinger und stammte aus einer konvertierten jüdischen Familie. Seit dem Frühjahr 1823 lebten sie und ihr Onkel Salomo, dem sie sich innig verbunden fühlte, im Tübinger Haus ihres Bruders Adolph. Adolph Michaelis war im Vorjahr Ordinarius für deutsches Recht und Kirchenrecht geworden, Salomo hatte seit Oktober 1810 einen Lehrstuhl für deutsche Sprache und Literatur innegehabt, war aber 1822 vorzeitig pensioniert worden.[45]

Noch vor ihrer ersten gemeinsamen Nacht wurde das Liebesverhältnis zwischen Waiblinger und Julie Michaelis in Tübingen Stadtgespräch. Insbesondere Julies Bruder versuchte, die vermeintliche Mesalliance zu hintertreiben. Im Sommer 1824 eskalierte die Situation: Den 28. Juli, den Waiblinger mit Julie in Bad Imnau verbrachte, bezeichnete er in seinem Tagebuch noch als den glücklichsten Tag seines Lebens. Bereits am 29. Juli aber wendete sich das Blatt. «Der unglücklichste Tag meines Lebens!», hielt Waiblinger nun fest. «O ihr Täuschungen / O ich Narr –».[46] Am 1. August zwangen ihn Julies Verwandte zu einem «Schwur», die Geliebte zwei Jahre lang nicht mehr zu sehen. «Ich mußte sie mit einem gräßlichen Eid abschwören», erinnerte sich Waiblinger ein Jahr später an die bis dahin wohl schwerste Enttäuschung seines Lebens, «denn ich hatte es mit dunklen schrecklichen Menschen zu tun, die mir mit dem Leben drohten, und meine ganze Laufbahn zerstören wollten, und konnten – weil sie von Macht und Ansehn sind. Nun ward ich das Stadtgespräch, und was mir millionenfach peinlicher war, auch sie.»[47]

Unzählige Briefe soll Waiblinger in den wenigen Monaten ihrer

Beziehung an Julie Michaelis geschrieben haben. Erhalten haben sich davon lediglich 13, doch sie vermitteln schon eine Ahnung davon, wie exaltiert und leidenschaftlich sich Waiblinger in diese Liebe gestürzt haben muss. Seine Gefühle setzte er absolut. Die Liebe und die Dichtung wollte er gewissermaßen als Gegengifte zum unfreien Leben im Stift und einem verlogenen institutionalisierten Christentum nutzen, von dem er sich innerlich längst losgesagt hatte. «Du bist meine auf die größte Weise, auf die eine weibliche Seele einer männlichen eigen sein kann», schwärmte er am 5. Juli 1824 in einem Brief an die Geliebte. «Unsere Liebe ist nur durch Größe, durch Tiefe, durch Würde, durch Heiligkeit. Dies ist mein unverbrüchlicher Glaube. [...] Du kennst mich, Du meine zweite Seele! [...] Ich will das Höchste, was der gottgeborene Mensch in der Vollkraft seines ewigen Daseins auf diesem Planeten des Widerstands und des Fesselzwangs erreichen kann. [...] Der schöpferische Geist, der Dichter, ist glücklich. Auch Du bist Dichterin in einem weitern Sinne, Du hast mit mir an einer blühend schönen Welt geschaffen, die lauter Dichtkunst, die lebendige Dichtkunst selbst ist.»[48]

Waiblinger glaubte, mit Julie die Lösung all seiner Probleme gefunden zu haben. Umso schmerzhafter muss der abstruse Eid für ihn gewesen sein. Aber es kam noch schlimmer: Als er im Herbst von einer Reise in die Schweiz und nach Italien zurückkehrte, wurde er von der Nachricht überrascht, dass die Wohnung der Michaelis' im Postgebäude an der Neuen Straße am 21. Oktober 1824 ausgebrannt war. Das allerdings war keinesfalls das Ende der Tragödie, denn am 16. November brannte in unmittelbarer Nachbarschaft des Hölderlinturms auch die Notunterkunft der Michaelis' im Tübinger Klinikum aus. Zweimal hatte man Julie «aus den Flammen getragen», wusste Waiblinger im August 1825 zu berichten.[49] Einem Brief seines Studienfreundes Ludwig Bauer zufolge soll sie beim zweiten Mal unter Schock «Laßt mich sterben, laßt mich sterben» durch die Bursagasse gerufen haben.[50] Auch Hölderlin hätte ihre Verzweiflungsschreie und die lodernden Flammen hören können.

Im Folgenden wurde Waiblinger ohne eigenes Verschulden in ein Gerichtsverfahren hineingezogen, in welchem der Brandstifter, der der ganzen Stadt den Untergang hätte bringen können, Adolph und Salomo Michaelis, Waiblinger und auch Julie verleumdete. Vor allen Dingen Letzteres setzte dem noch immer verliebten Dichter zu: «Nun wurde das reinste, zarteste, tiefsinnigste aller weiblichen Gemüter verleumdet, bis zum Greuel verleumdet, jener über allen Glauben boshafte Schurke sagte Unglaubliches in seinem Kerker über sie aus, sie sollte Blutschande getrieben haben, sollte die Mätresse ihres Bruders sein, sollte mit mir in abscheulichen Bacchanalien gelebt haben.»[51] Je länger der Prozess dauerte, desto mehr stand nicht nur für die Familie Michaelis und Waiblinger auf dem Spiel, sondern auch für das Stift.[52] Waiblinger musste dabei erleben, wie üble Nachrede sogar enge Freundschaften zerrütten kann. In seiner Verzweiflung vernachlässigte er sein Studium vollkommen. Nun wurde sein Leben tatsächlich ausschweifend. Kein Weg führte mehr daran vorbei, dass er Ende September 1826 aus dem Stift ausgewiesen wurde.

Da Waiblinger in Württemberg für sich keine Zukunft mehr sah, entschied er sich für ein Künstlerleben im Ausland. Am 9. Oktober 1826 brach er nach Rom auf, wo er gut drei Jahre später fünf Blutstürze erlebte, am 17. Januar 1830 in Armut starb und auf dem Protestantischen Friedhof an der Cestius-Pyramide beigesetzt wurde. Julie Michaelis war ein langes Leben beschieden, sie blieb unverheiratet und starb erst 1879. Ihr Bruder Adolph hingegen kam auf mysteriöse Weise um: Nach der Nacht vom 20. auf den 21. Januar 1863 barg man seinen Leichnam aus dem Neckar. Ob es sich um einen winterlichen Unfall oder um Selbstmord handelte, konnte nicht geklärt werden.

Waiblingers im Winter 1827/28 geschriebener und 1830 postum veröffentlichter Essay markiert nicht nur den Anfang der Hölderlin-Forschung. Auch der Neckar wurde anhand der in ihm beschriebenen Lebensorte des Dichters und der Auseinandersetzung mit seinem Werk immer deutlicher als eine Hauptschlagader der deutschen Kultur- und Literaturgeschichte sichtbar. Der erste Freundeskreis, der sich im Umfeld des Stifts und der Universität zusammenfand und später tatsächlich weltweite Wirkung entfaltete, bestand aus Hegel, Schelling und Hölderlin. Der zweite war mit Uhland, Justinus Kerner und Gustav Schwab etwas weniger prominent. Mit dem dritten, mit Mörike, Waiblinger und Friedrich Theodor Vischer, verdichtete sich die literarische Topografie: Tübingen, Nürtingen, Esslingen, Stuttgart, Cannstatt, Ludwigsburg und Weinsberg gewannen Kontur. Eines haben die maßgeblichen schwäbischen Dichter und Intellektuellen des 19. Jahrhunderts gemeinsam: Für sie alle wurde Hölderlins äußerst reduziertes Dasein im Tübinger Turm zum Menetekel.

Am stärksten gilt dies wohl für Mörike. Aber die Bedeutung des Hölderlinturms als eine Art Schnittpunkt der unterschiedlichsten intellektuellen Lebenswege reicht bis in unsere Gegenwart hinein: Peter Weiss schrieb eine «szenische Biographie», die 1971 am Württembergischen Staatstheater in Stuttgart uraufgeführt wurde, Peter Härtling veröffentlichte 1976 seinen viel gelesenen Roman über Hölderlin, und Paul Celan verfasste im Anschluss an eine Reise zu Walter Jens nach Tübingen sein Hölderlin-Gedicht *Tübingen, Jänner*. Unabhängig davon schrieb der Ostberliner Lyriker Johannes Bobrowski ein thematisch ähnliches Gedicht, nachdem er ein knappes Vierteljahr vor dem Bau der Berliner Mauer an der Jahresversammlung der Hölderlin-Gesellschaft teilgenommen hatte. Es trägt den schlichten Titel *Hölderlin in Tübingen* und erschien erstmals 1963:

Bäume irdisch, und Licht,
darin der Kahn steht, gerufen,
die Ruderstange gegen das Ufer, die schöne
Neigung, vor dieser Tür
ging der Schatten, der ist
gefallen auf einen Fluß
Neckar, der grün war, Neckar,
hinausgegangen
um Wiesen und Uferweiden.

Turm,
daß er bewohnbar
sei wie ein Tag, der Mauern
Schwere, die Schwere
gegen das Grün,
Bäume und Wasser, zu wiegen
beides in einer Hand:
Es läutet die Glocke herab
über die Dächer, die Uhr
rührt sich zum Drehn
der eisernen Fahnen.[53]

Vom Stocherkahn bis hin zum letzten Vers, in dem die klirrenden Fahnen aus Hölderlins – nicht in Tübingen geschriebenem – Meisterwerk *Hälfte des Lebens* nachklingen, blendet Bobrowski die Lebenswelten des frühen 19. und des mittleren 20. Jahrhunderts ineinander. Dabei scheint ihm nicht bewusst gewesen zu sein, wie sehr sich der Turm, den er in Tübingen kennenlernte, von jenem Gebäude unterschied, in dem Hölderlin einst sein Dasein fristete. Denn obwohl die Universitätsstadt im Zweiten Weltkrieg kaum Schaden nahm, überdauerte nur dessen Fundament die Zeitläufte.

Der Hölderlinturm am 23. März 2011

Um seine Angehörigen und die studentischen Untermieter besser unterbringen zu können, baute bereits Ernst Zimmer das Haus mehrmals um. 1828 gab er seine Werkstatt auf, 1838 starb er, Hölderlin überlebte ihn um immerhin fünf Jahre. Das Haus blieb bis

1865 im Besitz der Familie. Später übernahm es der Schuhmacher-meister Carl Friedrich Eberhardt, dessen Familie damit begann, Interessierte in Hölderlins ‹Rundel› zu führen.[54] Am 14. Dezember 1875 brannte das Gebäude nieder, die oberen Stockwerke wurden dabei vollständig zerstört. Erst seit dem Wiederaufbau ist das Halb-rund des Turms ohne Ecken, eine weitere Neuerung war die spitze Haube. Von nun an bekam der Hölderlin-Kult seine erste Gedenk-stätte – einen Raum im Erdgeschoss, der mit zeitgenössischen Möbeln ausgestattet wurde. 1921/22, einige Jahre nachdem Nor-bert von Hellingrath in Stuttgart Hölderlins Pindar-Übertragun-gen und späte Hymnen entdeckt hatte, wurde das Haus an die Stadt verkauft. Als ‹Hölderlinzimmer› gab man bis 1978 das untere Turmzimmer aus. Erst danach wurde auch das ‹Rundel› im Ober-geschoss zum Ausstellungsraum.

1984, bei der vollständigen Renovierung des Gebäudes, bemühte man sich, sein Inneres wieder so zu gestalten, wie es zu Hölderlins Zeiten ausgesehen haben könnte. Waiblingers Aufzeichnungen er-wiesen sich dabei als hilfreich: Hölderlins Raum im ersten Stock ähnelt heute jenem, den er in seinem Tagebuch beschrieben hat: «ein kleines, geweißnetes amphitheatralisches Zimmer, ohne allen gewöhnlichen Schmuck, worin ein Mann stand, der seine Hände in den nur bis zu den Hüften reichenden Hosen stecken hatte und unaufhörlich vor uns Komplimente machte.»[55]

Bobrowski und unzählige andere Tübingen-Besucher störte es wenig, dass sie eine nicht einmal originalgetreue Replik vor Augen hatten, als sie sich in der Bursagasse Hölderlins Schicksal vergegen-wärtigten. Ihre Begeisterung für seine Dichtung reichte vollkom-men aus, um das hellgelbe Gebäude am Neckar in einen der wich-tigsten Gedächtnisorte der Literaturgeschichte zu verwandeln.

2.
Nürtingen

April 2011 – St. Laurentius und die Lateinschule – Ende der Idylle:
Der Fluss als Standortfaktor – Mörike und ein Korb voller
Handschriften – Hölderlins ‹Nachtgesänge›

Der Weg von Tübingen nach Nürtingen führt gut 30 Kilometer am
Flusslauf entlang. Hölderlins Familie lebte seit 1774 in der kleinen
Stadt im Vorland der Schwäbischen Alb, die zusammen mit einer
Reihe von eingemeindeten Ortschaften heute über 40 000 Einwohner zählt. Am 21. April 2011 ist es hier sommerlich warm. Im Wehr
spiegelt sich die historische Häuserfront wie auf einer Ansichts-
karte, darüber der Turm der Laurentiuskirche, in der Hölderlin
konfirmiert wurde. In ihrem Schatten befindet sich noch immer das
Gebäude der 1481 gegründeten Lateinschule. Hölderlin besuchte
sie von 1776 bis 1784, und im letzten Jahr gehörte auch der als früh-
reif geltende Friedrich Schelling zu seinen Mitschülern.

In den Nürtinger Kindheitsjahren wohnte Schelling bei seinem
Onkel, dem Diakon Nathanael Köstlin, der an der Lateinschule
unterrichtete und ein typischer Anhänger des spekulativen württembergischen Pietismus in der Nachfolge von Friedrich Christoph Oetinger war. Für Hölderlin war Köstlin, bei dem er auch
Privatunterricht erhielt, besonders nach dem Tod des Stiefvaters
eine wichtige Bezugsperson und intellektuell enorm anregend.
Wahrscheinlich kam er durch ihn und Jakob Friedrich Klemm, den
Inhaber der ersten Pfarrstelle in Nürtingen, mit der Gedankenwelt
Jakob Böhmes und der Kabbala in Berührung, die ihn beide stark
beeinflussten.[1] Hölderlins ältester überlieferter, im November 1785
in Denkendorf geschriebener Brief ist an Köstlin adressiert. Er ist

nicht nur das Ergebnis einer typisch pietistischen Erziehung zur strengen Selbstüberprüfung, er ist auch ein Dokument früher Zweifel an jener nach der Lateinschule eingeschlagenen theologischen Laufbahn, mit der Hölderlin, wie schon Waiblinger als sein erster Biograf betonte, vor allem den Wünschen seiner Mutter folgte. «*Hochehrwürdiger, Hochgelehrter* / Insonders *Hochzuverehrender Herr Helffer!*», hebt das Schreiben des 15-Jährigen an. «*Ihre* immerwährende große Gewogenheit und Liebe gegen mich, und noch etwas, das auch nicht wenig dazu beigetragen haben mag, *Ihr* weißer Christen-Wandel, erwekten in mir eine solche Ehrfurcht und Liebe zu *Ihnen*, daß ich, es aufrichtig zu sagen, *Sie* nicht anders, als wie meinen Vater betrachten kann.» In akuter Gewissensnot suchte der junge Hölderlin Köstlins elterlichen Beistand und Rat. Denn er wanke «immer hin und her» und könne, «gleichsam die Menschheit» verachtend, «nur immer einsam seyn»: ein Zustand, der geradezu zum Leitmotiv der späteren Berichte über Hölderlins Leben werden sollte.[2] Angesichts des vertraulichen Tons, den Hölderlin mit diesem Brief anschlug, überrascht es nicht, dass er sich im Vorjahr in der Nürtinger Lateinschule offenbar rührend um Köstlins neunjährigen Neffen gekümmert hat und diesem in guter Erinnerung blieb, im Gegensatz zu den anderen Mitschülern, die, so Schelling, dazu neigten, «den so viel jüngeren zu mißhandeln».[3]

Am Ufer wippen Bachstelzen, die Luft ist voller Pappelsamen, wie winzige Wattebäusche treiben sie auch auf der stillen Wasseroberfläche. Der Schriftsteller Peter Härtling, der seine Jugend nach dem Zweiten Weltkrieg in Nürtingen verbracht hat, setzte diesem Teil des Neckars in seinem autobiografischen Roman *Herzwand* ein Denkmal: «Es war einmal, und es ist topografisch noch vorhanden und doch nicht mehr wahr, ein Stück Fluß, ein Abschnitt zwischen zwei Wehren, der Neckar zwischen Neckarhausen und dem Nürtinger Elektrizitätswerk. Auf meiner, auf der Nürtinger Seite, läuft ein im Sommer staubiger Weg unmittelbar neben dem Fluß, vorbei an den rasselnden Trommeln des Kieswerks, vorbei an Schrebergärten, dem Fußballplatz und den Tennisplätzen, mit einem Blick aufs Zementwerk, dessen Kamin unermüdlich grauen Staub auf die Dächer speit.»[4]

Nürtingen, das sich seit dem ausgehenden 19. Jahrhundert zum Industriestandort entwickelt hat, ist seinen zweifelhaften Ruf als Stadt der grauen Dächer schon lange wieder los. Die 1872 begonnene Zementproduktion wurde 1975 aufgegeben, Härtlings Weg hat sich in eine Parkanlage verwandelt. Idyllisch ist es hier trotzdem nicht wieder geworden. Schon Alfons Paquet muss ein Auge zugedrückt haben, als er Nürtingen 1928 als beschauliches Städtchen mit «breiten Dächern über niederen Häusern» beschrieb, in deren Mitte der Kirchturm «wie ein Hirt» aufragt. Am Fluss, so Paquet, sammelten sich lediglich «ein paar mechanische Fabriken, genug, um Arbeit zu geben».

Auch wenn das gut 15 Kilometer entfernte Plochingen noch keinen Hafen besaß, hatte sich der Neckar auf der Strecke zwischen Tübingen und Esslingen bereits zu Beginn des 20. Jahrhunderts erkennbar verwandelt. Der schmale Fluss, der sich seinen Weg durch den Schwarzwald bahnt und bei Rottenburg in das von Hügeln umgrenzte Tübinger Becken eintritt, war durch die Staustufen und Uferbefestigungen damals schon vor allem zum Hilfsmittel der Modernisierung, zur Energiequelle und zum Instrument der Abwasserentsorgung geworden. Auch zwischen den Weltkriegen waren die «schaukelnden Wellen der Ebene», die auf Paquet «wie ein einziger Weingarten» wirkten, eher die Kulisse als das auffälligste Merkmal einer Region, die durch ihr wirtschaftliches Potenzial Weltgeltung beanspruchte.[5] Weil Kohleimporte teuer waren, setzte die junge Industrie Württembergs auf die Wasserkraft, zunächst auf Mühlen und Wasserräder und später auf Turbinen. Der Mangel an fossilen Energiequellen erwies sich rückblickend vielleicht sogar als Vorteil, denn er führte zum Aufbau einer vergleichsweise krisensicheren Feinindustrie. Ohne den Neckar wäre der Aufstieg der Region zwischen Nürtingen und Heilbronn zum zweitgrößten deutschen Wirtschaftsraum unmöglich gewesen. So war die Kanalisierung des schmalen Flusses nur eine Frage der Zeit. Nirgendwo sonst wird so deutlich wie hier, dass der Neckar heute vor allem ein von Menschen gestaltetes Gewässer ist.

Auch Nürtingen besaß um 1900 mit seinen 5738 Einwohnern[6] bereits eine ganze Reihe von Fabriken, darunter eine 1817 gegründete Baumwollspinnerei, mechanische Strickereien, eine Dampfziegelei und die *Greiner'sche Korkschneiderei und Spundenfabrikation*, in der ungefähr 200 Arbeiter beschäftigt wurden und in der auch noch Peter Härtling für kurze Zeit als Bürobote arbeitete, nachdem er das Gymnasium abgebrochen hatte.[7] Die Geschichte dieser Fabrik ist typisch für die industriellen Erfolge durch den Einsatz von Dampfmaschinen und schlägt zugleich eine Brücke zwischen dem von Paquet beschworenen Weinbau und dem sprichwörtlichen schwäbischen Erfindergeist: «Im Jahr 1870 gründete C. A. Greiner hier eine Fabrik künstlicher Mineralwasser und kam bald auf den Gedanken, die hiezu nötigen Korkstöpsel selbst anzufertigen, zu welchem Zweck er eine eigene 4pferdige Dampfmaschine ersann. Da dieselbe gut arbeitete, so ließ er sich 1875 ein Erfindungspatent hiefür ausstellen und erhöhte die anfänglich nur geringe Arbeiterzahl. Um auch die Korkabfälle zu verwerten, begann er 1880 Feueranzünder zu fabrizieren. Nach einer neuen Grunderwerbung wurde 1890 noch ein weiteres Gebäude zur Herstellung von Holzspunden, Querscheiben u. s. w. errichtet, desgleichen elektrische Beleuchtung fürs ganze Anwesen eingeführt. [...] Die Jahresproduktion an Korkstöpseln beläuft sich auf 50 bis 60 Millionen Stück; die Mineralwasserfabrikation aber [...] ist längst aufgegeben.»[8]

So hielt es Albert Kautter in seiner 1898 veröffentlichten Stadtgeschichte fest. 113 Jahre später kann man dem unablässigen Tosen
der Bundesstraße nach Tübingen an den Nürtinger Ufern nicht
entgehen. Es ist drei Uhr, die schwüle Nachmittagsluft schmeckt
bitter. Nur wenn die Glocken von St. Laurentius läuten, lässt sich
der Verkehrslärm für Momente vergessen. Ölig rinnt das Wasser
am Wehr hinunter und macht dabei Geräusche wie jener Gebirgs-
bach, dem der Fluss zwischen seinem Ursprung im Schwenninger
Moos und Rottenburg stellenweise immer noch ähnelt. Direkt
neben der Neckarbrücke befindet sich seit 1927 das kleine Wasserkraftwerk. Auf einer wenige Schritte entfernten Wiese lagert eine
Gruppe Männer und Frauen. Einige spielen Skat. «Komm raus,
Baby!», brüllt eine Frau mit tiefschwarz gefärbtem Haar. Neben ihr
ein wettergegerbter Männerrücken, über und über tätowiert, und
ein alt gewordener Hagerer in Totenkopf-Hemd: «Scheiße, Mann!»
Darauf die Frau: «Jaaa, ich bin heut bei Laune!» Ferner ein Cam-
pingtisch mit Ketchupflaschen und Papptellern, Isomatten und
Bierflaschen im kühlenden Gras. «Jawoll!», grölt die Skatspielerin.
Der Hagere lacht. Lagerfeuergeruch weht herüber, der ‹Grillmeis-
ter› trägt Tarnfarben. Schwarze Jacken und Kapuzenpullover hängen in den alten Bäumen, deren Laub noch lindgrün und durch-
scheinend ist.

Wahrscheinlich war es in Nürtingen nicht einmal zu Hölderlins
und Schellings Zeiten so ‹gemütlich›, wie es das heutige Stadt-
marketing gern sähe. Zwar galt die Neuerbauung großer Teile der
Stadt, die am 12. Dezember 1750 durch einen verheerenden Brand
zerstört worden war, um 1780 noch als recht gelungen,[9] doch der
Alltag war im späten 18. Jahrhundert von geradezu archaisch wirkenden Unannehmlichkeiten geprägt. Der Stadthistoriker Jakob
Kocher zeichnete 1924 ein anschauliches Bild des vorindustriellen
Nürtingen, wie es Hölderlin und Schelling, deren Familien der
wohlhabenden Oberschicht angehörten, zumindest auf ihrem

Schulweg erlebt haben könnten: «Die Bauern wohnten damals fast noch alle in der Mitte der Stadt, und nach der Größe der ‹Miste› vor ihrem Hause konnte man den Umfang ihres landwirtschaftlichen Betriebs ermessen. Besonders in der Kirchgasse und in der Brunnsteige gaben die Düngerhaufen der Straße ihr charakteristisches Aussehen. Die Metzger, die auf offener Straße schlachteten und die geschlachteten Tiere an großen Haken vor dem Hause aufhängten, verschönerten das Straßenbild auch nicht. Besonders die Plätze um die öffentlichen Brunnen herum waren Stätten unglaublichen Schmutzes; denn hierher führte der Bauer sein Vieh zur Tränke, unmittelbar aus dem Stall oder schon am Wagen eingespannt.»[10]

Im Februar 1870, als Mörike für ein gutes Jahr nach Nürtingen übersiedelte, um sich dem geschäftigen Stuttgart zu entziehen, werden die hygienischen Verhältnisse bei weitem nicht mehr so bedenklich gewesen sein. Nachdem die Stadt im Herbst 1859 an die Eisenbahn angeschlossen worden war und die Textilindustrie zu florieren begonnen hatte, modernisierten sich die Lebensverhältnisse zusehends.[11] Dennoch ließ vieles in Nürtingen nach wie vor zu wünschen übrig. Das Stadtbild sei, konstatierte der schon zitierte Albert Kautter Ende des 19. Jahrhundert, «sowenig eine langsam fortschreitende Besserung hierhin zu verkennen ist, immer noch nicht befriedigend, da es den Häuserreihen an einem einheitlichen Charakter fehlt. Besonders auffallend ist das auf der Seite, von welcher die meisten Fremden kommen, nämlich vom Bahnhof her, wo allerdings zunächst das schmucke Postgebäude angenehm sich bemerklich macht, um so unangenehmer aber sofort die in die Baulinie hereinstehende Scheuer des Gasthofs zum Löwen; und wenn man dann um die Ecke gebogen ist, so sieht man Häuser nicht nur von der allerverschiedensten Größe, sondern auch von allen möglichen Stilarten, teils hinter der Straßenlinie liegend, teils weit vorspringend, wie der sogenannte Neue Bau (jetzt mechanische Werk-

Nürtingen 1870, Tuschzeichnung von Eduard Mörike

stätte), dem gegenüber, um die Harmonie zu vervollständigen, sich ein alter Schuppen vom Gasthaus zum Ochsen her bis dicht an die Straße vordrängt.»[12]

Ziemlich einheitlich, so der Chronist, seien die Marktstraße und die Neckarsteige, in der Eduard Mörike 1870 zunächst wohnte. Das dreistöckige Gebäude mit der Hausnummer 36 steht noch, wurde allerdings im Laufe des vergangenen Jahrhunderts regelrecht kaputt renoviert und macht heute einen schäbigen Eindruck. In seiner Wohnung im zweiten Stock soll Mörike einmal zusammen mit dem Maler Moritz von Schwind gestanden und zum Schlossberg hinaufgeschaut haben. Mörike hat diesen Blick in einer seiner Zeichnungen festgehalten.

Von ihm auf das Malerische der Aussicht hingewiesen, soll der befreundete Künstler zwar zugestimmt, sogleich aber ernüchternd hinzugefügt haben: «nur ist es immer ein Unterschied, ob man etwas interessant findet, oder ob man sich damit vermählt».[13] Dabei wird das Haus in der Neckarsteige für damalige Verhältnisse komfortabel gewesen sein, denn allein schon die Qualität der Wohnung war für den Dichter ein starkes Argument, der Großstadt den Rücken zu kehren – abgesehen davon, dass ihm die landschaftliche Umgebung ebenso zusagte wie das soziale Milieu. Schon als Kind war er oft und gern bei seiner Nürtinger Tante zu Besuch gewesen, bei der sein jüngerer Bruder August ab 1817 wohnte. Im Februar 1826, neun Jahre nach dem Tod des Vaters, zog auch Mörikes Mutter nach Nürtingen. Zu dieser Zeit stand er zwar schon kurz vor dem Abschluss seines Theologiestudiums im Tübinger Stift, dennoch konnte er durch seine regelmäßigen Nürtingen-Aufenthalte die Modernisierung der kleinen Stadt unmittelbar miterleben.

Mörike schätzte die neuen Annehmlichkeiten sehr. Moritz von Schwind gegenüber pries er Nürtingen am 24. Januar 1870 nicht nur, weil es ihm vertraut und «halb heimatlich» war und die Gegend «durch die nahe Alb ihre besonderen Reize hat». Auch die vorzüglichen «Lehranstalten» hielt er für erwähnenswert, und vor allem die «Eisenbahn, auf welcher man in 1½ Stunden nach Stuttgart, in zweien nach Tübingen fährt».[14] Sich Mörike als Eisenbahnreisenden vorzustellen, fällt nicht leicht. Allzu oft wird sein Werk auf das Idyllische reduziert. Dabei gehörte er keinesfalls zu jenen Reaktionären, über die sich Georg Herwegh lustig machte, als er im Sommer 1845 durch Schwaben reiste. «Ich höre Nichts als Klagen über Eisenbahnen etc.», schrieb der in Stuttgart geborene Herwegh seiner Frau Emma aus Balingen. «Die Leute sind so verpuppt in sich, daß sie gar nicht mehr heraus wollen aus ihrem gelobten Erdstrich. Ob die Eisenbahn sich rentirt, darauf kommt ihnen Alles an.» Da Württemberg «durchaus keine Handelsstraße» sei, wollten «die Esel lieber darauf verzichten, statt ein bischen Geld dran zu wagen, um mit der übrigen Menschheit in Verbindung zu bleiben».[15]

Offenbar unterschätzte Herwegh den Entwicklungsschub, der Württemberg unmittelbar bevorstand. Der Vormärz-Dichter, der 1839 zunächst in die Schweiz fliehen musste und danach anderthalb Jahre in Paris gelebt hatte, konnte sich nicht vorstellen, dass die Geschwindigkeitsrevolution ausgerechnet die bis zum Eisenbahnbau vergleichsweise arme Neckarregion besonders stark verändern und den Fluss als Transportmittel marginalisieren würde.

Ein Vierteljahrhundert später ging der Neu-Nürtinger Mörike von grundsätzlich anderen Voraussetzungen aus. So nah er sich Schiller und Hölderlin in seiner literarischen Position immer noch fühlte, so unstrittig war es für ihn, dass eine neue Epoche begonnen hatte. Zufälle wie jener, dass seine Familie zweimal in denselben Nürtinger Häusern wohnte wie Hölderlins Verwandte, konnten nicht darüber hinwegtäuschen, dass sein Leben und sein Werk durch grundsätzlich andere Erfahrungen geprägt wurden als die seiner Vorbilder. Immerhin trennte Hölderlin und Mörike ein Altersunterschied von über 30 Jahren.

Wenige Monate vor Mörikes Geburt am 8. September 1804 in Ludwigsburg hatte Hölderlin Nürtingen für immer verlassen. Damals stand er unmittelbar vor dem Aus. Er trat seine Stelle als Hofbibliothekar in Homburg an, aber diese war kaum mehr als ein Almosen. Sein Freund Isaak von Sinclair hatte sie ihm besorgt, um den Kranken in seiner Nähe zu haben und ihn jederzeit unterstützen zu können. Die dienstliche Tätigkeit in der Homburger Bibliothek hat Hölderlin nie wirklich begonnen. Ende Februar 1805 wurde Sinclair in Württemberg wegen Hochverrats angeklagt und gewaltsam nach Stuttgart transportiert. Dieses Ereignis war für Hölderlin ein Schock und setzte seiner Gesundheit abermals schwer zu. Er geriet in eine derart schwere Krise, dass sich sogar Sinclair, dessen Verfahren im Juli 1805 eingestellt wurde, von ihm abwandte. Sinclair selbst war es auch, der Hölderlins Mutter am 3. August 1806 aufforderte, etwas zu unternehmen, um den Freund, dessen «Wahnsinn eine sehr hohe Stufe erreicht» hatte, aus Homburg abholen zu lassen.[16]

Trotzdem ließen Mörike, hierin glich er seinem Studienfreund Waiblinger, die Ähnlichkeiten ihrer Lebensläufe nicht kalt, dafür waren sie viel zu sonderbar. Dass er und Hölderlin auf so gut wie gleiche Weise ausgebildet wurden, konnte in Württemberg kaum überraschen: Hegel, Schelling, Waiblinger und Herwegh ging es ja genauso, schließlich stammten sie alle aus ähnlichen, äußerst traditionsbewussten Familien. Ihre Väter waren Pfarrer, Lehrer, Beamte oder Ärzte, und ihr Bildungsweg war vorgezeichnet – von der Lateinschule über das «Niedere Theologische Seminar» bis hin zum Tübinger Stift, auf das man gewöhnlich mit 18 Jahren wechselte; lediglich Schelling, der Höchstbegabte, erhielt eine Ausnahmeregelung und begann sein Studium bereits mit 16. Aber dass Hölderlins Schwester, die Mörike Anfang Januar 1843 kennenlernte, ausgerechnet die frühere Wohnung von Mörikes Mutter und «ganz dieselben Zimmer» bewohnte, das erschien ihm doch überaus merkwürdig.[17]

Die Literaturgeschichte kennt wenige Schriftsteller, die sich so entschlossen wie Mörike, Uhland und Justinus Kerner für Freunde und Vorläufer eingesetzt haben. Es war vor allem Mörike, der sich um Waiblingers schriftstellerische Hinterlassenschaft kümmerte, bis hin zur 1844 erschienenen Ausgabe seiner Gedichte. Eine ähnliche Sorge führte Mörike zu Hölderlins Schwester Heinrike. Er wusste, dass sich Hölderlin noch in seinen Elendsjahren eng mit ihr verbunden fühlte, denn er hatte ihn mehrmals zusammen mit Waiblinger und anderen Freunden in seiner Tübinger Behausung aufgesucht. Bei diesen Besuchen entstanden auch die beiden Hölderlin-Bildnisse von Johann Georg Schreiner und Rudolf

Hölderlin, «von Schreiner und Rudolph
in Eile gezeichnet am 27sten Jul. 23»

Lohbauer, von denen Mörike behauptete, dass sie «in hohem Grade ähnlich ausgefallen» seien. Sie wurden die Grundlage vieler postumer Hölderlin-Darstellungen.[18]

Im Januar 1843 setzte sich Mörike als einer der Ersten mit Hölderlins Manuskripten auseinander. Angesichts der soeben erschienenen zweiten, von Gustav Schwab und dessen Sohn Christoph bearbeiteten Hölderlin-Ausgabe hatte Mörike sich vorgenommen, die Aufzeichnungen, die der kranke Dichter in Nürtingen zurückgelassen hatte, selbst auch noch einmal durchzusehen. Wahrscheinlich hoffte er nicht zuletzt, dabei auf bislang unbekannte Gedichte zu stoßen. In der Kirchstraße 17 habe ihm die Professorenwitwe Heinrike Breunlin zunächst einige Porträts ihres Bruders gezeigt, darunter auch jenes Pastellbild, das von Franz Karl Hiemer angefertigt worden war. Hölderlin hatte es seiner Schwester am 9. Oktober 1792 zur Hochzeit geschenkt. Heute gehört es zu den bekanntesten und am häufigsten gedruckten Hölderlin-Bildnissen. Mörike allerdings beurteilte es eher kritisch. «Es ist nicht ganz getroffen», schrieb er dem befreundeten Pfarrer Wilhelm Hartlaub, «doch sieht man wohl, daß er von außerordentlicher Schönheit gewesen seyn muß.»[19] Das klang fast so, als wäre von einem Toten die Rede. Dieser Eindruck verstärkte sich noch durch Mörikes Bericht über Hölderlins Handschriften, die ihm Heinrike in einem Korb in das Haus seiner Tante bringen ließ. Dort wurde ihm ein «oberes Stübchen» als provisorisches Arbeitszimmer eingerichtet, und Mörike begann zu lesen.

Zum ersten Mal wurde er mit jenen ungeheuer schwer zu entziffernden Manuskripten konfrontiert, die Literatur- und Editionswissenschaftler von Norbert von Hellingrath über Friedrich Beißner bis hin zu Dietrich E. Sattler im 20. Jahrhundert für sich als eine der größten Herausforderungen überhaupt entdeckten. Mörike schrieb sich manches ab, offenbar sah er auch heute verlorene Dokumente. Insgesamt scheinen ihn Hölderlins Aufzeichnungen aber vor allem deprimiert zu haben. «Da saß ich ganz allein», gestand er Hartlaub, «nur hie u. da kam eins der Mädchen auf eine Viertelstunde mit dem Strickzeug herauf. So eine Ableitung war nöthig, sonst könnte man vor solchen Trümmern beinahe den Kopf verlieren. Ich fand merkwürdige CONCEPTE seiner (zumeist gedruckten) Gedichte mit vielen Correkturen; mehrfach variirende reinliche Um- u. Abschriften der gleichen Stücke [...] Dann: Übersetzungen des Sophokles (zum Theil gedruckt) Euripides und Pindar; dramaturgische Auf-

Hölderlin, Pastellbild von Hiemer, 1792

sätze; Briefe von unbedeutenderen Freunden (Sigrf. Schmid, Neuffer &c.) auch einige von ihm, und eine Spur, wie ich vermuthe, von der Hand derjenigen die wir als DIOTIMA kennen; Aushängebogen der ersten Ausgabe des Hyperion, wie frisch aus der Presse. Besonders rührend waren mir so kleine verlorene Wische aus seiner Homburger u. Jenaer Zeit, die mich unmittelbar in sein trauriges Leben und dessen Anfänge versezten.»[20]

Die Papiere aus dem Korb, die zuvor schon Schwab durchgearbeitet hatte, dokumentierten Hölderlins gesamtes Leben seit dem Studienabschluss in Tübingen: Mörike wurde mit einer enormen literarischen Begabung konfrontiert, mit den Zeugnissen einer peniblen Arbeit an den einzelnen Werken, die immer wieder verbessert wurden. Er entdeckte Relikte der verzweifelten Liebe zu Susette Gontard und der sich abzeichnenden inneren Zerrüttung. Möglicherweise konnte er 1843 auch Vorstufen zu jenen Gedichten lesen, die Hölderlin 1803 bei seiner Mutter als seine letzte umfangreichere Veröffentlichung vorbereitete, bevor er die Stadt seiner Kindheit für immer verließ. Es handelte sich um die neun *Nachtgesänge*, die in Friedrich Wilmans *Taschenbuch für das Jahr 1805* gedruckt wurden. Darunter befanden sich auch drei Gedichte, die heute zu Hölderlins berühmtesten gehören: *Chiron*, *Hälfte des Lebens* und *Der Winkel von Hahrdt*, das wie kein anderes auf die unmittelbare Umgebung Nürtingens Bezug nimmt, ohne dass es sich bei ihm um eine Landschaftsbetrachtung im konventionellen Sinne handelte. Hölderlin spielt auf den legendären Ulrichstein an, jenen Felsspalt, in dem sich Herzog Ulrich von Württemberg 1519 auf der Flucht vor seinen Verfolgern aus den Reihen des Schwäbischen Bundes versteckt haben soll. Das Gedicht besteht lediglich aus einer enigmatisch wirkenden Strophe in freien Versen: Es beschwört ein herbstliches Bild und einen Ort, der Hölderlin seit seiner Kindheit bekannt war; einen Ort, an dem ein Naturphänomen durch die historischen Ereignisse in eine Art Denkmal verwandelt wurde:

Hinunter sinket der Wald,
Und Knospen ähnlich, hängen
Einwärts die Blätter, denen
Blüht unten auf ein Grund,
Nicht gar unmündig
Da nemlich ist Ulrich
Gegangen; oft sinnt, über den Fußtritt,
Ein groß Schicksaal
Bereit, an übrigem Orte.[21]

3.
Esslingen

Hauffs Württemberg – Mai 2011 – Die älteste erhaltene Steinbrücke –
Mittelaltersehnsucht und Industrialisierung – Alexander von
Württemberg und Nikolaus Lenau – Lyrik und Kunst nach dem
Zweiten Weltkrieg

Oft erinnern nur noch Orte an Schicksale, die einst epochale Bedeutung zu haben schienen. Sogar der bei Hardt versteckte Ulrich
von Württemberg gehört heute fast schon zu den Vergessenen,
trotz der Länge und des verschwenderischen Stils seiner Herrschaft. 1498 wurde ihm mit nur elf Jahren die Macht übertragen,
am 6. November 1550 starb er in Tübingen. Sicher wäre er inzwischen noch viel unbekannter ohne Hölderlins Gedicht über den
Ulrichstein und Wilhelm Hauffs Roman *Lichtenstein* von 1826, in
dessen Mittelpunkt Ulrichs Kampf gegen den Schwäbischen Bund
steht. Die Mythologisierung der württembergischen Geschichte
sollte mit *Lichtenstein* ihren Gipfel erreichen.[1] Hierzu idealisierte
Hauff den Herzog entschieden: Viele seiner absolutistischen
Gewalttaten führte der Dichter auf Berater zurück. Zugleich
hob er positiv hervor, dass Ulrich dem Land die Reformation
bescherte.[2] Als überzeugter Monarchist war Hauff darauf aus,
jenem Landstrich am «Fuße» des Schwarzwalds, der «vom Neckar
durchströmt» wird, eine Art Nationalepos zu schenken.[3] Deshalb
inszenierte er eine süffig erzählte Fiktion in einer Umgebung, die
seinem Publikum vertraut war, und durchsetzte seinen Roman mit
stereotypen Preisungen der gemeinsamen schwäbischen Heimat.
«Ein herrliches Land dieses Württemberg», konstatiert Hauffs
Held Georg von Sturmfeder, vom Rand der Schwäbischen Alb

herabschauend, um sogleich das ganze Panorama zu beschwören:
«wie kühn, wie erhaben diese Gipfel und Bergwände, diese Felsen
und ihre Burgen; und wenn ich mich dorthin wende gegen die Täler
des Neckars wie lieblich jene sanften Hügel, jene Berge mit Obst
und Wein besetzt, jene fruchtbaren Täler mit schönen Bächen und
Flüssen, dazu ein milder Himmel und ein guter, kräftiger Schlag
von Menschen.» Georg wird bei seinem patriotischen Lobgesang
durch den «Pfeifer von Hardt» unterstützt, der sozusagen als zweite
Stimme und im selben Ton auch die Hauptstadt und das Unterland
zum Klingen bringt: «es ist ein schönes Land; doch hier oben will
es noch nicht viel sagen, aber was so unter Stuttgart ist, das wahre
Unterland, Herr! da ist es eine Freude im Sommer oder Herbst, am
Neckar hinabzuwandeln; wie da die Felder so schön und reich stehen, wie der Weinstock so dicht und grün die Berge überzieht, und
wie Nachen und Flöße den Neckar hinauf- und hinabfahren, wie
die Leute so fröhlich an der Arbeit sind, und die schönen Mädchen
singen wie die jungen Lerchen!»[4]

Hauff vermied auch noch den geringsten Zweifel an den Vorzügen Württembergs: Gepriesen seien der Wein und die Frucht-
barkeit, nicht zu vergessen die sprichwörtliche Arbeitsmoral. Wer
den Geschmack seines Publikums so hemmungslos bedient, dem
bleibt der Zuspruch selten versagt. Der Roman wurde ein Verkaufs-
erfolg, genau wie Hauffs künstlerisch ungleich bedeutendere Märchen. Doch das war noch nicht alles: Hauffs romantische Schwärmereien beflügelten einige Angehörige des Hauses Württemberg
so stark, dass sie das Schloss Lichtenstein auf der Grundlage seiner
phantasievollen Schilderungen tatsächlich errichteten. Die alte
Burg an dieser Stelle war bereits 1802, in Hauffs Geburtsjahr, abgebrochen worden. Erst 1840 und 1842 ließ Graf Wilhelm von Württemberg den Neubau im Stil einer mittelalterlichen Burg in jener
schroffen Hochlage errichten, die den früh verstorbenen Dichter so
fasziniert hatte; eine Faszination, mit der er übrigens an Gustav

Esslingen, gesehen von Reinhold Nägele,
März 1926

Schwab und dessen 1815 entstandenes Gedicht *Schloß Lichtenstein* anknüpfte.[5]

Im Laufe der Handlung von Hauffs Roman geraten immer mehr Orte ins Blickfeld: Tübingen und der Schönbuch ebenso wie Urach, die Teck, Nürtingen, das Stammschloss Württemberg über dem Neckar, an dessen Stelle König Wilhelm I. die Grabkapelle für seine Gemahlin Katharina errichten ließ, und auch Esslingen, die alte Reichsstadt, in der es heute noch leicht fällt, sich in Ulrichs Zeiten zurückzudenken. Denn im Gegensatz zu Stuttgart und Heilbronn blieb Esslingen vom Zweiten Weltkrieg weitgehend verschont. Dabei hatte sich auch diese Stadt zu Beginn des vergangenen Jahrhunderts in einen wichtigen Industriestandort verwandelt.

Alfons Paquet stieß das 1928 so sehr ab, dass er bei seiner Neckarbeschreibung ihre beiden großartigen Kirchen ebenso übersah wie die ehemalige Dominikanerkirche St. Paul: «Neue Arbeitsstätten,

Schienenstränge, Autostraßen sammeln sich um Eßlingen; der 300-stufige Wehrgang der Burg führt auf den roten, mit Wein bepflanzten Rücken des Berges nur hinauf, um dem Fremden das Dächermeer einer prosaischen, wachsenden Stadt zu zeigen, drüben die Anhöhe mit vielen roten Villen, zu denen die Elektrische in langer, schräger Straße hinaufsteigt. Hier ist jetzt am Fluß die lockere Reihe der Dörfer in einen einzigen Zusammenhang von Vorstädten verwandelt. Das Auto fährt durch menschenreiche Straßen wie im Ruhrgebiet, wie in der Frankfurter Gegend. Der luftige Bahnhof Eßlingen, von dünnen Flußarmen in langer, unsichtbarer Ellipse umgeben, ruht schon in den Industrien des Tales. Nur die Weinberge begleiten wie immer den versteckten, eingeklemmten Fluß.»[6] Was hätte Paquet erst acht Jahrzehnte später geschrieben? Er konnte den Boom der Automobilindustrie nicht voraussehen, die manche Abschnitte des Flusses zwischen Esslingen und Untertürkheim bis zur Unkenntlichkeit entstellte. Sie zwang den Neckar in ein betoniertes Bett und nahm ihm alle Dynamik. Und doch wird das Bild Esslingens, das heute rund 90 000 Einwohner zählt, nach wie vor durch eine Vielzahl von mittelalterlichen Bauten geprägt.

Als die Staufer dem Ort im frühen 13. Jahrhundert das Stadtrecht gewährten, war er bereits eine Art Verkehrsknoten. Esslingen lag an der wichtigen Straße von Speyer nach Ulm und Augsburg, und vermutlich konnte man hier damals den Fluss überqueren. So überrascht es nicht, dass die Stadt auch in Hauffs *Lichtenstein* als ein geografisches Zentrum für die geschilderten Kampfhandlungen dient: Von hier aus bewegt sich der Schwäbische Bund mit seinem neuen Heer «näher und näher an das Herz von Württemberg» heran. «Die Reichsstadt Eßlingen bot für diese Unternehmungen einen nur zu günstigen Stützpunkt. Sie liegt nur wenige Stunden von der Hauptstadt, beinahe mitten im Lande, und war, sobald das Heer des Bundes die Kommunikation mit ihr hergestellt hatte, eine furchtbare Schanze, um Ausfälle nach Württemberg zu begünstigen und zu decken.»[7]

Was im 16. Jahrhundert militärisch von Nutzen war, erwies sich auch während der Hochindustrialisierung im 19. Jahrhundert als entscheidender Vorteil. Weit mehr als Nürtingen gewann Esslingen durch seine günstige Lage wirtschaftlich schnell an Bedeutung. Ohne den Neckar, der die Stadt durchquert, wäre das nicht möglich gewesen.

Heute hingegen ist der Fluss zur Nebensache geworden. Er findet gerade noch Platz zwischen den Schienensträngen und der B 10. Die Straße gleicht einer Autobahn und wird durch eine Betonmauer vom Ufer abgetrennt, die für Graffiti wie geschaffen ist: «ICH LIEBE DICH ∞». Die mannshohen roten, gelben und violetten Buchstaben lassen sich auch noch aus großer Entfernung problemlos lesen. Doch wer mag gemeint sein? Das Wasser des Flusses ist so still, dass sich die winzigen Bugwellen eines Entenpaars auf seiner spiegelnden Oberfläche zu einem langschenkeligen W verbinden.

Der 28. Mai 2011 ist in Esslingen ein Samstag von vielen. Auf dem geteerten Uferweg fährt ein Junge Kickboard. Die Rasenflächen sind braun. Auf einer ausgeblichenen Tropenholz-Bank liegt ein Eisstiel mit einem eingetrockneten Rest Schokolade. Eine Gruppe übergewichtiger Männer trottet vorbei. Sie tragen Bermudas und Trikots vergangener Fußballmeisterschaften, die Farben Brasiliens, die Farben Italiens. Spatzen hüpfen herum, Feldlerchen trillern gegen den Straßenlärm an. Den ganzen Vormittag über sah es so aus, als stünde ein Platzregen bevor, aber bis auf ein paar Tropfen, die sofort auf dem heißen Asphalt verdampften, blieb es trocken. Über die moderne Vogelsangbrücke fährt eine Hochzeitsgesellschaft: hupende Kleinwagen, mit roten und weißen Luftballons geschmückt. Gut 200 Meter flussabwärts befindet sich die für den Autoverkehr gesperrte Pliensaubrücke. In ihrem Schatten surren Hummeln träge durch verwilderte Heckenrosen. Der letzte erhaltene Brückenturm wurde im ausgehenden 13. Jahrhundert errichtet. Eine braune Tafel informiert darüber, dass zwei weitere Türme, ein mittlerer und ein äußerer, mitsamt einer Kapelle 1819 und 1837 abgebrochen wurden. Mit dem Ausbau der Eisenbahn in unmittelbarer Flussnähe wurde der verbliebene Brücken-Torso später von der Innenstadt und der bis heute erhaltenen Inneren Brücke abgetrennt.

Die weitgehende Zerstörung der historischen Brücke ist symbolisch für die lange Geschichte einer Stadt, deren Bausubstanz niemals Kampfhandlungen zum Opfer fiel. In Esslingen sind die unwiederbringlichen Verluste friedlichen Modernisierungsmaßnahmen geschuldet, dies gilt besonders für die mittelalterliche Stadtbefestigung.[8] In der Zeit nach 1802, als die alte Reichsstadt nicht nur ihre Unabhängigkeit verlor, sondern auch ihre Bedeutung für die Handelswege schwand, stellte man mehr und mehr auf die Warenproduktion um. 1810 wurde durch Caspar Bodmer die Esslinger Handschuh-Industrie begründet, 1826 die berühmte Sektkellerei von Georg Christian Kessler, die bis heute besteht. Die Schaumweinherstellung hatte Kessler zuvor in Frankreich gelernt.

Zur selben Zeit trug man große Teile der alten Bebauung ab. Sogar Sakralbauten wie die baufällige, aber architektonisch herausragende Franziskanerkirche wurden als verzichtbar empfunden. Seit 1840 stehen von der dreischiffigen Basilika nur noch der frühgotische Chor und der Lettner. In diesen Jahren wurde auch das Neckarufer bedenkenlos den Bedürfnissen des Eisenbahnbetriebs angepasst. Mit der Pliensaubrücke nahm man dabei ein Wahrzeichen der Stadt in Angriff, eines der wichtigsten und ungewöhnlichsten Bauwerke der Region, jedoch ohne den erhofften Erfolg. Trotz des rabiaten Umbaus blieb die Überquerung des Neckars bei Esslingen ein Problem, und die einzige sinnvolle Lösung wäre schon im 19. Jahrhundert eine neue Brücke gewesen, aber niemand wollte die Kosten dafür übernehmen. Mit der Verlängerung der Schiffsroute bis Plochingen wurde die Zerstörung noch in der Zeit nach dem Zweiten Weltkrieg fortgesetzt. Erst 1970 restaurierte man die Bruchstücke des Bauwerks, das mit über 200 Metern Länge und zwölf Bögen für viele Generationen als die schönste aller Neckar-Brücken galt.[9] Ansichten aus der Zeit vor den Abrissarbeiten lassen keinen Zweifel daran, dass die Pliensaubrücke den Charakter der Reichsstadt über ein halbes Jahrtausend lang deutlicher prägte als die Kirchen und die Stadtbefestigung mit ihrem Wehrgang und dem Dicken Turm.

Die Siedlungen in der Gegend reichen mindestens in die Römerzeit zurück. Der älteste urkundliche Nachweis stammt aus dem Jahr 777, der Markt ‹Hetsilinga› ist seit 866 bezeugt. Die Innere Brücke, über die auch große Teile des Verkehrs zwischen Flandern und Oberitalien flossen, bestand bereits 1259 und wurde 1286 ausgebessert. Es ist auch bezeugt, dass die Brücke schon damals stark frequentiert und während der Überschwemmungen des Neckars immer wieder in Mitleidenschaft gezogen wurde.[10] Die Erneuerung der Inneren Brücke war vermutlich zugleich der Anlass zum Bau der Äußeren. Die Arbeiten an beiden wurden «auf Befehl des Pabst, von reichen Leuten, statt einer Strafe» möglich, wie es in einer Landesbeschreibung von 1791 heißt.[11] Man besorgte die Mittel also auf die damals übliche Weise: über einen Ablass.[12] So konnte ein erstaunlicher Plan umgesetzt werden: Wahrscheinlich hat man für die neue Brücke den Neckar verlegt. Einen endgültigen Beweis dafür wird man wohl nicht mehr finden können, aber vieles spricht dafür, dass der Roß- und der Wehrneckar, die die Stadt heute als Kanäle durchziehen, ursprünglich Hauptarme des Flusses waren. Wenn diese Annahme zutrifft, hat man die Pliensaubrücke bis 1296 auf dem Trockenen errichtet. Erst im Anschluss daran wurde der künstliche Hauptarm des Neckars geflutet.[13] Auf diese Weise entstand ein Meisterwerk mittelalterlicher Ingenieurskunst. Nach der Regensburgischen ist die Pliensaubrücke die wohl älteste erhaltene deutsche Steinbrücke. Sie ist wesentlich älter als der Ponte Vecchio in Florenz, ganz zu schweigen von der Alten Brücke in Heidelberg, die erst 1788 fertiggestellt wurde. Einst waren die Esslinger Brücken Schmuckstücke und Bollwerke zugleich. Vor allem aber dienten sie dem Handel, dem die Stadt ihren Aufstieg verdankte.[14] Jahrhunderte lang waren die Brückentore Zollstationen, und deren Einnahmen kamen der Stadt sehr zugute.[15]

Heute lässt sich die Trostlosigkeit der Brückenauffahrt an der Pliensauvorstadt kaum überbieten. Wo sich einst ein steinernes Portal und eine Kapelle befanden, empfängt einen der Imbiss-Geruch des «Brücken-Bistros», das unter einem Glasdach Platz gefunden hat. Ein paar Schritte weiter, unmittelbar über den Spuren der Bundesstraße, erklärt eine Mutter ihrem Sohn, dass sich an dieser Stelle kürzlich ein Mann habe umbringen wollen. Der Junge lächelt, als könnte er nichts mit den Worten der Mutter anfangen, dann ziehen die beiden weiter ins Zentrum. Trotz alledem, blickt man von hier oben auf die Stadt, kann man sich vorstellen, wie eindrucksvoll ihre Silhouette mit den Türmen der Kirchen, der Stadtbefestigung und der Brücke einst gewesen sein muss.

Einen neuen Aufstieg erlebte Esslingen in der zweiten Hälfte des 19. Jahrhunderts als einer der wichtigen Schauplätze der damaligen Beschleunigungsrevolution. Die beiden Brückentürme waren nicht die einzigen historischen Bauten, die den expandierenden Industrieanlagen weichen mussten.

Unmittelbar am Neckarufer, dort, wo zuvor die mittelalterliche Pliensaumühle gestanden hatte, errichtete Emil Kessler die Esslinger Maschinenfabrik, in der seit 1847 tausende Lokomotiven gebaut wurden. Kessler, der als erster Fabrikant auf die Unterstützung des württembergischen Königs setzen konnte, leitete damit für Esslingen eine neue Phase der Industrialisierung ein. Die kleinen Werkstätten, die das Stadtleben bis dahin geprägt hatten, gehörten bald endgültig der Vergangenheit an. Die Metallindustrie wuchs und wuchs. Im vierten Jahr ihres Bestehens hatte die Maschi-

Gottlieb Daimler und Wilhelm Maybach,
vor dem Steuermann sitzend, im ersten Daimler-Motorboot

nenfabrik bereits mehr als 1000 Arbeiter[16], doch trotz dieser rapiden
Expansion wurde die Produktion erst 1906 aus der Altstadt auf die
Neckarwiesen bei Mettingen verlegt.

Nach den Plänen von Gottlieb Daimler wurde auf dem Gelände
der Maschinenfabrik 1886 auch das erste vierrädrige Motorfahr-
zeug montiert und erprobt.[17] Größere Fahrten fanden im April
1887 zwischen Esslingen und Cannstatt und später zwischen Cannstatt und Untertürkheim statt.[18] Bald wurde Daimlers Motorkutsche zum Stadtgespräch, und über Jahre hinweg galt sie als eine
besondere Esslinger Attraktion. Auch das erste, von Daimler kon-
struierte Motorboot, das er im Sommer 1886 noch vor der Jung-
fernfahrt der Motorkutsche bei Cannstatt zu Wasser ließ, sorgte für
Aufsehen.[19]

Für die frühen Industriebetriebe war die Neckarnähe von großer
Bedeutung, denn sie waren auf die Kraft des Wassers angewiesen.
Deshalb kam es zwischen der Stadtverwaltung und der Landes-
regierung Anfang des 19. Jahrhunderts immer wieder zu Auseinan-
dersetzungen über die Frage, wem die «Esslinger Kanäle» gehör-

ten.[20] Innerhalb weniger Jahrzehnte vollbrachte die Stadt den Sprung in die Moderne. Gewerbebetriebe und Arbeitervereine zogen in die Fachwerkhäuser ein. Zugleich blieb Esslingen aber auch eine Nische für spätromantische Schwärmereien und ein Hort der Mittelaltersehnsucht. «Die alte Stadt Eßlingen ruht aus und verjüngt sich im Schoße der reichsten Natur», stellte Gustav Schwab 1837 fest; «sie selbst ist in ihrem Innern reich an *historischen* Erinnerungen.»[21] Und Johannes Brahms geriet noch anderthalb Jahrzehnte später regelrecht ins Schwärmen: Die Stadt habe ihn in eine Eichendorff-Stimmung versetzt, gestand er in einem Brief an Clara Schumann.[22]

Gustav Schwab, der heute fast nur noch durch seine Nacherzählungen der Sagen des klassischen Altertums in Erinnerung ist, pries besonders den Blick von der alten Brücke, von der aus man «die erlesensten Gaben der Natur mit den seltensten Schätzen des Altertums» überschauen konnte.[23] Die Umgestaltung der Stadt war für ihn zwar bemerkenswert – er erwähnt Tuchfabriken, die Blechwarenfabrik und auch die «Weinhandlung der Herren Kessler und Comp., deren moussierende, champagnerähnliche Weine durch ganz Europa versendet werden» –,[24] doch das alles scheint für ihn nicht bedeutend genug gewesen zu sein, um sich ausführlicher damit zu beschäftigen.

Schwab hat Esslingen offenbar vor allem als Mitglied des Dichterkreises um den Grafen Alexander von Württemberg erlebt, in dessen Mitte Ludwig Uhland, Justinus Kerner und Nikolaus Lenau standen. Geografisches Zentrum des Kreises war das nördlich von Stadt und Fluss gelegene Schloss Serach, das der 1801 geborene Graf Alexander, der Bruder des Lichtenstein-Erbauers Wilhelm von Württemberg, 1828 als Sommersitz kaufte und 1834 erweitern ließ. Sein Hauptwohnsitz war das Obere Palmsche Palais am Markt, das 1840 von der Stadt erworben und zum Neuen Rathaus gemacht wurde. Ohne Rücksicht auf Standesunterschiede wurden in

Alexanders Häusern rauschende Feste gefeiert. Oft blieben die Freunde mehrere Wochen lang in Serach, unterbrochen von Jagden – Alexanders größter Leidenschaft –, Ausflügen zu Pferd und Bootsfahrten auf dem Neckar, bei denen Nikolaus Lenau zuweilen Gitarre spielte.[25]

Es war Schwab, der den österreichisch-ungarischen Dichter in den literarischen Zirkeln und Lesevereinen Stuttgarts bekannt machte und ihn im Sommer 1831 mit nach Serach nahm.[26] Lenau, dessen Bücher – ebenfalls durch Schwab vermittelt – zukünftig in Stuttgart bei Cotta erschienen, gehörte kurze Zeit später bereits zu den engsten Vertrauten des Grafen. Die Freundschaft hatte bis zu Alexanders Hirnschlag im Juli 1844 Bestand. Man setzte den Grafen in der Stuttgarter Stiftskirche bei. Er war nicht durch seine Gedichte bekannt geworden, auch wenn manche von ihnen im ‹poetischen Teil› des *Morgenblatts für gebildete Leser* gedruckt und 1841 in einem Buch gesammelt wurden. In den Augen seiner Freunde wurde Alexander vielmehr durch seinen exzessiven Lebensstil, sein Temperament und seine Großzügigkeit zu einem ebenso «wilden» wie «prächtigen Kerl».[27] Die Lyrik hingegen ließ zumindest Lenau eher an Alexander zweifeln, ja, durch die Sonette habe er «anmaßend, plump und albern» auf ihn gewirkt. In seinen ästhetischen Urteilen war Lenau unbestechlich: «So lange er bei Hirschen und Hunden, Pferden und Zigeunern blieb, mochte ihm zuweilen ein leidlich Lied gelingen, nun er sich aber einfallen ließ, auf der Höhe unserer Zeitfragen seinen poetischen Lehrstuhl aufzuschlagen und auf uns herabzupredigen, ist er verloren.»[28]

Das schrieb Lenau am 8. Juni 1843 aus Stuttgart. Drei Jahre zuvor schien seine Freundschaft zu Alexander noch ungetrübt. Eine Bekannte berichtete über eine gemeinsame Reise mit Lenau am 3. Juni 1840: «Als die braunen Mauern von Eßlingen am silberblauen Neckar emporstiegen zwischen neuumkleideten Rebengipfeln, sprengte uns Graf Alexander entgegen. Vor seinem Palais auf dem Markte hielten wir und traten flüchtig in seine Zimmer [...] Er stülpte den von Weinsberg wohlbekannten grünen Alphut mit den Spielhahnfedern auf, und fort ging es, nach Serach hinauf, der kleinen Welt, die er sich da oben geschaffen hat. Vorüber an der Romantik der kleinen Reichsstadt, ihren altersgrauen Wällen und Thürmchen, dem Judenkirchhofe mit bemoosten Steinen, die Waldschlucht hinan zu den jungen Birken; der Graf immer vor uns her galoppirend auf seinem schlanken Araber, die schönste, ritterliche Gestalt, die man sich vorstellen oder vielmehr nicht vorstellen kann, wenn man sie nicht geschaut hat.»[29]

Die Bedeutung von Künstlerkreisen wie dem um den Grafen Alexander für die Neckarregion war außerordentlich, was auch mit dem Fehlen von Zentren wie München, Berlin oder Wien zusammenhängen mag. Das geistige Leben verteilte sich über den gesamten Landstrich und verdichtete sich punktuell und temporär. Ähnlich wie im Tübinger Stift bildeten sich bis ins 20. Jahrhundert hinein vielerorts einflussreiche Arbeitsgemeinschaften, Freundschaftsbünde und geheime Zirkel. Der Esslinger Kreis bestand über Alexanders Tod hinaus und traf sich vor allem in Justinus Kerners Haus in Weinsberg. Seit 1909 versammelte Alexander von Bernus Literaten und Esoteriker auf Stift Neuburg unweit von Heidelberg. In Heidelberg selbst wiederum gaben Clemens von Brentano und Achim von Armin zwischen 1805 und 1808 *Des Knaben Wunderhorn* heraus, ihre berühmte Sammlung «Alter deutscher Lieder», und 100 Jahre später fanden dort in der Villa des Soziologen Max Weber regelmäßige Gespräche statt, an denen Theodor Heuss, Karl Jaspers, Georg Simmel, Gustav Radbruch und viele andere teilnahmen.

Ein bei weitem nicht so prominentes, aber ebenfalls beachtliches Beziehungsgeflecht entstand noch viel später im Umfeld des 1910 in Berlin geborenen Schriftstellers und Kunstkritikers Kurt Leonhard, den es als Kriegsheimkehrer nach Esslingen verschlug. 1947 löste er mit dem Essay *Die heilige Fläche*, der in der Stuttgarter Deutschen Verlags-Anstalt herauskam, eine breite Diskussion über die wichtigsten Avantgardisten der Region aus, insbesondere über Willi Baumeister, Max Ackermann und HAP Grieshaber, die Leonhard auch persönlich nahestanden.[30]

Entschlossen wie wenige nach «der gemeinsamen Fron der Kasernen, der Schützengräben oder Rüstungsfabriken» zog Leonhard einen Schluss-Strich unter die populäre Kunst des Dritten Reichs: «Die lange Diät des letzten Jahrzehnts hat manchen Übersättigten wieder zu einem Hungrigen gemacht. Und als wir wieder die ersten alten Bilder, die ersten modernen Werke zu sehen bekamen, da erfuhren wir unzweideutig, wie unser ausgedörrter Lebensboden mit allen Wurzeln die lang entbehrte Himmelsgabe in sich sog. Verkümmert und verstümmelt waren wir durch die Welt gelaufen ohne dieses Organ, das uns befähigt, die Welt aus einer fremden, zufälligen und gleichgültigen erst zu einer menschlichen, auf uns bezogenen, eigenen Welt zu machen.»[31]

Leonhards Mission beschränkte sich nicht auf die bildende Kunst. Noch vor dem Krieg hatte er erste eigene Gedichte veröffentlicht und Texte von Paul Valéry aus dem Französischen übertragen. Später übersetzte er Emil M. Cioran und Henri Michaux, dessen Werke er zum Teil zusammen mit Paul Celan herausgab. Unabhängig davon kam Celan 1954 und 1955 nach Esslingen, um aus seinen ersten beiden Gedichtbänden zu lesen. Beide Male fanden seine Auftritte ungewöhnlich starken Widerhall. Der damals mit Celan befreundete Schriftsteller Hermann Lenz schildert einen dieser Auftritte anschaulich in dem Roman *Ein Fremdling*, in dem Celan zwar unter dem Namen Jakob Stern, aber ansonsten kaum verfremdet vorkommt: «Im Rathaus saßen sie im großen Saal mit der Holzdecke und der Wandvertäfelung, beides über 400 Jahre alt. Und Stern las vor. Licht kam herein, es war ein Regenglänzen. Die feierliche Stimme des Dichters im schwarzen Anzug war merkwürdig und eindringlich, und manchmal klang sie wie eine von vielen Toten und gab dem Leben recht. Die Widersprüche und die Gegensätze standen beieinander und verschränkten sich unvermischt, eine schneidende Härte.»[32]

Die Zeitungsberichte über Celans Lesungen machen deutlich, dass sich nicht nur das Publikum, sondern auch der Bürgermeister tief berührt zeigte von einer Dichtung, durch die die Verfolgung und Ermordung der europäischen Juden mit zuvor nicht erreichter Eindringlichkeit zur Sprache gebracht wurde. Am meisten überraschte das vielleicht den Dichter selbst. Seine zweite Esslinger Lesung sei ein großer Erfolg gewesen, berichtete er seiner Frau am 1. Februar 1955 aus Stuttgart: «[V]iele Leute, die mir aufmerksam zuhörten, am Ende ein wenig verzaubert. Im Publikum eine gewisse Anzahl junger Dichter, darunter einer, Johannes Poethen [...], der sich erboten hat, mir in Tübingen, das hier ganz in der Nähe liegt, das Hölderlin-Archiv zu zeigen: ich werde übermorgen für einen halben Tag hinfahren.»[33]

Das Hölderlin-Archiv war damals noch im ehemaligen Zisterzienserkloster Bebenhausen bei Tübingen untergebracht. Johannes Poethen, der Celan dorthin begleitete, gehörte zu einer Gruppe junger Autoren, die ihre ersten Bücher im Esslinger Bechtle Verlag veröffentlichten. Zwischen 1952 und 1959 erschien dort eines der wichtigsten Lyrikprogramme, dessen Lektor kein anderer war als Kurt Leonhard. Das alte Gebäude des Bechtle Verlags, der sein Geld mit der *Eßlinger Zeitung* verdiente, befand sich damals am Marktplatz. 1965 wurde der Komplex zugunsten der Ringstraße und eines Neubaus abgerissen.[34] Bereits 1949 hatte der junge Verleger Otto Wolfgang Bechtle damit angefangen, einen Buchverlag aufzubauen, dessen Schwerpunkt zwar im Bereich des Sachbuchs lag, der aber durch die Zusammenarbeit mit dem Schriftsteller Josef Mühlberger und vor allem durch Kurt Leonhard zugleich eine der ersten literarischen Adressen wurde. Als Aushängeschild

des anspruchsvollen Programms diente die schmale, aber viel be-
achtete Lyrik-Reihe. Dabei waren es nicht mehr als sechs Autoren,
die damals von Leonhard entdeckt wurden. Außer traumatischen
Kriegserlebnissen verband sie auf den ersten Blick wenig. Aber alle
hinterließen im literarischen Leben der Bundesrepublik heute noch
erkennbare Spuren, und drei von ihnen wurden durch Leonhard
Freunde. Neben dem schon erwähnten Johannes Poethen gehörten
Wolfgang Bächler, Peter Härtling, Dieter Hoffmann und die
späteren Büchner-Preisträger Helmut Heißenbüttel und Heinz
Piontek zum Kreis der Bechtle-Lyriker.[35] Einmal, erinnert sich
Härtling, gelang es ihrem vertraulich «KuLe» genannten Mentor,
dem «zierlichen Mann mit dem Vogelgesicht, der offenbar alles
wusste und alle kannte», sogar, fünf von ihnen in Esslingen zusam-
menzubringen: «Die winzige Lektoratsstube hätten wir gesprengt.
So trafen wir uns unterm Marktplatz in dem Keller der Sektfirma
Kessler, in einer Art Probiernische, und feierten, ich weiß nicht
mehr was. Vielleicht schon den Anfang vom Ende des Verlags. Auf
alle Fälle unseren zarten Hexenmeister, den Dompteur zukünfti-
ger Verse, KuLe, der uns mit Michaux und seinem Monsieur Plume
bekannt gemacht hatte, das erste Buch von Peter Weiss bei Bechtle
veröffentlichen wollte und an Suhrkamp verlor, der mit einem jungen Dichter eben wieder [...] Michaux übersetzte, mit Paul Celan,
sagte er.»[36]

Mit der Übersiedlung des Buchverlags nach München endete
1959 auch Bechtles Zusammenarbeit mit Leonhard. Daraufhin
schwand die literarische Bedeutung des Verlags fast so schnell, wie
sie entstanden war. Knapp zehn Jahre lang hatte es so ausgesehen,
als würde Esslingen einer der wichtigen Orte auf der literarischen
Landkarte der noch jungen Bundesrepublik werden. Die Chancen
standen gut, denn nach der Währungsreform ordnete sich der
Buchmarkt neu, und Leonhards aus heutiger Sicht elitäre literarische Vorlieben wirkten in den fünfziger Jahren keineswegs abseitig.

Gedichte hatten Konjunktur. Zeitungen und Zeitschriften druck-
ten sie regelmäßig, und im Buchhandel führten sie alles andere als
ein Schattendasein. Es war eine gute Zeit für Anfänge. In Frankfurt
wurde der Suhrkamp Verlag in der heutigen Form gegründet und
zugleich der S. Fischer Verlag neu aufgebaut. In Stuttgart konso-
lidierte sich die Deutsche Verlags-Anstalt, ebenfalls mit einem
Schwerpunkt auf Gegenwartslyrik, und in Wiesbaden führte der
Limes Verlag mit Gottfried Benn eines von Leonhards wichtigsten
Vorbildern zu einem Comeback, an das nur noch wenige geglaubt
hatten. Für einige Jahre schien das Lyrikprogramm von Bechtle ein
literarisches Gegenstück zur florierenden Stuttgarter Kunstszene
mit ihrem Übervater Willi Baumeister zu werden. Es sollte anders
kommen, doch der Esslinger Kunst- und Literaturexperte ließ sich
dadurch nicht entmutigen.

Zusammen mit Karl Schwedhelm, dem Literaturredakteur des
Süddeutschen Rundfunks, gab Leonhard 1963/64 die zweibändige
Anthologie *Lyrik aus dieser Zeit* heraus, durch die er mit vielen bedeutenden Schriftstellern korrespondierte. Er schrieb auch weiterhin Gedichte und führte seine Übersetzungsarbeit fort. Vor allem
aber wurde er als Kunstkritiker zur Instanz. Das wird auch durch
seinen Nachlass deutlich, in dem sich umfangreiche Briefwechsel
mit einigen der wichtigsten Künstler der Nachkriegszeit finden,
darunter Max Ackermann, Julius Bissier, HAP Grieshaber, Henri
Michaux und Karl Schmidt-Rottluff. Eine intensive Freundschaft
verband Leonhard mit dem Grafiker und Maler Anton Stankowski,
der 1998 in Esslingen starb. Stankowskis berühmtestes Werk wird
kaum jemand mit seinem Namen verbinden, und doch ist es fest in
unserem Alltag verankert. Es ist das Logo der Deutschen Bank. Am
17. April 1973, nachdem er es der Öffentlichkeit vorgestellt hatte,
meldete die *Bild-Zeitung*, ein Maler habe mit fünf Strichen 100 000
Mark verdient.[37] Für das Grafikdesign im ausgehenden 20. Jahrhundert wurden diese Striche stilbildend. Als Kurt Leonhard 1986

eine Stankowski-Ausstellung in Wendlingen eröffnete, formulierte er im Lob des Freundes zugleich auch ein Credo, das sein eigenes Lebenswerk bestimmt hat: «Wenn Leute wie Gottfried Wilhelm Leibniz, Johann Sebastian Bach, Balthasar Neumann oder die großen Maler und die großen Naturforscher des 17. und 18. Jahrhunderts das Zeitalter des Barock charakterisieren, wäre man geradezu versucht, Anton Stankowski einen barocken Künstler zu nennen. Alle typischen Barockmeister waren große Rechner und zugleich große Ekstatiker, denen das universelle Kalkül nur dazu diente, ihre Empfindungen zu demonstrieren. Malerei ist wie jede Kunst zugleich Handwerk und Wissenschaft, aber sie ist darüber hinaus noch sehr viel mehr: Leben und Geist im Bild, das wir uns machen, anders gesagt, im stellvertretenden Spiel, zu einem Ganzen vereinigt.»[38] So redete Leonhard einmal mehr der radikalen Avantgarde das Wort – und zugleich bewies er nicht nur durch den Rückgriff auf das Barock sein Traditionsbewusstsein, sondern auch dadurch, dass er en passant eines der berühmtesten Worte aus Friedrich Schillers theoretischen Schriften aktualisierte: «[D]er Mensch spielt nur, wo er in voller Bedeutung des Worts Mensch ist, und er ist nur da ganz Mensch, wo er spielt.»[39]

4.
Stuttgart und Cannstatt

Juni 2011 – Samuel Beckett und die Neckarstraße –
Deutsche Verlags-Anstalt – Süddeutscher Rundfunk –
Bäderstadt – Schiller und Cotta auf dem Kahlenstein

Seit 1968 gibt es am Neckar auch in Obertürkheim, Esslingen und
Deizisau Schleusen. Durch ihren Bau wurde der Fluss bis hinauf
nach Plochingen schiffbar. Stuttgart war bereits 1958 Hafenstadt
geworden, Plochingen folgte zehn Jahre später. Damit war eine Idee
ins Werk gesetzt worden, deren Wurzeln mindestens bis ins 16. Jahrhundert zurückreichen. Schon Herzog Christoph hatte die Absicht,
den Neckar zu kanalisieren, und nach einigem Hin und Her war es
schließlich der berühmte Ingenieur Heinrich Schickhardt, der den
Fluss im Juni 1598 vermaß und einen Plan ausarbeitete, um ihn zwischen Heilbronn und Cannstatt befahrbar zu machen. Technisch
wäre das damals möglich gewesen, es fehlte im Herzogtum jedoch
am nötigen Geld. Schickhardt zeigte sich mehr als enttäuscht, denn
er war davon überzeugt, dass das Vorhaben ohne das «leidige Kriegs-
wesen» nicht hätte aufgegeben werden müssen.[1] Erst unter Herzog
Eberhard Ludwig begannen 1712 die Kanalisierungsarbeiten. Schon
im folgenden Jahr konnten die Wasserstraßen zwischen Heilbronn,
Cannstatt und Vaihingen an der Enz in Betrieb genommen werden.
Weitere Maßnahmen, um die Schifffahrtsroute bis nach Plochingen
zu verlängern, scheiterten am Widerstand der Reichsstadt Esslingen,
die um ihre wirtschaftliche Unabhängigkeit besorgt war. Später, im
Jahre 1802, vereitelten die napoleonischen Kriege auch den unter
Herzog Friedrich II. ausgearbeiteten Plan einer Verbindung zwischen Neckar und Donau.[2]

Für den Neckar selbst war das möglicherweise ein Segen, denn nachdem man 1897 begonnen hatte, ihn systematisch zur Wasserstraße umzubauen, verwandelte er sich in kurzer Zeit in eine Art Kloake für die auf seinen früheren Auen blühenden Industriegebiete. Manchen erinnerte die Umgestaltung des Flusses bereits während des Aufbruchs in die Moderne an Arbeiten in großen Häfen. Eine Schifffahrtsrinne wurde ausgehoben, und die traditionellen Badeplätze verschwanden. Mit den Schleusen und Staustufen löste man zwar die Hochwasserprobleme, die die Region schon immer belasteten, dafür zerstörte man aber zahlreiche Biotope und handelte sich mit der Verringerung der Fließgeschwindigkeit massive Umweltprobleme ein. Wer sich noch vor 30 Jahren zwischen Esslingen und Cannstatt an die über weite Strecken mit Werksgebäuden, Hafenanlagen, Straßen und Schienen verbauten Ufer begab, bekam wenig mehr als faulig stinkendes Schmutzwasser zu sehen, auf dem häufig auch noch große Schaumberge schwammen. Je stärker Stuttgart als Stadt in Richtung Neckar expandierte, desto mehr verlor der Fluss seine prägende Kraft für die Landschaft.

Das Rad der Geschichte lässt sich nicht zurückdrehen und das Neckartal nicht wieder in jenes Arkadien mit seinen fruchtbaren, lichtdurchfluteten Wiesen und Hügeln verwandeln, das württembergische Landschaftsmaler im 19. Jahrhundert in ihm entdeckten. Wenn man Gustav Schwabs 1837 veröffentlichte Aufzeichnungen über das kleine Dorf Berg, die idyllisch am Fluss gelegenen Mineralbäder und Cannstatt heute liest, entsteht unweigerlich der Eindruck, hier sei von einer vollkommen anderen Region die Rede. Immerhin wurde die Wasserqualität des Neckars in den vergangenen Jahren so verbessert, dass es wieder wesentlich mehr Wasservögel und Fische gibt. Die Kormorane sind sogar zur Plage geworden. Auch durch Radwege und renaturierte Uferzonen gewinnt der Fluss an Bedeutung, und mancherorts sieht man im Sommer wieder Kinder mit hochgekrempelten Hosenbeinen im Wasser stehen, fast so, wie Mark Twain es ganz selbstverständlich beschrieb, als er 1878 den Neckar bereiste.

Für die Landeshauptstadt spielt ihr Fluss dennoch nach wie vor allenfalls eine Nebenrolle. Es wirkt bezeichnend, dass das 1933 in Cannstatt als «Adolf-Hitler-Kampfbahn» eröffnete Stadion im Laufe der Jahre von «Neckarstadion» in «Gottlieb-Daimler-Stadion» und später in «Mercedes-Benz-Arena» umbenannt wurde. Jahrhundertelang mäanderte der Neckar an Stuttgart vorbei, und am Rande des Zentrums, wo sich in anderen Großstädten Flüsse befinden, verlaufen in Stuttgart mehrspurige Straßen, auf denen unablässig der Verkehr tost. Die schwäbische Metropole ist eine Autostadt, obwohl ihre ebenso oft gepriesene wie beklagte Lage wenig Raum für überzeugende Lösungen moderner Verkehrsprobleme bietet. Der Kessel bleibt eine Krux, und die Luft in ihm konnte einem schon auf die Nerven gehen, als die Pferdekutsche noch das wichtigste Verkehrsmittel war. Nikolaus Lenau, der ebenso großartige wie garstige Briefe verfasste, erschien sie im Mai 1844 gar als «Ausdünstung des Teufels»: «Verdammtes Kloakenthal! Die Luft ist zwischen diesen fleißigen und abgeschwitzten Weinbergen so dumpf u. matt, so verbraucht und beschmutzt, als wäre sie durch meilenlange Windungen von Eingeweiden hindurchgegangen, ehe man sie in Nase u. Lunge bekommt.»[3]

Durch seine Verbindungen zu Stuttgarter Verlagen und eine Reihe von engen Freundschaften hielt sich Lenau immer wieder für längere Zeit in der Hauptstadt auf, besonders, wenn es darum ging, seine Werke für den Druck vorzubereiten. Er arbeitete nicht nur mit dem 1810 von Tübingen nach Stuttgart übergesiedelten Cotta-Verlag zusammen, sondern auch mit der 1831 gegründeten Hallberger'schen Verlagshandlung in der Königstraße. Seine Meinung von Louis Hallberger war allerdings nicht die beste. Nachdem er im April 1841 mit ihm über seine Gedichte verhandelt hatte, stellte er lakonisch fest, dass es ihm gelungen sei, «dieses harte Rindfleich etwas mürbe zu klopfen». Johann Georg Cotta hingegen, den er gleich im Anschluss besuchte, sei «wie gewöhnlich ganz Artigkeit und Gefälligkeit» gewesen.[4] Seine Liebenswürdigkeit reichte, wie der Dichter zwei Jahre später feststellte, «weit über die gewöhnlichen Schranken eines Buchhändlerherzens» hinaus.[5]

Lenaus Doppelspiel mit Stuttgarter Verlagen war ein Ausdruck seines persönlichen Erfolgs, aber durchaus auch charakteristisch für das Leben in einer Stadt, die nach 1800 für den Buchhandel immer bedeutender wurde. Gab es anfangs vor allem die 1682 gegründete Metzlersche Verlagsbuchhandlung, zählte man 1895 im seinerzeit als liberal geltenden Stuttgart 150 Buch-, Kunst- und Musikalienhandlungen sowie 52 Buchdruckereien.[6] Johann Friedrich Cotta stieg als Verleger zum Industriellen auf, und auch Hallbergers Unternehmen florierte, am meisten, als sein zweiter Sohn Eduard gegen den Willen des Vaters einen eigenen Verlag gründete und zum Vorreiter bei der Herausgabe von illustrierten Zeitschriften wurde. Seit 1853 erschien die *Illustrirte Welt*, die sich nicht weniger als 50 Jahre hielt. Noch erfolgreicher wurde *Über Land und Meer*, eine reich illustrierte Wochenzeitschrift, die sich bis zu 250 000 Mal verkaufte und damit zum Massenmedium modernen Zuschnitts wurde.[7]

Es gibt in Stuttgart zahlreiche Orte, die für das kulturelle Leben geradezu symbolisch wurden: Im Bopserwald soll Schiller Freunden seine noch ungedruckten *Räuber* vorgelesen haben, auf dem Hoppenlau-Friedhof finden sich die Gräber von Hauff, Cotta, Schubart und vielen anderen, das Eberhard-Ludwig-Gymnasium, das frühere «Gymnasium illustre», verweist stolz darauf, nicht nur Hegel, Mörike, Waiblinger und Berthold Auerbach zu seinen Ehemaligen zu zählen, sondern auch Loriot. Mit am längsten und nachhaltigsten aber hat wahrscheinlich die heute so unscheinbare Neckarstraße das Gesicht Stuttgarts als Bücher- und Verlagsstadt geprägt, jene Achse, die seit 200 Jahren das Zentrum mit dem Fluss an der Peripherie

Stuttgarts Schlösser, die Karlsschule und die Neckarstraße
vor der Zerstörung

verbindet. Mittlerweile heißt sie in Teilen Willy-Brandt- und Konrad-Adenauer-Straße; ehemals führte sie vom Charlottenplatz an
den Gebäuden des Staatstheaters und des Staatsarchivs, der Staatsgalerie, den Mineralbädern und dem Schloss Rosenstein vorbei bis
nach Cannstatt.

Die Bombardierung Stuttgarts ruinierte 1944 auch die alte
Neckarstraße, aber für das kulturelle Leben gewann sie spätestens
in den fünfziger Jahren wieder an Bedeutung. So fand sie auch den
Weg in die Gedichte von Samuel Beckett, der seit 1966 einige Male
in Stuttgart zu Gast war, nachdem ihn seine Dramen *Warten auf
Godot* und *Endspiel* weltberühmt gemacht hatten. Beckett lernte die
Neckarstraße durch seine Arbeit für den Süddeutschen Rundfunk
als eine Verkehrsachse kennen, in der er zwar eine Stammkneipe

fand, die aber ansonsten mit seinen dunkelsten Visionen konkurrieren konnte. Ihm schien sie eine Art Nicht-Ort zu sein, ein Vakuum und als solches wieder beachtlich. In dem 1981 veröffentlichten Gedichtband *Flötentöne* schreibt er:

> Versäumen Sie in Stuttgart nicht,
> sich die lange Neckarstraße anzusehen.
> Der Anreiz des Nichts ist dort nicht mehr das,
> was er einmal war, weil man eben
> den sehr starken Verdacht hat,
> längst mitten darin zu sein.[8]

Obwohl sich in der Neckarstraße in der jüngsten Vergangenheit manches getan hat, lässt es sich immer noch nachvollziehen, wie Beckett zu solchen Zeilen gekommen ist. Ihre große Zeit hatte die Straße im 19. Jahrhundert. Nach dem Zweiten Weltkrieg war diese endgültig passé. Seit die Cannstatter Straße am 12. Mai 1811 den neuen Namen Neckarstraße erhielt, wodurch auch die Anbindung der am Nesenbach gewachsenen Hauptstadt an den wichtigsten Fluss des Landes unterstrichen wurde, entwickelte sie sich nicht nur wahrhaft prächtig, sie war auch tatsächlich größer, länger. Nikolaus Thouret ließ sie als Baumeister der klassizistischen Königsstadt 26 Jahre später sogar noch erweitern. Damals wurde sie mit ihrer Öffentlichen Bibliothek, der Gemäldegalerie und dem Archivgebäude als kulturelles Zentrum und Paradestraße geplant, und bis zum Tod des ersten Kanzlers der Bundesrepublik verlief sie schnurgerade vom Charlottenplatz in Richtung Cannstatter Ufer.[9] 1967 taufte man das westliche Stück in Konrad-Adenauer-Straße um, welches sich bereits in jene Stadtautobahn verwandelt hatte, deren Verkehr zwischen dem Landtag, den Häusern des Staatstheaters und der wiederaufgebauten Staatsgalerie hindurchdonnert. Dem fragwürdigen Ideal der autogerechten Stadt opferte man auch die Überreste der Hohen Karlsschule, die bis dahin ebenso an den zurückliegenden Krieg erinnerten wie an jene Jahre, in denen Schiller hier ausgebildet wurde. Erhalten blieben nur das angrenzende Neue Schloss, das man bis 1965 restaurierte und im Inneren für repräsentative Zwecke modernisierte, und das Alte Waisenhaus, das bis heute von Kultureinrichtungen genutzt wird und dem immer atemberaubenderen Verkehrsaufkommen am Charlottenplatz trotzt. Schon um 1960 sorgten 130000 Pendler Tag für Tag in der Stuttgarter Innenstadt für Staus, ein Problem, das von Jahr zu Jahr größer wurde.[10]

Das Alte Waisenhaus wurde 1705 zunächst als Reiterkaserne geplant, sieben Jahre später zog dann das «Waisen-Zucht- und Arbeitshaus» in das noch nicht vollendete Gebäude.[11] Mitte des vergangenen Jahrhunderts war in ihm auch der Süddeutsche Schriftstellerverband untergebracht, dessen Sekretär Hermann Lenz hieß, und so wurde der Charlottenplatz einer der Handlungsorte von *Vergangene Gegenwart*, der neunbändigen autobiografischen Romanfolge des Schriftstellers, der viel zu lange im Schatten der Konkreten Poesie und der südwestdeutschen Nachkriegs-Avantgarde stand. Bis ihn der junge Peter Handke für sich entdeckte und 1973 durch einen Essay in der *Süddeutschen Zeitung* so bekannt machte, dass Lenz fünf Jahre später mit dem Georg-Büchner-Preis ausgezeichnet wurde. Im 20. Jahrhundert hat kein zweiter Autor Stuttgart und dem Neckartal ein vergleichbares Denkmal gesetzt, und doch wird an Lenz in seiner Heimatstadt kaum erinnert. Das Haus in der Birkenwaldstraße 203, in dem er groß geworden war und bis 1975 lebte, wirkt heruntergekommen. Es hat, wie Peter Handke nach einem Stuttgart-Besuch festhielt, noch der Vater, «ein Zeichenlehrer und Offizier, in den zwanziger Jahren» bauen lassen. ««Hermann Lenz» steht an der Gartentür: so hieß der Vater auch, und es ist noch das alte Schild.»[12] Das Schild muss rasch verschwunden sein, nachdem das Haus auf Druck von

Lenz' Schwester verkauft wurde. Eine Gedenktafel fehlt. Immerhin wurde in Sichtweite eine kleine Grünanlage nach dem Schriftsteller benannt. Und auf einem Mäuerchen findet sich dort auch eine Metallplatte mit einem jener Sätze, für die man Lenz' Bücher lieben kann: «Vor deiner Haut beginnt die Fremde.» Er stammt aus dem kurzen Roman *Die Augen eines Dieners*, den Lenz 1964 veröffentlichte. Ergänzt man ihn um die Worte, die ihm unmittelbar folgen, liest er sich wie ein stiller Protest gegen die Tatsache, dass Lenz nach 51 Jahren für sich in seiner Heimatstadt einfach keine Perspektive mehr sah und sich niemand darum scherte: «Vor deiner Haut beginnt die Fremde. Du hast nur ein Haus in dir selbst; und alles andere verändert sich.»[13]

In dem Roman lebt der Diener zwar in Österreich, doch in einer Variation taucht das Zitat auch in *Andere Tage* wieder auf, und von der Hermann-Lenz-Höhe aus wirken Stuttgart und das Neckartal tatsächlich wie ein befremdliches Wirrwarr. Alles ist zu erkennen und geht zugleich unter im Durcheinander: Die Baukräne hinter dem Hauptbahnhof drehen sich wie Sekundenzeiger und ragen rot und sandgelb ins Panorama. Die ICE-Züge sind kleiner als auf Modellbahnanlagen, und die Fußballarena sieht schneeweiß aus, fast wie aus Porzellan. Dahinter, in Richtung Esslingen, lassen sich auch der Gaskessel ausmachen und die weite Industrielandschaft des Mercedes-Benz Werks. Lenz hat diese Blicke über das Tal mit seinen Lichtern, Gärten und Schornsteinen immer wieder beschrieben, die Fremde vor seinem Haus, vor seiner Haut.

Der Abschied von Stuttgart fiel ihm und Eugen Rapp, seinem Alter Ego, alles andere als leicht, ja die innere Bindung an die Birkenwaldstraße schien geradezu unüberwindlich. «Er schaute im Schlafzimmer aus dem Fenster», heißt es in dem 1988 veröffentlichten Roman *Seltsamer Abschied* über die auch in den siebziger Jahren schon etwas altmodisch anmutende Verunsicherung durch den bevorstehenden Wohnortwechsel: «Als Bub hatte er hier dasselbe Gefühl gehabt wie jetzt. Weil das Fenstergesims niedrig war, spürte er, wie's ihn hinabzog in den Garten. Er trat zurück, schaute hinaus, über die Straße und zwischen zwei Häusern in die Ferne, wo der Rotenberg mit seinem Grabtempel zu sehen war; darüber Höhenzüge mit blauschwarzen Wäldern, dem Kernen als dem höchsten Berg. Im Tal und drüben hinter einem Friedhof stand jene Villa, die ein König erbaut hatte und in der jetzt eine Fernsehstation und ein Hörfunksender heimisch waren. Im wechselnden Licht, das sich heuer immer wieder als heller Schein ausgebreitet hatte, lagen Häuser zwischen Gärten, und die Eisenbahn machte einen weiten Bogen um den Rosensteinpark. Dies alles berührte ihn schmerzhaft, und er dachte: bleibe hier.»[14]

Hermann Lenz zog nach München, in die Heimat seiner Frau Hanne, aber in der Literatur hat er von Stuttgart nie abgelassen. Mit einer früheren Folge seines Lebensromans rief er auch den Akademiegarten der fünfziger Jahre in Erinnerung, als den damaligen Anfang der Neckarstraße, «nicht weit von der rötlichen Sandsteinruine des Reitsaales der Hohen Karlsschule, an der eine Tafel zum Gedächtnis Schillers angebracht war».[15] Anstelle der Ruine, gleich beim Akademiebrunnen, der von prächtigen Platanen umgeben wird, steht dort heute ein kleines Bronzemodell, dessen Inschrift über den denkwürdigen Ort informiert. 1740 bis 1745 sei hier eine Kaserne erbaut worden, in der von 1781 bis 1794 die Hohe Karlsschule ihren Sitz gehabt habe. Auch die Zerstörung des Gebäudes im Jahre 1944 wird vermerkt, nicht aber, dass nach dem Krieg noch Teile von ihm standen.

Der Akademiebrunnen mit seinen vier wasserspeienden Löwen wurde ebenfalls von Thouret entworfen. Auch das Wilhelmspalais auf der gegenüberliegenden Straßenseite vermittelt nach wie vor eine Ahnung des im Krieg zerbombten Glanzes. Der elegante Wohnsitz des letzten Königs von Württemberg stammt von Giovanni Salucci, der auch das Schloss Rosenstein und die Grabkapelle auf dem Rotenberg entworfen hat. Er wurde 1836 bis 1840 errichtet, brannte im Krieg aus und beherbergte nach seinem Wiederaufbau in den sechziger Jahren bis zum Sommer 2011 die Stadtbücherei.

In diesem Frühsommer wurde an dem angestammten Platz des Brunnens ein mannshoher Zaun aufgestellt, der nicht viel mehr als eine graue Betonstele einfriedet, die von einem Baugerüst umgeben wird: Generalsanierung! Während der Umbau des Bahnhofsviertels die Stadt in einen bislang unbekannten Aufruhr versetzt und ‹Stuttgart 21› deutschlandweit für Diskussionsstoff sorgt, wird im Windschatten des umstrittenen Großprojekts seit der Jahrtausendwende überall renoviert, modernisiert und gegraben. Anlässlich der Fußballweltmeisterschaft wurde 2006 ein kleines Stück der Konrad-Adenauer-Straße unter die Erde verlegt, aber die neu entstandene Grünfläche fällt angesichts der Stadtautobahn kaum ins Gewicht. Niemand zweifelt daran, dass Stuttgart enorm gewinnen würde, wenn die Fahrbahnen vor dem Staatsarchiv, der Landesbibliothek, der Musikhochschule, der neuen und alten Staatsgalerie auf ganzer Länge in einem Tunnel verschwänden. Doch für diesen Traum, der fast so alt ist wie die Stadtautobahn, fehlt eine durchsetzungsstarke Lobby. Auch das Königin-Katharina-Stift an der Schillerstraße wird renoviert. Als sich die ehemalige Mädchenschule noch in der Friedrichstraße befunden hatte, gab Mörike in ihr Literaturunterricht. 1903 zog die Schule in den Neubau, der sich bis heute erhalten hat.

Es ist der 21. Juni 2011, der längste Tag des Jahres, Sommersonnenwende, das Wetter allerdings ist eher wechselhaft. Im Mittleren Schlossgarten steht noch immer das Zeltdorf: «Protest – aktive Beteiligung und nicht stille Zustimmung! Wir bleiben.» Viele Bäume des Parks sind mit Blumen und Stofftieren geschmückt, ihr Anblick ist in den vergangenen Monaten durch Regen und Abgase immer trostloser geworden. Die Rasenflächen sind so zertrampelt und matschig, dass Bretter ausgelegt wurden, um trockenen Fußes von den geteerten Wegen zu den Zelten zu gelangen. «Gegen das Milliardengrab S 21.»

Wer sich von der Willy-Brandt-Straße in jenen unteren Abschnitt der Straße begibt, welcher auch heute noch den Neckar im Namen führt, stößt nach 100 Metern auf eine nach Wilhelm Hauff benannte Sackgasse. Ansonsten erinnert hier wenig an das außerordentlich vielfältige literarische Leben, das die Straße bis vor wenigen Jahren prägte. Denn gegenüber der Friedensstraße, die noch immer «Reste eines sorgfältig gestuften, von Erkern aufgelockerten Prospektes» erkennen lässt und die Hermann Lenz zeigte, wie die «verschollenen Architekten der Jahrhundertwende eine Front zu gliedern wußten»,[16] war bis 2003 die Deutsche Verlags-Anstalt beheimatet.

Auf dem Grundstück des 1958 eröffneten Neubaus mit der Hausnummer 121 stand auch Eduard Hallbergers Palazzo im Stil der Neorenaissance von 1870/71, ein imposantes Gebäude, im Karree um einen Innenhof gelagert. Es bot nicht nur Raum für die Lektorate und Redaktionen des Verlags, sondern auch für Ateliers, Setzerei, Druckerei, Buchbinderei und Vertrieb. So sah die Zentrale eines Medienimperiums aus, das bis Mitte des 20. Jahrhunderts mit auflagenstarken Zeitschriften enormen Einfluss ausübte. Durch seinen Erfolg wurde Hallberger auch zu einem wichtigen Bauherrn und Mäzen. Allein in der Königstraße besaß er drei Häuser, und in Tutzing am Starnberger See residierte er in jenem Schloss, das heute die Evangelische Akademie beherbergt.

Vor allem durch sein ökonomisches Geschick wurde es Eduard Hallberger möglich, mehr und mehr namhafte Autoren an seinen Verlag zu binden, darunter Wilhelm Busch, Ferdinand Freiligrath, Karl Gutzkow und Wilhelm Raabe, der 1862 nach Stuttgart zog und dort bis 1870 blieb. 1873 wurden die beiden Verlage, der des Vaters und jener des Sohnes, vereint und 1881 unter dem neuen

Die Deutsche Verlags-Anstalt als Medienimperium: Darstellung der Produktion anlässlich der 1000. Nummer von ‹Über Land und Meer›

Namen Deutsche Verlags-Anstalt in eine Aktiengesellschaft unter dem Vorsitz von Hallbergers jüngerem Bruder Karl umgewandelt, was den Erfolg noch beflügelte. Nun fanden auch Otto Julius Bierbaum, Ricarda Huch und Theodor Fontane in der Neckarstraße ein literarisches Zuhause. Hinzu kamen übersetzte Werke von Weltautoren wie August Strindberg, Lew Tolstoi, Iwan Turgenjew, Mark Twain und Émile Zola.[17]

So wechselhaft sich die Geschichte des 20. Jahrhunderts gestaltete, so stetig wuchs der Verlag. Auf Bitten der schwäbischen Liberalen wurde Robert Bosch von 1920 bis 1936 Hauptaktionär, der mit der Entwicklung von Magnetzündern als Zulieferer der neuen Automobilindustrie von Stuttgart aus rasch einen internationalen Konzern aufgebaut hatte. Verlagsleiter war zu dieser Zeit Gustav Kilpper, unter dem das Programm immer profilierter wurde – bis man ihn ein Jahr nach Hitlers Machtübernahme vorübergehend inhaftierte, weil ihm vorgeworfen wurde, regimekritische Zeitschriften herauszubringen und sich für Autoren wie Erich Kästner und Friedrich Wolf einzusetzen. Nach erneuten Konflikten mit dem NS-Regime quittierte Kilpper 1942 seinen Dienst. Der Verlag, der auch eine Reihe von prominenten Autoren im Programm hatte, die unter den Nazis anerkannt, wenn nicht gar deren Parteigänger waren, darunter Börries von Münchhausen und Ina Seidel, produzierte weiter, bis der Neckarstraßen-Palazzo in der Nacht vom 12. auf den 13. September 1944 bei der Bombardierung der Stadt dem Erdboden gleichgemacht wurde.

Nach dem Krieg gelang es der bereits 1945 von der Militärregierung lizensierten DVA vergleichsweise schnell, an frühere Erfolge anzuknüpfen. Dabei halfen Neuausgaben von Longsellern wie Ina Seidels Roman *Das Wunschkind* und Waldemar Bonsels' *Biene Maja*. Durch den Erfolg ihrer ‹Backlist› war die DVA schon zu Beginn der fünfziger Jahre einer der größten Verlage der jungen Bundesrepublik. Zugleich war sie auf dem besten Weg, auch für anspruchsvolle und innovative Literatur eine der ersten Adressen zu werden. Kurzzeitig hatte Hans Werner Richter die Halbmonatszeitung *Die Literatur* als eine Art Organ der legendären Gruppe 47 in Stuttgart herausgegeben. Wolfgang Hildesheimer veröffentlichte 1952 seine *Lieblosen Legenden* in der DVA, Karl Krolow, Hermann Lenz, Kurt Leonhard und Milo Dor gehörten zu ihren Autoren, und auch Ingeborg Bachmann suchte in Stuttgart nach Publikationsmöglichkeiten. Ihr erster Roman *Stadt ohne Namen* wurde allerdings abgelehnt.[18]

Im selben Jahr angenommen wurden die Gedichte des noch weitgehend unbekannten Paul Celan.[19] Sein Weg nach Stuttgart begann erstaunlicherweise in Hamburg und Niendorf an der Ostsee, auf der Tagung der Gruppe 47, zu der er auf Initiative von Bachmann und Milo Dor eingeladen worden war. Bachmann kannte Celan aus Wien, wo die beiden nach dessen Flucht aus dem stalinistischen

Rumänien im Frühjahr 1948 für wenige Wochen ein Paar geworden waren. Danach drifteten sie mehr und mehr auseinander. Im Frühjahr 1952 konnte die junge Schriftstellerin Hans Werner Richter nur mühsam dazu überreden, Celan um seine erste Lesung in Deutschland zu bitten. Offenkundig hielt der unbestrittene Gruppenchef von Anfang an nicht besonders viel von dem Lyriker, unterlief dieser mit seinen in der Moderne der Vorkriegszeit und der deutsch-jüdischen Tradition wurzelnden Dichtungen doch den ästhetischen Konsens jener Kriegsheimkehrer, die sich und der Welt weismachen wollten, nach dem Nazi-Terror noch einmal ganz von vorn anfangen zu können.

So wurde Celans Lesung in Niendorf am 23. Mai 1952 von ihm selbst als Debakel wahrgenommen. Entsprechend beurteilte es Walter Jens. Die *Todesfuge* sei in der Gruppe ein «Reinfall» gewesen, was nicht nur an Celans pathetischer Rezitation gelegen habe, sondern auch daran, dass er in diesem Umfeld wie ein Fremdling wirkte: «Das war eine völlig andere Welt, da kamen die Neorealisten nicht mit, die sozusagen mit diesem Programm groß geworden waren.»[20] Und Hans Werner Richter bemühte sich keineswegs um Verständnis für seinen Gast, im Gegenteil, er behandelte ihn wie einen «Gestörten», der gar nicht zuhören könne, weil «er immer mit sich selbst beschäftigt» sei.[21] Als Diskussionsleiter scheint es Richter vor allem darum gegangen zu sein, die Wirkung von Celans Gedichten herunterzuspielen, um ihn als Kandidaten für den Preis der Gruppe unmöglich zu machen. «Na ja, […]», erinnerte sich Celan später Hermann Lenz gegenüber an jene Tagung. «Da hat einer zu mir gesagt: Die Gedichte, die Sie vorgelesen haben, waren mir sehr unsympathisch. Und dann haben Sie sie auch noch im Tonfall von Goebbels vorgetragen.»[22] Dass Richter selbst der Urheber des perfiden Goebbels-Vergleichs gewesen war, verschwieg Lenz diskret, als er dieses Gespräch wiedergab.[23]

Dennoch führte Celans Reise an die Ostsee zum erhofften

Durchbruch. In Niendorf lernte er nämlich nicht nur die unverhohlene Ablehnung einer Reihe von Nachkriegsliteraten kennen, sondern auch einige junge Deutsche, die offen waren für seine Dichtung. Unter ihnen waren der Schriftsteller Rolf Schroers und Willi A. Koch, jener Lektor, der die von der DVA finanziell unterstützte Tagung für seinen Verlag begleitete. Für beide war Celan eine große Entdeckung. Nachdem ein Monat verstrichen war, meldete sich Koch bei ihm: «Der Eindruck, den Sie und Ihre Lyrik in Niendorf auf mich machten, ist in mir immer noch unvermindert stark und lebendig. Ich besitze nur die Anthologie von Hans Weigel, in der drei Ihrer Gedichte stehen. Ich habe sie schon mehrere Male im Verlag vorgelesen und kann Ihnen zu meiner grossen Freude sagen, dass sie offene Ohren und grosse Beachtung gefunden haben.»[24]

Stärker kann man einen unbekannten Autor kaum ermutigen. Wäre es nach Koch gegangen, hätte sich Celan bereits am 6. Juni 1952 im Stuttgarter Verlagsgebäude vorgestellt. Der junge Dichter allerdings hatte kurzfristig abgesagt. Nachdem Ingeborg Bachmann mit dem Lektor in Stuttgart über ihren eigenen Roman verhandelt hatte, berichtete sie Celan, Koch sei «sehr unglücklich» über den geplatzten Termin gewesen.[25] Schließlich wurden die persönlichen Gespräche am 21. Juli nachgeholt. Im Anschluss las Celan, wie Hermann Lenz festhielt, vor geladenen Gästen «im Vestibül» der Villa in der Mörikestraße 17, in der die DVA bis zum Neubau des Hauptsitzes in der Neckarstraße residierte. Auch ihn, der Celan voller Sympathie begegnete, irritierte zunächst seine Art zu lesen: «Der getragene Tonfall seines Vortrags überraschte mich. Und obwohl ich die Assoziationen der Celanschen Verse beim Hören nicht so intensiv wahrnehmen konnte, wie ich mir dies wünschte, war ich mit dem Gehörten einig. Es berührte mich.»[26] Unter den Zuhörern befand sich Hermann Kasack, der durch seine 1947 bei Suhrkamp erschienene *Stadt hinter dem Strom* prominent geworden und seinerzeit als Präsident des Süddeutschen Schriftstellerverbands gewissermaßen Lenz' Vorgesetzter war. Zehn Tage später informierte Koch Schroers über den Abend in Stuttgart: «Celan war bei uns und hat im Verlag gelesen. Wir hatten einige Freunde unseres Verlages dazu gebeten; der Erfolg war gewiss kein grosser, aber bei einigen Zuhörern, so vor allem bei Kasack, sehr nachhaltig. Kasack hat unbedingt zur Veröffentlichung geraten. Celan ist zur Zeit in Kärnten; er wird Mitte August wieder vorbeikommen [...] Seine Gedichte sind grundsätzlich vom Verlag angenommen, es wird noch über die Auswahl beraten, die Celan möglichst umfassend haben möchte.»[27]

Das klingt nicht gerade euphorisch, und auch Celan hat seinen Antrittsbesuch bei der DVA als ernüchternd empfunden. In Stuttgart, «an dem Ort, von dem ich mir alles weitere erwartete, ging alles schief», heißt es in seinem Brief an Schroers vom 9. August. «Es stellte sich nämlich heraus, daß nicht ein richtiger Gedichtband, sondern nur eine Auswahl von ungefähr sechzehn Gedichten erscheinen könnte, in Form eines Anhängsels zur eigentlichen Weihnachtsgabe [...], kurzum, ich hatte bald eingesehn, daß die Begeisterung durchaus nicht so allgemein war, wie Dr. Koch sie mir geschildert hatte. Man ließ mich vor ungefähr zwanzig Gästen lesen, lud mich zum Abendessen ein und machte mir ein wenig Hoffnung.»[28]

Celan malte die Sache zu schwarz und unterschätzte den Einfluss seiner Fürsprecher. Auf dem Umweg über Österreich erreichte ihn drei Tage später eine Nachricht, die Koch seinem neuen Autor bereits am 7. August 1952 geschrieben hatte: «Lieber Herr Celan, ich bin sehr froh, dass ich Ihnen heute eine Mitteilung schicken kann, über die Sie sich sehr freuen werden. Entgegen unserem ursprünglichen Plan einer Auswahl aus Ihren Gedichten hat sich der Verlag nun entschlossen, Ihr vollständiges Manuskript herauszubringen.»[29]

Wie zu erwarten machte dieser Brief Celan überglücklich. Ohne Frage stand er jetzt vor dem entscheidenden Wendepunkt seiner Karriere. Dennoch ließ er seinen Verlag zehn Tage lang auf Antwort warten. Am 21. August 1952 schickte er dafür gleich zwei Briefe nach Stuttgart, einen an den Lektor und einen an den Verlagsleiter Helmut Dingeldey. Kochs Zusage sei für ihn, schrieb er Helmut Dingeldey, eine der wichtigsten Nachrichten seit Jahren gewesen. Sie habe «die Befreiung von tausend Ungewißheiten» gebracht, «und damit die Zuversicht, von der beinah alles Weitere abhängt».[30] Die an Koch gerichteten Zeilen fielen nicht weniger euphorisch aus: «Lieber und sehr verehrter Herr Doktor, die Freude beim Lesen Ihres Briefes war eine von jenen, die sich nur schwer durch Worte mitteilen – ich wäre am liebsten gleich zu Ihnen hingeeilt, um Ihnen zu danken! Schreiben Sie es also bitte nicht dem zögernden Gedanken, sondern dem immer wieder hinter ihm zurückbleibenden Wort zu, daß Ihre Zeilen so lange ohne Antwort geblieben sind.»[31]

Von nun an ging es Zug um Zug, denn bis Jahresende sollten sich die 66 Manuskriptseiten Text in ein leinengebundenes Bändchen verwandelt haben. Am 17. Dezember wurde ein Teil der Auflage als ‹Weihnachtsgabe› an Freunde des Verlags verschickt, unter anderen an Thomas Mann, Ernst Jünger und Hermann Hesse. Letzterer bedankte sich mit einigen lobenden Worten, die sogleich für die Buchhandelswerbung verwendet werden konnten: «Die Gedichte von Paul Celan haben mir in der Tat sofort starken Eindruck gemacht, das ist ein schönes Talent. Die Art, wie dieser Dichter Neues wagt, ohne den Zusammenhang mit der guten Überlieferung zu verlieren oder gar bewußt abzubrechen, ist mir sehr sympathisch.»[32] Hesse war nicht der einzige wesentlich ältere Kollege, der den Debütanten wohlwollend begrüßte, und unter den ersten begeisterten Lesern waren auch solche, deren Hand man – um ein Wort Celans zu variieren – nicht ohne Gewissensbisse drücken konnte.

Nicht von ungefähr wurde in mehreren Rezensionen das Vitale und vermeintlich Konventionelle mancher Gedichte aus *Mohn und Gedächtnis* betont. Dafür blendete man die politischen Bezüge dieser Lyrik weitgehend aus.

Die Reaktionen auf Celans Gedichte waren anfangs außerordentlich kontrovers. Das Spektrum reichte vom Unverständnis einiger Mitglieder der Gruppe 47 über die entschlossene Zustimmung von Schroers, Koch, Kasack und Lenz bis hin zum Lob aus nationalkonservativen Kreisen. Vielleicht lässt sich auch mit dieser Vielfalt erklären, warum *Mohn und Gedächtnis* zu einer der erfolgreichsten Lyrikveröffentlichungen der fünfziger Jahre wurde: Bald war die erste Auflage vergriffen, und im Laufe der folgenden Jahrzehnte wurde immer deutlicher, dass es sich bei dem Buch um eines der wichtigsten der Nachkriegsliteratur handelte. Aus verlegerischer Sicht wäre es ratsam gewesen, wenn die DVA die wachsende Anerkennung ihres Autors auch dazu genutzt hätte, das eigene Renommee zu stärken. Schroers wollte ja mit Celan bereits im September 1952 eine «neue Linie des Verlages» demonstrieren.[33]

Allein, es kam anders. Auf Dauer hatte diese «Linie» in Stuttgart zu wenige Befürworter. Schon im Mai 1953 wurde Koch und Dingeldey gekündigt. Nicht einmal ein halbes Jahr nach seinem Debüt hatten alle für Celan wichtigen Bezugspersonen den Verlag verlassen, ein Zustand, der ihn verunsichern und bedrücken musste. Dennoch bot er der DVA 1954 seinen nächsten Gedichtband zum Druck an. Allerdings geriet er schon während der Drucklegung mit der neuen Verlagsleitung in einen Streit über marginale Details seines Vertrags. *Von Schwelle zu Schwelle* konnte im Juni 1955 noch bei der DVA «in der gleichen Ausstattung wie ‹Mohn und Gedächtnis›» erscheinen, das hatte sich Celan ausdrücklich gewünscht.[34] Drei Jahre später suchte er sich einen anderen Publikationsort.

In den deutschen Südwesten hingegen führten ihn seine Wege

wieder und wieder. Nach Stuttgart wurde Celan mehrfach eingeladen, und meist nutzte er die Lesereisen auch für Besuche bei Hermann Lenz und seiner Frau Hanne. Zuletzt kam er zur Feier des 200. Geburtstags von Friedrich Hölderlin an den Neckar: Am 21. März 1970 trug Celan im Silchersaal der Stuttgarter Liederhalle unveröffentlichte Gedichte aus dem Zyklus *Lichtzwang* vor. Damals befand er sich auf dem Höhepunkt seines Ruhms. Das änderte aber nichts daran, dass ihn diese Lesung vor den versammelten Hölderlin-Forschern fast so verunsicherte wie jene in Niendorf, 18 Jahre zuvor. Einem Freund teilte er mit: «[B]ei der Lesung stand tatsächlich jemand auf, in der Mitte des Saals, stand da und – filmte. [...] Die Lesung wurde totgeschwiegen oder als ‹unverständlich› abgetan.»[35] Am 22. März besuchte Celan den Tübinger Hölderlinturm. Noch einmal sah er die Neckarinsel mit ihren Platanen. Vier Tage später trat er in Freiburg auf, dort saß auch der Philosoph Martin Heidegger im Publikum. Vermutlich in der Nacht vom 19. auf den 20. April stürzte sich Celan in die Seine, ganz in der Nähe seiner Pariser Wohnung.

Alle Spuren der DVA-Geschichte sind heute aus der Neckarstraße verschwunden. Der Verlag wechselte seine Eigentümer, sein ehemaliger Hauptsitz wurde umgebaut und beherbergt mittlerweile eine Zweigstelle des Stuttgarter Amtsgerichts. – Nur ein Hinweis ist noch immer vorhanden, vielleicht ist er nur einem Zufall zu verdanken: An der weinrot gestrichenen Fassade des Nachbarhauses befinden sich die unscheinbaren Umrisse zweier Engel, die auf Hörnern blasen, darüber der Name Engelhorn. Die Deutsche Verlags-Anstalt hatte den Engelhorn Verlag, dessen *Allgemeine Roman-Bibliothek* um 1900 zu den erfolgreichsten Reihen für Unterhaltungsliteratur gehörte, 1956 übernommen und zum Teil ihres Stuttgarter Imperiums gemacht.

Eine zweite Anlaufstelle für Intellektuelle der alten Bundesrepublik war der zunächst in der Neckarstraße 145 und heute am Fuße der Villa Berg ansässige Süddeutsche Rundfunk. 1955 verpflichtete der SDR, wie er damals hieß, Alfred Andersch. Für das literarische Leben kam diese Personalie einer Zäsur gleich. Andersch hatte sich bereits als Mitarbeiter der Lagerzeitung *Der Ruf – Blätter für deutsche Kriegsgefangene* beim Hessischen und beim Nordwestdeutschen Rundfunk einen Namen gemacht und galt als einer der führenden Köpfe der Gruppe 47, sicher gehörte er zu deren größten analytischen Begabungen. Als Redakteur betreute er die 1956 gestartete Sendereihe *radio-essay*, die rasch überregionale Bedeutung gewann. Für Wolfgang Koeppen wurde er regelrecht zu *dem* «Arbeitgeber einer neuen deutschen, einer befreiten, im weitesten Sinne linken, da ungebundenen Literatur».[36] Unterstützt wurde Andersch dabei von seinem Intendanten und vor allem von zwei jüngeren Kollegen, die später bekannter wurden als er selbst: Martin Walser hatte schon seit 1949 als Student für den SDR gearbeitet, um bald beim Hörspiel und beim Fernsehen zu reüssieren, und am 1. Oktober 1955 machte Andersch den damals noch völlig unbekannten Hans Magnus Enzensberger zu seinem Assistenten. Damit hatte in der Neckarstraße eine ‹Genietruppe› zusammengefunden, die viele Redaktionsmitglieder zwar beargwöhnten, die das Kulturprogramm des SDR aber fraglos auf ein zuvor unerreichtes Niveau hob. Hinzu kam, dass Andersch von 1955 bis 1957 die Zeitschrift *Texte und Zeichen* herausgab und zwischen ihr und der Rundfunkarbeit die fruchtbarsten Wechselwirkungen entstanden.

Auf seinen beiden publizistischen Standbeinen – Radio und Zeitschrift – gelang es Andersch, die besten Autoren der oft so provinziellen fünfziger Jahre zu gewinnen. Er war, um noch einmal Koeppen zu zitieren, der «Magnet», der alle «in den Süden zog».[37] Dabei zeichnete ihn, so Enzensberger, besonders «die Aufmerksamkeit für die Arbeit anderer» aus.[38] Entsprechend illuster liest sich die Liste derjenigen, die Andersch Texte zur Verfügung stellten – von Theodor W. Adorno, Ingeborg Bachmann, Max Bense, Paul Celan, Max

Frisch, Hans Werner Henze und Walter Muschg bis hin zu Arno Schmidt, den der SDR-Redakteur über Walser kennengelernt hatte und an dem ihm besonders viel lag.

Als der sprunghafte Enzensberger bereits im März 1957 genug vom Angestelltendasein hatte, holte sich Andersch Helmut Heißenbüttel in die Redaktion. Allein hätte er das umfangreiche Programm nicht füllen können, zumal er sich in erster Linie als Schriftsteller verstand. Als solcher wollte er endlich seinen ersten Roman vorlegen. Das Buch enstand vor allem in den Morgen- und Abendstunden. Diese Mehrfachbelastung muss oft zermürbend gewesen sein, und doch wurde *Sansibar oder der letzte Grund* Anderschs erfolgreichstes Werk.[39] Merkwürdig genug, dass der gebürtige Münchner den 1957 erschienenen Roman, der an der Ostsee spielt, in einer Stadt schrieb, die dem Meer denkbar fern liegt. Der Neckar hingegen, das einzige bedeutende Gewässer in der Stuttgarter Gegend, war ihm wohl nie besonders wichtig.

Ende 1958 gab Andersch seinen Rundfunkposten auf und zog ins Tessin. Sein Nachfolger wurde Helmut Heißenbüttel. Im Laufe der folgenden zwei Jahrzehnte verlor die anspruchsvolle Essayistik für den Stuttgarter Sender mehr und mehr an Bedeutung. Auch Anderschs früherer Assistent machte mit seinem ‹Einmann-Büro› für Literatur und Kritik bis 1981 noch Erstaunliches möglich, doch die Euphorie der Gründerjahre und der ‹Genietruppe› unter dem Intendanten Fritz Eberhard war unwiederholbar. Hermann Lenz, der das Wachsen des Rundfunks vergleichsweise unbeteiligt verfolgte, betrachtete das alles übrigens schon von Anfang an kritisch. In *Ein Fremdling* fertigt er Andersch kaum verschlüsselt als ebenso weltgewandten wie geschäftigen Herrn mit einer «kalte[n] und fleischige[n] Pranke» ab.[40] Sogar Arno Schmidt, dem Lenz am 5. Juni 1957 bei einer Vernissage mit Gemälden von Anderschs Frau Gisela im Württembergischen Kunstverein begegnete, habe in diesem Milieu lächerlich gewirkt: «Der [...] bewunderte Poet Arno

Schmidt stand als stattlicher Mann in rötlicher, abgewetzter Samt-
jacke mit Reißverschluß vor einem Unterwasserbild und schaute
intensiv auf kubisch veränderte Fische. Dann sagte er zu einer stum-
pig untersetzten Dame: ‹Da muß man mit der Lupe rangehn.›»[41]

Im Juni 2011 ist die oberhalb der Neckarstraße gelegene Villa
Berg, 1845 für den späteren König Karl und dessen Frau Olga als
prächtiger Landsitz entworfen, völlig heruntergekommen. Seitdem
der Rundfunk das Gebäude nicht mehr für Studios und als Veran-
staltungsraum nutzt, hat man es stillgelegt. Die Fenster des Unter-
geschosses sind vernagelt. Zwischen den Steinplatten der Treppen-
stufen wachsen junge Bäume und wilde Blumen. Der Grund dafür
ist eine Auseinandersetzung mit einem Investor, der die Villa 2007
für den symbolischen Preis von einem Euro erworben hatte und
drei Jahre später Insolvenz anmeldete.

Das 1972 bis 1977 entstandene Gebäude des Südwestrundfunks
befindet sich am Rande des Parks, genau an jener Stelle, an der vor
dem Krieg die Stuttgarter Stadthalle gestanden hatte. 10 000 Menschen fanden in ihr bei Sportveranstaltungen und Zirkusvorstellun-
gen Platz.[42] Heute endet hier die Neckarstraße, wo sie einst einen
Bogen an den Mineralbädern vorbei machte, am Zentrum der
Bäderstadt, die Stuttgart schon immer gewesen war und ohne die
Kriegsschäden wahrscheinlich noch mehr geworden wäre. «Stuttgart könnte sich bequem als Weltbad einrichten», heißt es in einem
Stadtführer, den Fritz West 1933 herausbrachte.[43] In dieser Zeit gab
es im Sommer auch am Neckar ein reges Strandleben, obgleich der
Fluss damals schon lange kanalisiert worden war: «An seinem Be-
tonstrand liegen die Menschen. Sie träumen in die Sonne. Mit entspannten Gliedern. Faltboote paddeln vorbei. Das bräunliche,
träge Wasser schlägt leichte Wellen. Die Leute am Ufer mit den
entspannten Gliedern blinzeln. Sie machen fast die Augen auf.
Ihnen gefällt das Bild.»[44]

Angesichts des Verkehrs, der auf der einstmals prächtigen König-

Karls-Brücke unablässig über den Neckar donnert, klingt das wie die Beschreibung einer völlig anderen Welt. Wenigstens das Schloss Rosenstein thront als Staatliches Museum für Naturkunde nach wie vor über dem Ufer, inmitten eines Gartens im englischen Stil. Stiche aus dem 19. Jahrhundert lassen keinen Zweifel daran, wie idyllisch die Landschaft hier vor der Industrialisierung gewesen ist. «Der Teil des Neckartals, in dessen Schoße Cannstatt liegt», das stand für Gustav Schwab 1837 noch fest, «gehört nicht zu den großartigeren, wohl aber zu den freundlichsten und fruchtbarsten von ganz Schwaben.»[45] Vom Rosenstein aus, der bis zum Bau des Schlosses in den Jahren nach 1824 Kahlenstein hieß, konnte man Flößer und Flusskähne ebenso beobachten wie üppig bewachsene Weinberge und Obstgärten. In der Ferne spiegelte sich die Cannstatter Brücke im Wasser, und wandte man sich in die andere Richtung, hatte man bei gutem Wetter einen weiten Blick über die Dörfer Berg, Wangen, Hedelfingen und Mettingen. Dieses Panorama machte den Kahlenstein zu einem beliebten Ausflugsziel. «Für das Landhaus ‹Auf dem Rosenstein›», so Schwab, «hat S.[eine] M.[ajestät] der König Wilhelm die günstigste Stelle in der ganzen Umgegend gewählt.»[46] Cannstatt selbst lag mit seinen Bädern und der von Aberlin Jörg erbauten Stadtkirche jenseits des Flusses, umringt von einer imposanten Stadtbefestigung.

Außerordentlich folgenreich für die deutsche Geistesgeschichte war eine Zusammenkunft, zu der es 1794 auf dem Kahlenstein kam: Am 4. Mai, einem Sonntag, begab sich der junge Johann Friedrich Cotta – sieben Jahre zuvor hatte er den verschuldeten Tübinger Verlag seiner Eltern übernommen – nach Stuttgart, um Friedrich Schiller zu treffen, der sich seit dem August des Vorjahres in seiner schwäbischen Heimat aufhielt. Ursprünglich hatte Schiller vorgehabt, die Rückreise nach Thüringen schon viel früher anzutreten, aber ihn plagte einmal mehr eine hartnäckige Entzündung. Mit einer Kutsche machten die beiden Herren einen

Gottlob Friedrich Steinkopf: Blick ins Neckartal
mit Schloss Rosenstein, 1828

Ausflug nach Untertürkheim, um von dort aus zum Kahlenstein zu gelangen.[47]

Für beide wurde dieser Tag unvergesslich, aber es war wohl kaum das Naturerlebnis, das sie so beeindruckte. Schiller, obwohl in der Gegend aufgewachsen, erinnerte sich schon kurz nach seiner Rückkehr aus Schwaben nicht mehr präzise an den Flurnamen und verwandelte den Kahlenstein in einem Brief an Cotta kurzerhand in einen «Katzenstein».[48] Das scheint durchaus typisch für einen überragenden Kopf, der sich an inneren Realitäten viel stärker entzünden konnte als an äußeren. Schiller war ein unübertroffener Meister des Begriffs, nicht der Anschauung, das unterschied sein Talent von dem Goethes. Nur so lässt es sich verstehen, dass beispielsweise in seiner Ballade *Der Taucher* Salamander, Molche und Haie in ein und demselbem Gewässer koexistieren. Die Unterschiede zwischen Salz- und Süßwasser waren für den Dichter offenbar nebensächlich, solange die Macht der Bilder und der Rhythmus der Sprache überwältigend wirkten.

Die Fahrt an den damals noch weitgehend unverbauten Stadtrand, den Nesenbach hinunter in Richtung Neckar, hatte ein anderes Ziel als die gemeinsame Erkundung landschaftlicher Schönheiten: Sie diente vor allem dem Aufbau einer Geschäftsbeziehung. Schiller und Cotta dachten in ihrer Kutsche über die Beschaffenheit und die Defizite dessen nach, was wir heute als bürgerliche Öffentlichkeit verstehen. Es ging ihnen um neue Publikationsformen: Cotta wollte eine politische Tageszeitung gründen, und Schiller hielt er für den bestmöglichen Chefredakteur einer solchen. Der Schriftsteller hingegen, dem die Auseinandersetzung mit Tagespolitik schwerfiel, hatte etwas weniger Aufwendiges und entschieden Elitäres im Sinn: Ihm schwebte eine neue literarische Zeitschrift vor, und hierfür suchte er schon länger den passenden Verleger. Er setzte auf die ästhetische Erziehung Einzelner, nicht auf eine breite Leserschaft.

Cottas *Allgemeine Zeitung* wurde schließlich auch ohne Schiller zur vielleicht wichtigsten politischen Zeitung des 19. Jahrhunderts, und aus dem zweiten Plan entwickelte sich tatsächlich die erste Zusammenarbeit der beiden Sonntagsausflügler: das Monatsjournal *Die Horen*, Schillers letzte und berühmteste, wenn auch nicht gerade erfolgreiche Zeitschrift. Die gemeinsame Fahrt nach Untertürkheim wurde zum Initialerlebnis für einen neuen Abschnitt in Schillers Laufbahn und für den Aufstieg des bis dahin vergleichsweise unbedeutenden Tübinger Hauses. Vom Kahlenstein aus nahmen der Dichter und der Verleger etwas anderes in den Blick als die Auen und Siedlungen am Fluss: Sie entwickelten die Vision einer gemeinsamen Zukunft.

Nach Jena zurückgekehrt, begab sich Schiller bald auf die Suche nach geeigneten Beiträgern für seine Zeitschrift: Vor allem wollte er Goethe gewinnen, den er zuvor nur flüchtig kennengelernt hatte und dessen Nähe er durchaus fürchtete. Außerdem präzisierte Schiller die publizistische Stoßrichtung des neuen Blattes, dem die griechischen Göttinnen der Jahreszeiten als Symbolfiguren dienen sollten: «Wohlanständigkeit und Ordnung, Gerechtigkeit und Friede werden also der Geist und die Regel dieser Zeitschrift sein; die drei schwesterlichen Horen Eunomia, Dike und Irene werden sie regieren. In diesen Göttergestalten verehrte der Grieche die welterhaltende Ordnung, aus der alles Gute fließt, und die in dem gleichförmigen Rhythmus des Sonnenlaufs ihr treffendstes Sinnbild findet. Die Fabel macht sie zu Töchtern der Themis und des Zeus, des Gesetzes und der Macht, des nämlichen Gesetzes, das in der Körperwelt über den Wechsel der Jahrszeiten waltet und die Harmonie in der Geisterwelt erhält.»[49]

Von den *Horen*, die bis heute als das Hauptorgan der Weimarer Klassik in Erinnerung geblieben sind, erschienen lediglich 36 Nummern. Für Cotta blieben sie ein Zuschussgeschäft, allerdings kam es weder ihm noch Schiller darauf an, die *Horen* zu einem wirtschaftlichen Erfolg zu machen. Für Schiller ging es im Kern um eine kunsttheoretische Erweiterung der Aufklärung,[50] für Cotta um den Autorenkreis, den in dieser Zeit vielleicht nur Schiller um sich herum versammeln konnte. Durch die *Horen* und ihren Herausgeber gewann Cotta als Verleger für die Gegenwartsliteratur enorm an Attraktivität – und das, obwohl die Zeitschrift das angestrebte hohe Niveau nur für kurze Zeit halten konnte und Schillers Interesse an der Redaktionsarbeit schon im zweiten Jahr erlahmte.

Entsprechend sarkastisch äußerte er sich Goethe gegenüber, als er nach drei Jahren das Handtuch warf und die *Horen* eingehen ließ: «Eben habe ich das Todesurteil der drei Göttinnen Eunomia, Dice und Irene förmlich unterschrieben. Weihen Sie diesen edeln

Todten eine fromme christliche Thräne, die Condolenz aber wird verbeten. Cotta hatte schon voriges Jahr nur eben die Kosten wieder, und wollte sie auch noch dies Jahr so vegetieren lassen, aber ich sah wirklich keine entfernte Möglichkeit, sie zu continuiren, weil es uns ganz und gar an Mitarbeitern fehlt, auf die man sich verlassen kann, und ich, ohne eigentlichen reellen Geldgewinn, ewige Sorge und kleinliche Geschäfte bei dieser Redaction hatte, wovon ich mich durch einen entschlossenen Schritt befreyen mußte.»[51]

Dass diese Worte angesichts der Abwicklung der Zeitschrift, in die er mindestens ein Jahr lang große Teile seiner Arbeitskraft investiert hatte, recht gelassen klangen, lag sicher auch daran, dass Schiller zu diesem Zeitpunkt, im Januar 1798, nicht mehr daran zweifelte, in Cotta einen optimalen Geschäftspartner gefunden zu haben. Bei all ihrem Misserfolg hatten die *Horen* immerhin dazu beigetragen, die Bindung an ihn zu festigen. Und Cotta ging es umgekehrt genauso: Für ihn hatte sich die gestrandete Zeitschrift gelohnt, wenn auch indirekt. Ohne sie wäre er wahrscheinlich nie zum wichtigsten Verleger der Goethezeit geworden.

5.
Ludwigsburg und Marbach

Goethe auf Schillers Spuren – Eine Oper aus Holz – Hölderlin und die
Weimarer Dioskuren – Juli 2011 – Geburt eines deutschen Helden –
Die Aufmärsche von 1934 – Das Deutsche Literaturarchiv –
Schwabens höchster Berg

Ein knappes halbes Jahr früher, am 25. August 1797, verabschiedete
sich Goethe nach einem längeren Besuch von seiner Mutter (in
dieser Zeit musste man darauf gefasst sein, dass es ein Abschied für
immer sein könnte) und brach von Frankfurt in Richtung Schweiz
auf. Seine Reise sollte viele Zwischenaufenthalte haben. Zunächst
ging es nach Heidelberg, wo er das verfallene Schloss, den zu dieser
Jahreszeit «seicht» dahinfließenden Neckar und vor allem die neue
Steinbrücke bewunderte, die seiner Meinung nach «im ächten
guten Sinn gebaut» war und dem Anblick der Stadt «eine edle
Würde» verlieh – «besonders in den Augen desjenigen, der sich
noch der alten hölzernen Brücke erinnert».[1] Am 27. August fuhr
Goethe weiter nach Heilbronn, wo er eine angenehme Unterkunft
fand. Deshalb verbrachte er hier seinen 48. Geburtstag, ohne viel
Aufhebens darum zu machen. Am 29. August ging es früh morgens
nach Ludwigsburg und abends nach Stuttgart, wo Goethe eine
ganze Woche bleiben wollte. Dort wurde er von einigen Freunden
Schillers empfangen, vornehmlich von dem Kaufmann Gottlieb
Heinrich Rapp, dem Bildhauer Johann Heinrich Dannecker und
dem Architekten Nikolaus Thouret, den Goethe für Weimar gewinnen wollte.

Während seiner Schwabenreise stieß Goethe wieder und wieder
auf Spuren seines Dichter-Freundes, am eindrücklichsten wohl

im Stuttgarter Atelier Danneckers, der einst mit Schiller auf die Hohe Karlsschule gegangen war. Bei ihm sah Goethe zunächst «das Gipsmodell eines Kopfes vom gegenwärtigen Herzog, der besonders in Marmor sehr gut gelungen sein soll». Was ihn aber ungeheuer «frappierte», so Goethe in seinem Brief an Schiller vom 30. August, «war der Originalausguß von Ihrer Büste, der eine solche Wahrheit und Ausführlichkeit hat, daß er wirklich Erstaunen erregt».[2] Danneckers berühmtes Porträt war drei Jahre zuvor entstanden, während jenes Stuttgart-Aufenthalts, bei dem Schiller auch Cotta getroffen hatte.

Württemberg, das war für Goethe also im Altweibersommer 1797 immer auch das Land, aus dem jener Mann stammte, der ihm durch die Zusammenarbeit an den *Horen* engstens vertraut geworden war. Umso erstaunlicher, dass Goethe in seinem Tagebuch Orte wie Kirchheim, Besigheim, Bietigheim und den «Aschberg» erwähnt, nicht aber die beschauliche Stadt, in der Schiller im November 1759 das Licht der Welt erblickte.[3] Andrerseits, warum sollte er ihr mehr Aufmerksamkeit schenken, als Schiller selbst es tat, der Marbach mit vier Jahren verlassen hatte, nachdem sein Vater als Werbeoffizier nach Schwäbisch Gmünd versetzt worden war?

Marbach zählte für Schiller nicht zu den prägenden Orten seiner Kindheit, im Gegensatz zum Dörfchen Lorch, wo sich seine Familie 1764 niederließ, und zum eher unschwäbisch wirkenden Ludwigsburg mit seiner höfischen Pracht und den vielen Kasernen. Dorthin siedelten die Schillers Ende 1766 über. Es war die Zeit, in der Karl Eugen wie kein anderer europäischer Herrscher versuchte, mit Versailles zu konkurrieren, und Ludwigsburg in eine Hochburg des Rokoko verwandelte. Schillers Familie wohnte in unmittelbarer Nachbarschaft des Schlosses, zunächst im sogenannten Maucler'schen Haus in der heutigen Mömpelgardstraße und seit 1768 in der Stuttgarter Straße. So wurde das Kind Zaungast einer maßlosen

Hofkultur: In Ludwigsburg, erinnerte sich noch der wesentlich jüngere Justinus Kerner, füllten sich sommers die schattenreichen Alleen mit Hofleuten in «seidenen Fräcken» und den «herzoglichen Militärs in glänzenden Uniformen und Grenadierkappen». Doch im Gegensatz zu Schiller erlebte Kerner nicht die «Zeit der stürmischen Periode» dieses Herrschers, sondern nur die gemäßigten Jahre vor dessen Tod am 24. Oktober 1793.[4]

Schiller hielt sich zu dieser Zeit mehrere Monate lang in Ludwigsburg auf. Das brachte es mit sich, dass er von seinem Fenster in der Wilhelmstraße aus Augenzeuge der nächtlichen Überführung des Leichnams jenes Herzogs wurde, vor dem er als junger Mann geflohen war. In Briefen beteuerte Schiller, dass ihn die letzte Reise des ‹alten Herodes› in die Fürstengruft nicht besonders tangierte. Schillers Schwester Christophine hingegen berichtete, er sei von dem Ereignis zu Tränen gerührt gewesen: «Ach Gott, nun ist er auch dahin – ich habe ihm doch auch vieles zu danken», soll ihr Bruder gesagt haben.[5] Die Anekdote ist nicht überprüfbar. Wie jede gute Anekdote veranschaulicht sie aber etwas ebenso Bedenkenswertes wie schwer Fassbares: Mehr noch als das Tübinger Stift war die Hohe Karlsschule nicht nur eine kasernenähnliche Kaderschmiede. Durch die Qualität der Lehre war sie für ihre Eleven allen Repressionen zum Trotz in erster Linie eine herausragende Hochschule. Mit rund 350 eingeschriebenen Studenten gehörte sie seinerzeit zu den größten und am besten ausgestatteten Universitäten Süddeutschlands, und ohne ihre Lehrkräfte wäre Schillers überragendes Lebenswerk wahrscheinlich unmöglich gewesen.[6]

Die Monate zwischen September 1793 und März 1794 waren für Schiller eine glückliche und produktive Zeit. In Ludwigsburg traf er Verwandte und alte Freunde wieder, und hier wurde sein erster Sohn geboren. Nicht zuletzt entstanden frühe Entwürfe des *Wallenstein* sozusagen im Schatten jener weitläufigen, weniger am als oberhalb des Neckars gelegenen Schlossanlage, die Goethe 1779 erstmals besucht hatte und zu deren Besichtigung er sich auch 1797 etwas Zeit nahm.[7] In einem zeitgenössischen Handbuch wurde sie folgendermaßen beschrieben: «Das hiesige herzogliche, grose Schloß ist von dem Herzoge Eberhard Ludwig 1704 angefangen, und nachgehends sehr vergrösert worden, so daß es jezt eine Menge Flügel und drei Höfe hat […] Es enthält sehr viele, theils sehr schöne Zimmer, die alle schön möblirt sind, ein Spiegelkabinet, ein Hoftheater, zwo Kapellen und eine Gemälde-Galerie, aus welcher aber die besten Stücke hinweg gebracht worden sind. Die eine jener Kapellen ist dem katholischen Gottesdienste gewiedmet. Bei dem Schlosse liegt ein kleiner niedlicher Garten, hinter dem Schlosse ein groses Opernhaus, und auf der andern Seite ein Fasanenwald, und ein schönes kleines Lusthaus, welches die Favorite genannt wird, und im italienischen Baugeschmak ausgeführt, aber nicht gut unterhalten ist.»[8]

Möglicherweise kannte Goethe diesen Lexikonartikel, zumindest betrachtete er das Schloss auf ähnliche Weise, wenngleich kritischer. «Das bekannte geräumige Schloß sehr wohnbar», notierte er, «aber sowohl das alte als das neue in verhältnißmäßig bosem Geschmack ausgeziert und meublirt.»[9] Besonders interessierte er sich für das große, damals kaum noch benutzte Opernhaus, das wie wohl kein anderes Gebäude in der Umgebung mit der Nähe von Flüssen verbunden war, mit dem Neckar und vor allem mit der Enz. Denn es handelte sich um eine abenteuerliche Holzkonstruktion, für die das Baumaterial aus dem Schwarzwald geflößt worden war und ohne diese Wasserstraßen gar nicht herbeigeschafft hätte werden können.

Nachdem Karl Eugen beschlossen hatte, den Hof von Stuttgart nach Ludwigsburg zu verlegen, war der Opernbau eines seiner ersten Vorhaben. Es wurde im Oktober 1764 in Angriff genommen, und zum 37. Geburtstag des Herzogs am 11. Februar des folgenden Jahres sollte bereits die erste Premiere gefeiert werden.[10] Allein aufgrund des selbstverschuldeten Termindrucks entschied man sich für die Holzbauweise, denn ein steinernes Haus dieser Größe ließ sich im Winter gar nicht errichten. In kürzester Zeit mussten Zehntausende von Balken, Brettern und etwa 800 000 Nägel beschafft werden.[11] Das irrwitzige Ziel lastete die Sägemühlen des Schwarzwaldes voll und ganz aus. Karl Eugen duldete keinen Widerspruch und wischte alle Bedenken seiner Untertanen vom Tisch.

Der Herzog verfolgte den Traum, die Oper in Ludwigsburg zu einem der führenden Häuser Europas zu machen. Eröffnet wurde der Neubau mit einem Werk des renommierten Komponisten Niccolò Jommelli, den Karl Eugen bereits 1753 zu seinem Hofkapellmeister gemacht hatte. Allein dieser Festabend soll 14 121 Gulden verschlungen haben.[12] Die Qualität der Sänger, überwiegend Italiener, und die Zahl der Mitwirkenden muss überwältigend gewesen sein. Überhaupt war das ganze Musiktheater zur Zeit Karl Eugens auf Überwältigung aus: 340 Soldaten traten auf, 86 davon beritten, 95 weitere Komparsen kamen hinzu.[13] Ähnliche Darbietungen waren für den sehr jungen Schiller die ersten Theatererfahrungen überhaupt. In gewisser Weise wurzelte sein dramatisches Schaffen in jener verschwenderischen Oper, welcher der ganze Ehrgeiz des Herzogs galt. Vielleicht ist das einer der Gründe für die Vorbehalte, die Schiller gegenüber dem Musiktheater hatte. Das Sprechtheater lernte er erst viel später kennen, in Stuttgart, zur Zeit seines Studiums an der Hohen Karlsschule. Dort allerdings dürfte er die gängigen Stücke des damaligen Repertoires gesehen haben, die berühmtesten Dramen Shakespeares und Lessings ebenso wie Goethes *Götz von Berlichingen*.

Glaubt man den Erinnerungen seiner Schwester Christophine, weckten die Ludwigsburger Opernaufführungen bei Schiller schon bald imitatorische Bedürfnisse: «Ganz natürlich mußten diese Vorstellungen auf das junge lebendige Gemüt des jungen Schiller, der aus der ländlichen Einfachheit sich hier wie in eine Feenwelt ver-

setzt glaubte, einen großen Eindruck machen.»[14] Sowohl mit Papp-
figuren als auch mit Freunden und Geschwistern wurden zu Hause
und im Garten improvisierte Szenen aufgeführt. Das war sozusagen
die erste Bühne des späteren Dramatikers.

Bereits 1775 wurde das Ludwigsburger Opernhaus stillgelegt.
Liest man den Bericht des Theaterpraktikers Goethe aus dem Jahre
1797, wundert man sich kaum, dass das Haus nie wieder in Betrieb
genommen und unter Herzog Friedrich II. abgebrochen worden
ist. An seiner Stelle entstand 1801 der ovale ‹Schüsselsee›. Es handle
sich, so Goethe, bei dem Opernhaus ja um «ein merkwürdiges
Gebäude[,] aus Holz und leichten Bretern zusammengeschlagen».
Karl Eugen sei es wohl einzig darum gegangen, «viel und hohe
Gäste würdig und bequem» zu unterhalten.[15] Trotz alledem begeis-
terte sich auch Goethe rückblickend für die vergangene Opern-
Blüte unter dem glamourösen Despoten. Um die Tatsache, dass
Karl Eugens Leidenschaften Württemberg an den Rand des Ruins
getrieben hatte, scherte er sich dabei wenig: «Aus den brillanten
Zeiten des Herzog Karls wo Jomelli die Oper dirigirte hat sich der
Eindruck und die Liebe zur Italiänischen Musik bey ältern Perso-
nen hier noch lebhaft erhalten. Man sieht wie sehr sich etwas im
Publiko erhält das einmal solid gepflanzt ist. Leider dienen die
Zeitumstände den Obern zu einer Art von Rechtfertigung daß man
die Künste, die mit wenigem hier zu erhalten und zu beleben wären,
nach und nach, ganz sinken und verklingen läßt.»[16]

Goethes Erinnerung an Karl Eugens Zeiten zeugt von einer ähnlichen Zuversicht wie Schillers Programm einer ästhetischen Erziehung des Menschen. Allerdings hätte Schiller nie die Oper zum
Ausgangspunkt seiner Überlegungen gemacht. Bei aller persönlichen Nähe, bei aller Wertschätzung drifteten die Positionen der
Weimarer Dioskuren immer wieder auseinander. Recht ähnlich
allerdings waren sie sich in ihrer Zurückhaltung gegenüber einem
ihrer größten Nachfolger.

Schillers erste Begegnung mit diesem jungen Gelehrten und aufstrebenden Dichter fand ebenfalls in Ludwigsburg statt, wiederum im Jahre 1793: Es geschah am 1. Oktober, und Hölderlin, so lautete sein Name, stand damals unmittelbar vor dem Abschluss seines Studiums am Tübinger Stift. Weil ihm der Pfarrersberuf ebenso suspekt war wie seinem Freund Hegel, empfahl ihm der Stuttgarter Kanzleiadvokat Gotthold Friedrich Stäudlin, einer der wichtigsten Förderer literarischer Talente in Württemberg, sich persönlich bei seinem überragenden Vorbild vorzustellen. Schiller sollte ihm eine Stelle als Hofmeister vermitteln, und das tat er auch gern. Sein Brief über Hölderlin an dessen zukünftige Arbeitgeberin Charlotte von Kalb hatte den gewünschten Erfolg. Dennoch mutet er angesichts der Tatsache, dass Schiller den jungen Mann nur flüchtig erlebt hatte, merkwürdig herablassend an. Hölderlins Äußeres sei einnehmend, seine Sitten anständig, bei all diesen Vorzügen wirke er aber noch nicht «völlig gesetzt». Mehr noch: «viele Gründlichkeit erwarte ich weder von seinem Wißen noch von seinem Betragen», prophezeit Schiller. Solche Äußerungen könnten auch vernichtend wirken. Immerhin fügt Schiller relativierend hinzu: «Ich könnte ihm vielleicht hierinn Unrecht thun, weil ich dieses Urtheil bloß auf die Bekanntschaft einer halben Stunde und eigentlich bloß auf seinen Anblick und Vortrag gründe.»[17] Darüber hinaus lässt Schiller nicht unerwähnt, dass er sich unsicher sei, ob ein fraglos vorhandenes «poetisches Talent» für oder gegen Hölderlin spreche.

Diese Skepsis sollte Schiller auch später nicht verlieren, als Hölderlin ihm ehrfurchtsvoll Texte zur Veröffentlichung überließ. Dennoch wurde der zehn Jahre ältere sein einflussreichster Förderer, bis hin zur Veröffentlichung des *Hyperion* bei Cotta. Goethe aber fand niemals wirklich Zugang zu Hölderlins Dichtungen, verkannte ihre Eigenständigkeit und hob lediglich eine gewisse Abhängigkeit von Schillers «Schule» hervor. Und auch damit redete er dem

Freund gewissermaßen nach dem Mund, denn Schiller hatte ihm zuvor gestanden, in Hölderlins Gedichten viel von seiner «eigenen sonstigen Gestalt» zu entdecken und sich bei ihm an sich selbst erinnert zu fühlen.[18]

Die Ludwigsburger Lateinschule, in die Schiller als knapp Achtjähriger kam, galt als hervorragende Ausbildungsstätte. In ihr wurde er seit 1769 von dem Theologen Johann Friedrich Jahn unterrichtet, dem er sich zeit seines Lebens so stark verbunden fühlte, dass er ihn 1793 bei seinem Heimataufenthalt mehrmals traf. Justinus Kerner, der mit seinen Brüdern dieselbe Schule besuchte, berichtet in seinen Kindheitserinnerungen, dass Schiller in Ludwigsburg sogar einige Stunden gegeben habe, die den Schülern lange im Gedächtnis blieben. Ein Verwandter Kerners habe selbst erlebt, wie der Dichter damals «auf der Schranne» vor den Tischen saß und Geschichtsunterricht erteilte.[19] Auf dieselbe Schule gingen auch Eduard Mörike und David Friedrich Strauß – bis zum gefürchteten Landexamen, das in Württemberg jeder, der zum Predigerseminar zugelassen werden wollte, im Stuttgarter Gymnasium bestehen musste.

Dass Schiller im Jahre 1793 am Schloss vorbei in Richtung Neckar aufgebrochen ist, um seine nur zehn Kilometer entfernte Geburtsstadt zu besuchen, ist eher unwahrscheinlich. Als Junge hingegen hatte er die gut anderthalb Stunden Wegs oft auf sich genommen, um seine Großeltern in Marbach zu sehen. Georg Friedrich Kodweiß, der Vater von Schillers Mutter, war nicht nur Bäcker und Inhaber des Gasthofs *Zum Goldenen Löwen*, er arbeitete auch – bezeichnend für das Leben am Neckar – als Floßverwalter und «Holz-Inspector». Damit war er für die Überwachung des lange florierenden Holzhandels zuständig, bevor ihn «eine fürchterliche Ueberschwemmung» seines Vermögens beraubte.[20]

Der 30. Juli 2011 ist für einen Samstag im Hochsommer im Grunde zu kühl. Folgt man dem Ludwigsburger Ufer, gelangt man zunächst nach Hoheneck und fünf Kilometer weiter nach Benningen. Beim heutigen Radweg zwischen dem befestigten Ufer und den Weinbergen, über deren steile Hänge Wolkenschatten huschen, handelt es sich um den früheren Treidelpfad. Nur vereinzelte Fußgänger und Radfahrer treiben sich am Fluss herum. Vor den schweren Häuptern der Sonnenblumen tummeln sich Schwebfliegen. Bojen leuchten orange im gespiegelten Gewitterhimmel. Je näher man Marbach kommt, desto mehr gleicht der mäandernde Neckar einem Einschnitt, so, als habe sich das Wasser seit Urzeiten tief in die Landschaft hineingefressen. Stellenweise ragt Kalkstein nackt aus den grünen Prallhängen hervor.

Nachmittags um drei läuten in Hoheneck die Glocken. Der Ortskern mit seiner kleinen spätgotischen Kirche ist wesentlich älter als Ludwigsburg. Gewitterböen jagen Staubwolken durch die Gasse zwischen einem Antiquariat und dem Gasthaus *Krone Alt-Hoheneck*. Ein Wunder, dass es noch immer nicht regnet.

Auf dem Benninger Hochufer stand bis 260 ein Römerkastell, vereinzelte Bruchstücke davon werden heute im Stuttgarter Lapidarium aufbewahrt. Auch an der Marbacher Alexanderkirche findet sich ein Stein mit einer lateinischen Inschrift, der aus dem Benninger Kastell stammt. Er wurde auf dem Kopf stehend in die Außenmauer eingefügt. Solche Spolien zeigen, dass die Römer hier nie ganz vergessen wurden, allein schon dadurch, dass man häufig auf Reste ihrer Bauwerke stieß, wiewohl «solche nicht mehr jetzo zu erblicken sind, weil sie mit dem Ackerboden ganz bedeckt sind», wie Christian Friderich Sattler 1752 bemerkte.[21] Im Juli 1967 fand man bei Grabungsarbeiten ganz in der Nähe einen Altar, bei dem es sich um eines der ältesten Zeugnisse der Neckarschifffahrt handelt: Er stammt von 227, und seine Inschrift gibt Auskunft darüber, dass ihn ein Kaufmann für die Boni Casses gesetzt habe (über die Bedeutung dieser Gottheiten herrscht Unklarheit), «weil er nach einem Schiffsuntergang wieder zu guter Gesundheit und den Seinen» zurückkehren konnte.

Transport einer Lokomotive bei Marbach um 1910,
im Hintergrund das Eisenbahnviadukt und das Schillermuseum

Durch die Schleusen wurde der Neckar so konsequent beruhigt,
dass es schwer vorstellbar ist, wie er einst zu einem gefährlichen
Strom anschwellen konnte. Dabei hatte gerade Benningen vor gar
nicht langer Zeit ein ernsthaftes Hochwasserproblem, was umso
gefährlicher war, als auch Industriebetriebe von den Überschwemmungen betroffen wurden, die man leichtsinnigerweise ausgerechnet in Ufernähe angesiedelt hatte. 1980 wurde eine Schutzmauer
um die Gemeinde gezogen, die das Leben am Wasser reizloser, aber
bequemer und sicherer gemacht hat.[22]

Unterhalb des Fußgängerstegs, über den man im Schatten des
Eisenbahnviadukts von Benningen aus zum anderen Ufer gelangt,
erstrecken sich weite Auen, die vor allem morgens die unterschied-

lichsten Vögel anlocken. Gelegentlich laufen hier sogar Bussarde wie große Hühnervögel über die stillen Grünflächen.

Seit dem Mittelalter wurde in Marbach die Wasserkraft zum Mahlen von Getreide genutzt, später, im 19. Jahrhundert, kamen Walk-, Öl-, Farbholz- und Sägemühlen hinzu, und zu Beginn des 20. Jahrhunderts wurde ein Laufwasserkraftwerk in Betrieb genommen. Es versorgte die Stadt seit 1906 mit Strom, bis man es als Folge von Kanalisierungen nach einem Vierteljahrhundert nicht mehr brauchen konnte. Wie verwunschen liegt das historistische Bauwerk heute etwas abseits vom Ufer zwischen rauschenden Pappeln. Marbach selbst befindet sich ungefähr 30 Meter über dem Neckar auf einer Anhöhe, umgeben von einer teilweise erhaltenen Stadtmauer. Kommt man vom Ufer, erinnert der Stadtkern an eine Bergfestung. Die Anlage der verwinkelten Gassen ist mittelalterlich, doch die Gebäude stammen größtenteils aus dem 18. Jahrhundert. Während des Pfälzischen Erbfolgekriegs wurde die Kleinstadt 1693 vollständig von Franzosen niedergebrannt. Einzig die im 15. Jahrhundert außerhalb der Stadtmauern erbaute Alexanderkirche blieb unzerstört. Die Hallenkirche mit ihrem feingegliederten Netzgewölbe gehört zu den frühen Werken des Aberlin Jörg, auf den auch die Chorgewölbe in der Heilbronner Kilianskirche und die Stuttgarter Stiftskirche zurückgehen. Bereits im 10. Jahrhundert stand hier eine wahrscheinlich recht große karolingische Urkirche, die um 1200 durch eine romanische Basilika ersetzt wurde. Diese wiederum musste 1450 weichen. Vollendet wurde die Alexanderkirche erst um 1490, wahrscheinlich unter der Leitung von Caspar Lechler. In ihrem Inneren, an der Stirnwand des nördlichen Seitenschiffs, findet sich ein monumentales Christophorusfresko, und es ist sicher kein Zufall, dass der Schutzpatron der Reisenden durch eine Flusslandschaft mit sanften Hügeln watet, die an das Marbacher Umland erinnert. Zu seinen Füßen schwimmen Fische, ein Krebs gesellt sich hinzu und nicht zuletzt eine anmutige Wasserfrau mit zwei Fischschwänzen.

Im Gegensatz zu vielen anderen württembergischen Orten blieb Marbach von den Zerstörungen des Zweiten Weltkriegs verschont. Womöglich wurde das Städtchen dadurch geschützt, dass es auch damals schon industriell völlig unbedeutend war. Nur alle paar Jahre rückt es in den Blick der nationalen Öffentlichkeit, meist zu Schillers Geburtstag, dessen genaues Datum unsicher ist; es war allerdings Schiller selbst, der zumindest in späteren Jahren immer am 10. November gefeiert hat.[23]

1859, als Schiller in vielen deutschen Städten mit Aufführungen, Festreden und riesigen Umzügen enthusiastisch die Ehre erwiesen wurde wie vor ihm keinem anderen Dichter, nicht einmal Goethe, richtete man in Marbach sein Geburtshaus als Gedenkstätte ein. Ähnlich aufwendig waren die Feiern zu seinem 175. Geburtstag, der ausgerechnet in die Anfangszeit des Hitlerregimes fiel: Die neuen Machthaber nutzten die Gelegenheit, um einen bürgerlichen Kult, in dessen Zentrum der Freiheitsgedanke stand, in ihrem Sinne umzudeuten. Es ging gewissermaßen um die Macht über Ideen, und hierzu wurde Schillers Idealismus stärker als jemals zuvor pervertiert.

Das erfolgreichste Instrument nationalsozialistischer Kulturpolitik war die Inszenierung von Massenkundgebungen. Bereits Schillers 100. Geburtstag war mehr ein patriotisches als ein literarisches Ereignis gewesen. Das sollte jetzt übertroffen werden: Ein früher Höhepunkt des Gedenkjahres 1934 war die Sonnenwendfeier der Hitlerjugend am 21. Juni. Gemeinsam mit dem Reichs-Rundfunk, den die Nazis in bislang unbekannter Weise für politische Zwecke nutzten, rief die Reichsjugendführung zu einem Staffellauf auf, der aus den entferntesten Regionen Deutschlands nach Württemberg führte. «Tausend und abertausend frische blonde und braune Jungen laufen über Weg und Straßen, Fluß, Berg und Strom, durch nachtstille Gassen vieler hundert Dörfer und helle Häuserwände großer Städte. Alle kennen das Ziel: die Stätte deiner

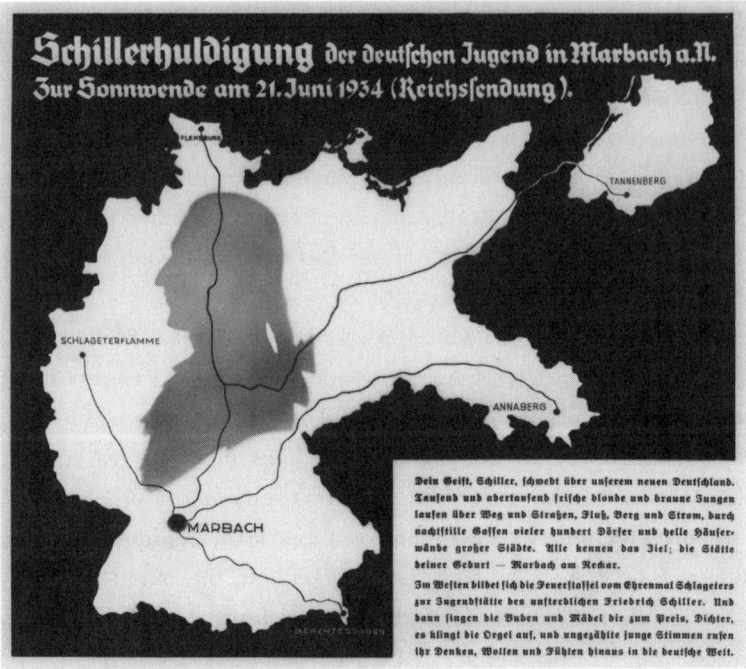

Werbung für die ‹Schillerhuldigung› 1934

Geburt – Marbach am Neckar», hieß es in dem Aufruf.[24] Mehr als
15 000 Hitlerjungen beteiligten sich an den Stafetten. Der Radio-
abend am 21. Juni begann mit der Übertragung eines Konzertes aus
der Alexanderkirche. Der zweite Sendepunkt war Schillers Geburtshaus in der Niklastorstraße. Schließlich wurde auf die Schillerhöhe umgeschaltet, hoch über dem Neckar, mit ihrem Denkmal
von 1876, das aus französischen, im Krieg von 1870/71 erbeuteten
Kanonen gegossen worden war.

Auf der Schillerhöhe standen 800 Jugendliche Spalier, um die
letzten Staffelläufer zu empfangen. Die Marbacher Zeitung berichtete am folgenden Morgen: «Hier offenbarte sich der Geist

einer freien, stolzen, deutschen Jugend, die schöpft aus dem Geist eines Schillers, aus dem urdeutschen Geist hehren Wirkens und Schaffens.»[25] Die Vereinnahmung des Klassikers für die national-sozialistische Propaganda schien rundum gelungen. Dieser Erfolg sollte durch eine große Feier am 10. November mit annähernd 10 000 Teilnehmern untermauert werden. Am Geburtstag waren nicht bloß die Hitlerjungen und der Bund Deutscher Mädel zur Stelle, auch SA- und SS-Einheiten, die mit Sonderzügen nach Marbach gebracht wurden, marschierten vor dem Schiller-National-museum auf. Nur ein Oberleutnant scherte aus. Plötzlich trat er in Zivil vor die staunende Gesellschaft und rief seine Botschaft ins Mikrophon: Schillers Geist sei tot!

> Hilf! Daß der Wahnsinn, der nazistische Wahnsinn
> aus den Hirnen schwindet!
> Und Deine Glut in Herzenstiefen zündet![26]

Wenig später wurde der Mann abgeführt. Sein Name war Hans Burrer. An der überwältigenden Resonanz des Schiller-Jubiläums, das in ganz Deutschland gefeiert wurde, änderte sein mutiger Auftritt nichts.

Die ‹Gleichschaltung› des Schiller-Bildes durch die National-sozialisten war kein literaturpolitischer Unfall. Vielmehr folgte sie konsequent, wenn auch nicht zwingend aus der Instrumentalisierung des Klassikers für gesellschaftliche Zwecke: Schiller musste an seinem 175. Geburtstag gewissermaßen den Preis dafür zahlen, postum zu jenem Volksschriftsteller geworden zu sein, der unseren Sprachgebrauch wie vor ihm vielleicht nur Luther durch eine Vielzahl von Redensarten verwandelt hat.

In Marbach nahm der Kult um seine Person wenige Jahre, nachdem Schiller am 9. Mai 1805 an akuter Lungenentzündung in Weimar gestorben war, seinen Anfang. 1812 identifizierte man das Geburtshaus, von dem Schillers Eltern nur die ärmlichen unteren Räume bewohnt hatten. Ein Vierteljahrhundert später beschrieb Gustav Schwab das Gebäude in seinen *Wanderungen durch Schwaben* bereits wie eine Wallfahrtsstätte. Ludwig Mayer fertigte dazu einen Stahlstich an, auf dem Schillers Name in großen Lettern an der Front des Häuschens prangt. Im Vordergrund spielen Kinder, der nahe gelegene Wilde-Mann-Brunnen dient Rindern als Tränke. Hinter dem Geburtshaus ragt der Turm der Alexanderkirche spitz wie ein Griffel in den gewittrigen Himmel. Damals sei die Alexanderkirche «so ziemlich die einzige Zierde der kleinen Landstadt» gewesen, die Schwab ansonsten «nur noch durch die verschiedenen römischen Altertümer bemerkenswert» zu sein schien, «welche schon vor Jahrhunderten in ihrer Nähe [...] auf dem jenseitigen Neckarufer aufgefunden» wurden.[27] Immerhin hatte man bereits die von Schwab begrüßte Absicht, im eigens hierfür angelegten Park auf der Schillerhöhe ein Denkmal zu errichten. Es sollte allerdings noch Jahrzehnte dauern, bis Schillers idealisiertes Abbild endlich das bronzene Gesicht dem Neckar zuwandte.

1857 kaufte der 1835 gegründete Marbacher Schillerverein das Geburtshaus. Man begann, Dokumente, Handschriften und Erinnerungsstücke aus allen Lebensphasen des Dichters zu sammeln, und legte damit den Grundstock der heute international bekannten Sammlung des Schillermuseums, das am 10. November 1903 in Anwesenheit des württembergischen Königspaares eröffnet wurde.

Vom Fluss aus ist das weiße Gebäude am Rand eines Steilufers nicht zu übersehen. Bei seiner Planung orientierte man sich bewusst an den Schlössern Karl Eugens, insbesondere an der Solitude, in der sich die Hohe Karlsschule befunden hatte, bevor sie nach Stuttgart verlegt wurde. Schiller verbrachte die Jahre zwischen 1773 und 1775 auf der Solitude, und später wirkte sein Vater dort als Intendant der herzoglichen Gärten. Wenigstens im Nachleben sollte der einst ins Exil getriebene Dichterfürst ein würdiges Domizil bekommen.

Zunächst bestand die Aufgabe des Museums in der Bewahrung und Vermittlung der schwäbischen Dichtung im weiteren Sinne. Neben Schiller bildeten bald Mörike, Hauff, Uhland, Kerner und Auerbach Schwerpunkte der Sammlung. Der spätere Bundespräsident Theodor Heuss betonte zwar schon 1927 im Reichstag völlig zu Recht, dass es dabei nicht um Regionalkultur gehe, sondern um einen wichtigen «Beitrag Schwabens in die deutsche Geschichte».[28] Dennoch blieb das in Marbach gepflegte literarische Interesse lange vor allem eine Spielart der Heimatliebe, was auf Außenstehende durchaus sonderbar wirken konnte. Nicht nur der Dichter und Kabarettist Joachim Ringelnatz wird sich darüber amüsiert haben. 1925, als die junge Automobilindustrie im Schwäbischen die Vorherrschaft übernahm, blieben Stuttgart und Marbach von seinem Spott nicht verschont:

Ich kam von Düsseldorf, dort sah ich Radschläger.
Ich kam nach Stuttgart, dort trank ich Steinhäger,
Denn mit dem schwäbischen Wein
Scheint mir nicht allzuviel los zu sein,
Wenigstens nicht mit dem billigen
[...]
Ach, ich schwirrte von Vergnügen zu Vergnügen.
Schien auch dem Publikum zu genügen.
Durfte über ein Auto verfügen,
Fuhr mit diesem herrschaftlichen Benz
Wie eine quietschfidele Eminenz
Nach Marbach an dem Hause vor,
Wo Kodweiß Schillern einst gebor,
Ging auch kollegial hinein
(Scheinbar schien mir alles dürftig, ernst und klein),
Sah mich also recht bescheiden eilig satt,
Freute mich später kannibalisch dann

Über einen Brunnen Zum wilden Mann,
Welcher Wilde zwei Feigenblätter hat,
Und zwar nämlich eins vorn irgendwo
Und das andere ganz hinten vorm Popo.[29]

Der Bibliothekar Paul Raabe schildert in seinen Memoiren, wie
man in Marbach noch in den fünfziger Jahren ganz auf den engen
schwäbischen Kosmos eingeschworen war: «Meine erste Arbeit
war die Neuaufstellung, d. h. die Vereinigung der schwäbischen
Autoren mit den Nichtschwaben, also Dante und Shakespeare,
Goethe und Heine usw. Letztere waren in dem alten Kapsel-
katalog, den ich bald ersetzte, sinnigerweise mit NS = Nichtschwaben bezeichnet!»[30] Die Marbacher Weltvergessenheit, die
sich vielleicht nirgends deutlicher offenbarte als in der auch nach
1945 unbefangen weiterverwendeten Signatur ‹NS›, sollte schon
bald ein Ende haben. Das Bedürfnis, sich ein knappes Jahrzehnt
nach Kriegsende für die Opfer des Nazi-Terrors, für die verbrannte
und verfemte Literatur einzusetzen, war ein wichtiges Motiv dafür,
das Schiller-Nationalmuseum seit 1955 zum Deutschen Literaturarchiv auszubauen. Ein weiteres war die Übernahme des Cotta-
Archivs, durch das die ursprünglichen Sammlungsschwerpunkte
marginalisiert wurden: Johann Friedrich Cotta, den Zeitgenossen
nicht nur scherzhaft den «Napoleon» des Buchhandels nannten,
proklamierte seit der Zusammenarbeit mit Schiller für sich wie kein
zweiter deutscher Verleger einen weltliterarischen Anspruch. Außerdem gab er führende Zeitungen heraus und engagierte sich in anderen Branchen, etwa für die von ihm gegründeten Dampfschiff-
fahrtgesellschaften auf dem Rhein und dem Bodensee.[31] So entstand
die Idee eines Archivs für die vielfältigen Spuren der Literatur- und
Geistesgeschichte, die sich in den folgenden Jahrzehnten als un-
erwartet fruchtbar erwies: 1973 wurde auf der Schillerhöhe ein
eigenes Archivgebäude eröffnet, das man 1995 erweiterte. 2006

kam das von David Chipperfield Architects entworfene Literatur-
museum der Moderne hinzu, das mit über 1000 Exponaten die
Literaturgeschichte von 1900 bis zur Gegenwart nachzeichnet.
Schritt für Schritt entwickelte sich das kleine Marbach zu einer
wichtigen Begegnungsstätte des intellektuellen Lebens. Aus diesem
Grund findet sich das Grab von Franz Kafkas erstem Verleger Kurt
Wolff kurioserweise auf dem Friedhof hinter der Alexanderkirche.
Nach der Machtübernahme der Nationalsozialisten hatte Wolff
Deutschland verlassen. 1941 siedelte er in die USA über. Im folgen-
den Jahr gründete er in New York zusammen mit seiner Frau
Helen den Pantheon Verlag, der durch die Veröffentlichung von
Boris Pasternaks *Doktor Schiwago* weltberühmt wurde. 1963 wurde
Wolff in Ludwigsburg von einem Lastwagen überfahren. Er war
auf dem Weg nach Marbach gewesen, aus Interesse an der Literatur
der expressionistischen Generation, zu deren wichtigsten Protago-
nisten er selbst gehört hatte.

Sieht man von der Terrasse des Literaturmuseums der Moderne
aus über den Fluss und die angrenzenden Hügel, kann man in der
Ferne zwischen Hochspannungsmasten die berüchtigte Festung
auf dem merkwürdig abgeflachten Hohenasperg ausmachen. Hermann Lenz hat den Eindruck, den der ‹Demokratenbuckel› auf ihn
gemacht hat, großartig festgehalten: «Immer wieder verhinderte
ein Wind, daß ein Gewitter sich entlud. Im Süden zog es sich zusammen, und wenn es sein schieferfarbenes Wolkendach über dem
Langen Felde ausgebreitet hatte, verflüchtigte es sich, wurde hin-
ausgeschoben und verdünnt. Hinweggewischt also das Licht von
Wolkenfasern, das Grün der Ähren matt und wie mit Schieferstaub
belegt: so zeigte sich die Gegend in der Nähe. Drüben aber war der
Asperg hell von Sonne, und hinter ihm spannte sich eine ferne Bläue
aus, als hätte das Land eine Haut.»[32] An anderer Stelle heißt es bei
Lenz, die denkwürdige Erhebung, die das Umland um etwa 100 Meter überragt, sei dort draußen «wie ein Kopf aus Erde aufgereckt».[33]

Die Festung Hohenasperg, Stahlstich um 1850

Nicht erst durch die Inhaftierung des Dichters Christian Friedrich Daniel Schubart im Jahre 1777 wurde die Gefängnisanlage zum Symbol des Schreckens und der Willkürherrschaft. Schon Joseph Süß Oppenheimer wurde hier in Ketten gelegt und eingekerkert wie ein Schwerverbrecher, bis er körperlich so verfallen war, dass er alle vorhandenen Handschellen über die Hände herunterziehen konnte. Darüber klagte der Festungskommandant Glaser in einem Schreiben vom 28. September 1737, dessen kaum zu überbietende Grausamkeit in der Frage gipfelte, ob man nun besondere Handschellen anfertigen lassen solle. Das Verhör dauerte Monate, und die Kommission schreckte vor intimsten Fragen nicht zurück. Süß weigerte sich zwar, die Namen seiner Geliebten zu nennen, doch das nützte wenig, denn einige der Frauen, die mit ihm ein Verhältnis gehabt hatten, waren ebenfalls festgenommen, misshandelt und ausgefragt worden.[34]

Später, zu Schillers Zeiten, machte Herzog Karl Eugen kaltblütig von der Möglichkeit Gebrauch, politisch Andersdenkende auf dem weithin sichtbaren Hügel zu isolieren und zeitweilig aus der Welt zu schaffen. Einem weit verbreiteten Witz zufolge ist der Asperg der höchste Berg Württembergs, weil es oft Jahre dauert, bis man von ihm wieder herunterkommt. Bis 1787 wurde Schubart unter zunächst unmäßig harten, später milderen Umständen festgehalten, ohne jemals vor Gericht gestellt und verurteilt worden zu sein. Im 19. Jahrhundert mussten hier die Schriftsteller Bertold Auerbach, Hermann Kurz und viele andere für ihre freiheitliche Gesinnung büßen, und im Nationalsozialismus diente das Gefängnis als Durchgangsstation für die Deportation der Sinti und Roma aus ganz Südwestdeutschland. Heute befinden sich in der Renaissancebefestigung das mit Stacheldrahtspiralen und Überwachungsanlagen gesicherte Vollzugskrankenhaus des Landes Baden-Württemberg und ein Museum. Die steinernen Tore, die durch meterdicke Mauern führen, flößen immer noch Furcht ein. Lässt man sie dennoch hinter sich, wird man durch ein spektakuläres Panorama belohnt: Von hier oben kann man große Teile des Neckartals übersehen. Die Ludwigsburger Schlossanlagen sind ebenso zu erkennen wie das Schiller-Nationalmuseum. Strategisch war dieser Punkt seit alters her von Bedeutung, schon in der späten Hallstattzeit hat sich hier ein Fürstensitz befunden.

6.
Heilbronn und seine Umgebung

Weinbau und Modernisierung – Das Ende der Schifffahrt –
Die neue Bahn – Ein Wiener Romancier im Kirchheimer Tunnel –
Mark Twain und die Flößer – August 2011 – Der größte Hafen

Am mittleren Neckar rücken die Weinberge über weite Strecken so
nah an die Ufer heran, dass die ehemals durch Hochwasser gefähr-
deten Ortschaften schmaler und die Industrieansiedlungen seltener
werden. Umso mehr sticht das Kernkraftwerk ins Auge, das bei
Neckarwestheim am Fluss lagert. Aus dem eher niedrigen Kühl-
turm steigt Tag für Tag eine weithin sichtbare Wasserdampfsäule
auf wie ein Menetekel: Das hier ist keine Idylle! Dem Weinbau
konnte dies nichts anhaben. Er ist nach wie vor so ertragreich wie
aufwendig. Zwischen den Steillagen bewegt sich der Fluss in kühnen Schleifen. Er hat sich so tief in den Muschelkalk hineingefressen, dass seine Prallhänge mit den unzähligen aus der Not heraus
entstandenen Terrassen und kunstvoll errichteten Trockenmauern
geradezu monumental wirken. Kein Wunder, dass sie oft mit Am-
phitheatern verglichen werden: Ihr Anblick wirkt archaisch.

Hinter Hessigheim werden die Weinberge etwa 80 Meter
oberhalb des Ufers von nacktem, sandfarbenem Muschelkalk ge-
krönt, den ‹Felsengärten›, die sich mit schroffen Türmen und bis zu
zwölf Meter tiefen Spalten über der Landschaft erheben wie vor-
zeitliche Ruinen. Nirgends mutet das Neckartal so südeuropäisch
an wie hier. In diesem Gebiet wird es im Sommer extrem trocken
und heiß. Um kein Fleckchen Erde ungenutzt zu lassen, wurden in
den Felsengärten um 1900 noch Schafe und Ziegen gehalten. Heute
führt ein Wanderweg vorbei an windschiefen Kiefern durch das

Strauchwerk oberhalb der steinernen Klötze, zwischen denen die Kommandos von Sportkletterern hin und her hallen.

Von den Felsengärten aus schweift der Blick über Felder und die Ausläufer Besigheims. Auch der mittelalterliche Kern des Weinorts ist zu erkennen, der wie der Hohenasperg einst zu den strategisch wichtigsten Punkten der Region gehörte. Er liegt, von Wasser umströmt, auf einem Bergsporn. Goethe tat Besigheim als «schmutziges Landstädtchen» ab[1] – heute erhebt es sich prächtig wie eine Filmkulisse über den Ufern des Neckars und der Enz, seines längsten und wasserreichsten Nebenflusses. Die Enz entspringt im Nordschwarzwald, nimmt bei Pforzheim die wesentlich größere Nagold in sich auf und endet hier. Nicht nur der Weinbau, sondern auch die Flößerei führten Besigheim seit dem 15. Jahrhundert zu beachtlichem Wohlstand. Älteren Datums sind zwei erhaltene Wehrtürme und Reste der Stadtmauer. Sie stammen noch aus der Stauferzeit: Um 1220 hatte Besigheim das Marktrecht erhalten, und damals wurde die junge Stadt zu einer Festung ausgebaut. Ihre Anlage blieb bis heute fast unzerstört, abgesehen von den in den letzten Tagen des Zweiten Weltkriegs planmäßig gesprengten Brücken.

Das unbestrittene Zentrum am mittleren Neckar ist Heilbronn. Die ehemalige freie Reichsstadt mit ihren über 120 000 Einwohnern liegt in einer Keupermulde, einem breiten, vom Fluss ausgeräumten Becken. Hier trafen sich die fünf alten Handelsstraßen Süddeutschlands, und seit 1333 blühte die Stadt auf. Damals hatte ihr Kaiser Ludwig der Bayer besondere Rechte verliehen. Das Privileg bestand darin, die Durchfahrt zu sperren und damit die seit der Römerzeit genutzte Frachtroute von Cannstatt bis zum Rhein zu unterbrechen. So errichtete man stattliche, nur für Flöße passierbare Mühlenwehre. Der Fluss wurde in mehrere Arme geteilt, aufgestaut und beschützte nun die gesamte Westseite der Stadt. Auf diese Weise verwandelte sich Heilbronn in «eine starke Wasser-

burg».[2] Die «Schiffahrt von unten herauf geht also nur bis hierher», notierte Goethe 1797 auf seiner Schwabenreise. Es werde
ausgeladen, um oberhalb wieder einzuladen und die Waren weiter
nach Cannstatt zu befördern.[3] Das war ebenso umständlich wie ein-
träglich, und daran änderte sich auch wenig, als die Stadt 1803
gezwungen wurde, ihre Unabhängigkeit aufzugeben, genau wie
Esslingen. Allerdings mussten die Heilbronner Bürger nun Steuern
zahlen. Das war seit 1790 nicht mehr nötig gewesen, weil die
öffentlichen Kassen stets gut gefüllt waren.[4] Zur Goethezeit war
vor allem der Handel mit holländischen Waren von immenser Bedeutung. Von Mainz aus wurden die Güter nach Heilbronn hinauf
transportiert, wo die leeren Schiffe dann wieder mit Gips, Steinen
und anderen Baumaterialien beladen wurden, um sie ihre Rückreise
antreten zu lassen.[5]

Erst die Kanalisierung und vor allem die Eisenbahn schufen neue
Verhältnisse: Mitte des 19. Jahrhunderts wurde in relativ kurzer
Zeit das deutsche Schienennetz gebaut, das in seiner Grundkon-
zeption bis heute verwendet wird. Am 18. April 1843 trat das Gesetz
über den Bau von Eisenbahnen in Württemberg in Kraft. Heilbronn mit seinem Haupthafen der Neckarschifffahrt gehörte zu
den ersten Städten, die einen Gleisanschluss erhielten. 1848 wurde
die vielerorts am Neckar entlangführende Linie nach Stuttgart
eröffnet, und bis 1855 verlängerte man diese «Hauptbahn» nach
Friedrichshafen am Bodensee. Als solche trug sie entscheidend zur
Hochindustrialisierung des ‹Ländles› bei. Durch die Eisenbahn
wurden Massenlieferungen möglich, das wiederum war die Voraussetzung für den Aufbau von Großbetrieben. Auf diese Weise fand
Württemberg Anschluss an die moderne Weltwirtschaft. Eine Zeitlang sah es so aus, als würde der Neckar als Transportweg immer
unerheblicher. Allein das Flößen von Holz war nach wie vor renta-
bel. Schiffe hingegen, die man mit Pferden den verschlungenen,
durch die Stromschnellen nicht ungefährlichen Fluss hinaufzog,

waren nicht konkurrenzfähig.[6] Mit der Bahn gelang es rasch, die großen Zentren miteinander zu verknüpfen. Dadurch veränderten sich auch die kleineren, bis dahin vorwiegend vom Weinbau geprägten Orte am Neckar wie Besigheim, Kirchheim oder Hölderlins Geburtsstadt Lauffen.

Justinus Kerner schien Lauffen vor allem eine «Felseninsel im Neckar, der hier kristallhell und rieselnd dahinzieht». Ihm war die alte Grafenburg, in der sich heute das Rathaus befindet, mit der ihr gegenüber gelegenen Kirche und der Regiswindiskapelle schlicht «einer der schönsten Punkte unseres Vaterlandes».[7] An die einst sehr hohe Fließgeschwindigkeit des Neckars erinnert heute fast nur noch der sprechende Ortsname. Es ist bezeichnend, dass Lauffen in der Moderne nicht durch seine reizvolle Lage zum Schauplatz eines ungewöhnlichen Romans wurde. Auch die mittelalterliche Anlage der Stadt spielte hierbei keine Rolle. Es lag nur an dem sogenannten Kirchheimer Tunnel, der für die Eisenbahn 1846 bis 1848 durch einen früheren Umlaufberg des Neckars getrieben und ein halbes Jahrhundert später um eine zweite Röhre ergänzt wurde. Das Buch stammt von dem Wiener Romancier Heimito von Doderer, der sich nach dem Zweiten Weltkrieg mit seinem Opus magnum *Die Strudlhofstiege* in die Weltliteratur einschrieb. Doderers Großvater wurde in Heilbronn geboren, und der Tunnel fiel dem Schriftsteller wohl zum ersten Mal auf, als er auf den Spuren seiner Familie unterwegs war.[8] 1937 hatte er sich mit dem Verlag C.H. Beck in München über drei neue Bücher geeinigt. Vor allem überzeugte den Verlag der Plan eines Werkes mittlerer Länge: Der Roman *Ein Mord den jeder begeht* sollte ein Buch werden, das keinen Zweifel an der künstlerischen Potenz des nicht mehr jungen, aber weitgehend unbekannt gebliebenen Schriftstellers ließ und das noch dazu in der Lage war, ein breites Lesepublikum zu erreichen, weil es sich um eine Art Kriminalroman handelte. In den folgenden Monaten arbeitete Doderer wie besessen. Am 17. Mai 1938 lag das fertige

Manuskript vor, am 10. Oktober wurde die erste Auflage ausgeliefert.[9] Aber ist *Ein Mord den jeder begeht* wirklich ein Krimi?

Die Achse, um die sich das Rad des Geschehens dreht, ist der mysteriöse Tod einer jungen Frau, genauer gesagt der Industriellentochter Louison Veik, die im Zug zwischen Stuttgart und Heilbronn unter ungeklärten Umständen das Opfer eines vermeintlichen Raubüberfalls wurde. Sieben Jahre später verliebt sich Doderers Held Conrad Castiletz in ihr Bildnis. Er verfällt dem Porträt der Toten regelrecht, und das ändert sich auch nicht, als er ihre Schwester heiratet. Die Gattin bleibt der gemalten Geliebten hoffnungslos unterlegen. Conrad folgt seinem unstillbaren Verlangen: Auf der Suche nach den Gründen für Louisons Tod profiliert er sich als Amateurdetektiv. Letztlich erinnert er allerdings mehr an Ödipus als an Father Brown. Denn am Ziel seiner Suche wird er mit demjenigen konfrontiert, der er selbst einst gewesen ist: mit einem Jugendlichen, der, erstmals allein von zu Hause fort, im beklemmenden Inneren des Kirchheimer Tunnels zu einem ebenso morbiden wie folgenreichen Scherz angehalten wurde.

Ein Mord steht im Titel und im Zentrum der Handlung, aber das Buch ist ebenso wenig ein Krimi wie *Schuld und Sühne* von Dostojewski, Doderers größtes Vorbild. In erster Linie kam es ihm offensichtlich auf Conrads Entwicklungsgeschichte an. Er zeigt den Weg eines Mitläufers, der fahrlässig einen Menschen getötet hat und Sühne leistet, bevor er sein Verbrechen überhaupt als solches erkennen kann. Conrad ist unschuldig schuldig. Nachdem Doderer den ersten Teil von *Ein Mord den jeder begeht* abgeschlossen hatte, in dem die schöne Tote kaum erwähnt wird, versuchte er sich einen Überblick über die für den Fortgang der Handlung erforderlichen Recherchen zu verschaffen. Am 28. Mai 1937 hielt er in seinem Tagebuch folgenden Plan fest: «Besichtigung (Begehung) eines Tunnels, zum Beispiel desjenigen zwischen Besigheim und Lauffen am Neckar, den ich im vorigen Monate durchfahren habe, auf der

Strecke Stuttgart – Heilbronn (also wohl Reichsbahndirektion Stuttgart).»[10] Die Entscheidung, seine Handlung an den Neckar zu verlegen, scheint Doderer zwar recht spontan getroffen zu haben, doch die Wiederbegegnung mit dem knapp 584 Meter langen Kirchheimer Tunnel glich einer Epiphanie. Am 15. Oktober 1937 war es so weit: Doderer, für den Literatur vor allem Wahrnehmungskunst war, arbeitete, wie er es selbst ein wenig altmeisterlich ausdrückte, «nach der Natur» und notierte unter anderem Folgendes: «Wie der vergessene Tempel einer Gottheit steht der Eingang des Doppeltunnels mit seinen beiden finsteren Portalen und der breiten Stirn in den Wald gerammt, links und rechts die schräg abfallenden Futtermauern wie mächtige Füsse vorsetzend. Jetzt noch, wo der Stein da hellgewaschen vom Wetter, dort wieder schwarz von altem Rauche ist, weicht die Natur wie erregt seitlich und oben mit niedersinkendem Busch und Bäumen davon zurück, wenn auch sonst zwischen dem wolkigen und dichtkronigen Gewächs und dem strengen Quadersteine eine Gewöhnung, ja fast Freundschaft schon besteht: auf angeflogener Erde über den Gesimsen sitzen Sträucher.»[11]

Fast wörtlich wanderten die Lauffener Notizen in die veröffentlichte Fassung des Romans. Der Schriftsteller nahm die Arbeit nach der Natur ernst. So konstruiert, ausgetüftelt, ja unrealistisch das Gesamtgefüge des Romans auch erscheinen mag, so entschieden misstraute Doderer seiner Phantasie in Bezug auf Details. Der Amateurdetektiv ist ein Abbild des Schriftstellers: Akribisch wie Conrad auf den Spuren Louisons verfolgte Doderer in Lauffen das fiktive Leben seiner Figuren und beschenkte die Gegend dabei mit einzigartigen Landschaftsbeschreibungen. «Seine Verfassung war jetzt angeregt und wach», heißt es an einer Stelle über den bahnreisenden Romanhelden. «Als sich die Landschaft dann öffnete, der Neckar sichtbar wurde, zogen die Windungen des Flusses, die auf und ab wallenden Hügel, mit großer Frische und Deutlichkeit in sein erhelltes Innere ein, das gewaschen war wie eine Wiese nach dem Regen, und in einer gläsernen Art gespannt wie ein klarer Abendhimmel.»[12] In Lauffen überraschten ihn besonders die Berge, die einen Teil der Stadt als eine Art Ringwall umgeben.

Doderer war begeistert von diesem «Mondgebirg», das «flach gegen den Himmel» abkantet «wie der Tafelberg bei Kapstadt», und erkundete den gesamten Wall. Er folgte dem Bergrücken und stieg schließlich von oben zur Öffnung des Tunnels hinab. Die Fiktion sollte möglichst glaubwürdig erscheinen, und dafür wurde der Schauplatz regelrecht vermessen. «Der Zug benötigte zum Durchfahren des Tunnels 25 Secunden (reichlich)», heißt es bei Doderer unter dem 14. Oktober.[13]

Die Bergformation ist in der Tat bemerkenswert. Der Neckar floss hier ursprünglich in einem weiten Bogen. Vor Jahrtausenden trocknete der frühere Flusslauf aus, nachdem das Wasser einen schmalen Muschelkalkriegel durchbrochen hatte und die Topografie deutlich veränderte. So entstand der Boden, auf dem das zweigeteilte Lauffen errichtet wurde, links und rechts des Flusses, seit 1532 verbunden durch eine Brücke. Doderer scheint diese Erklärung für «die seltsame Gestalt der Landschaft» nicht überzeugt zu haben. Er spekulierte darüber, dass es sich in Wahrheit um etwas anderes handeln müsse, und zwar um Spuren einer unvorstellbaren Zerstörung: «Sie stammt, wie sie ist, möglicherweise gar nicht aus dieser unserer Welt. Sie bewahrt vielleicht in ihrem Antlitze treu und starr die übermenschliche Erinnerung an eine Katastrophe: als hier ein Weltkörper einschoß, den weichen Muschelkalk in einem Ringwulst beiseite drängend, sich selbst tief einbohrend in der Mitte, die heute noch kegelförmig aufgewölbt ist, als Grabmal für den in Weißglut, Heulen und Donner versunkenen Riesen.»[14]

So überzeugend das angesichts des sonderbaren Bergringes klingen mag, Doderers Erklärung ist wohl doch aus der Luft gegriffen. Sie spricht mehr für seine Fähigkeit, aus Details eine ganze Welt zu imaginieren, als für solide geologische Kenntnisse. Auch der Lauffener Wein scheint Doderers Phantasie beflügelt zu haben: Nach den Tunnel-Erkundungen kehrte der Autor genau wie sein Held im ‹Gasthof Schwanen› in der Stuttgarter Straße ein.

Beide bekennen, die Württemberger in vielerlei Hinsicht zu schätzen. Die Unterschiede und Mischformen zwischen dem Schwäbischen und dem Fränkischen ignorierend, mögen sie sogar ihren Dialekt. Besonders reizte Doderer die sprachliche Nähe zum Mittelhochdeutschen, zu Gottfried von Straßburg und Wolfram von Eschenbach, die selbst einem Mann wie Conrad auffalle, allerdings ohne ihn weiter zu beschäftigen. Allein die Erzählstimme des Romans formuliert den Gedanken, den der Held nicht zu fassen vermag: «daß er sich in einem Lande befand, welches nichts geringeres war als das Quellgebiet der Muttersprache schlechthin, das Grundmassiv aller Dichtung im alten Reiche, dahinten in der Ferne der Zeiten.»[15]

Hölderlin, auf den man sich in Lauffen auch damals schon gerne berief, erwähnt Doderer nicht. Stattdessen liefert er eine eigenwillige Erklärung für den hohen Stellenwert der Literatur in Württemberg. Meist wird dieses Phänomen auf die pietistische Tradition zurückgeführt, die den sinnlicheren Künsten, der Musik und der Malerei, weniger verbunden sei. Doderer hingegen – der katholische Österreicher – zog seine Schlüsse aus dem, was er erfuhr, was er hörte: Er glaubte an die archaische Melodie des Dialekts, an eine ungebrochene Tradition des Gesprochenen, an die Mundart, die der Dichtkunst besonders diene. Für ihn war die Literatur des Südwestens weniger ein bildungsbürgerliches Phänomen als ein sprachliches Ereignis: Ihre Großartigkeit folge aus der Natur des Schwäbischen selbst.

Nach Heilbronn fuhr Doderer im Oktober 1937 nicht noch einmal. Wozu auch? In Lauffen und der Finsternis des Kirchheimer Tunnels hatte er alles gefunden, was er brauchte. Hier scheint er sich plötzlich sicher gewesen zu sein, dass sein Plot aufging wie eine geglückte Patience. Nun zog es ihn nach Hause, zurück an den Schreibtisch. Schließlich reiste er nicht um des Reisens willen. Das unterschied ihn von einem ungleich berühmteren Kollegen, der sechs Jahrzehnte vor ihm in die Gegend kam, von Mark Twain.

Der am Mississippi aufgewachsene Schöpfer unvergesslicher Figuren wie *Tom Sawyer* und *Huckleberry Finn* konzentrierte sich bei seiner Schilderung der Hafenstadt Heilbronn zunächst ganz auf das Erwartbare: Mit seinem Begleiter stieg er in jenem Haus ab, in dem Götz von Berlichingen nach seiner Haftentlassung im Jahre 1522 gelebt haben soll: «In der Wand gab es einen Haken, und der Wirt sagte, an ihn habe der furchterregende alte Götz einst seine Eisenhand gehängt, wenn er sie abnahm, um ins Bett zu gehen.»[16] Am nächsten Morgen bewunderte Twain, so wie es jeder Reiseführer empfiehlt, den Marktplatz mit dem stattlichen Rathaus. Er erwähnt dessen Freitreppen ebenso wie die auffällige astronomische Kunstuhr. Auch der Kilianskirche widmet er einen Absatz. Besonders aber interessierten ihn die Geschichten, die sich um den Reichsritter Götz ranken. Hatte Mark Twain Goethes berühmtes Drama gelesen?

Wir wissen es nicht. Zumindest wird Goethe in seinem Buch erwähnt, im Gegensatz zu Heinrich von Kleist, dessen 1810 in Wien uraufgeführtes «großes historisches Ritterschauspiel» *Das Käthchen von Heilbronn oder die Feuerprobe* den Ruf der Stadt maßgeblich förderte. Deshalb hatte man bereits in der ersten Hälfte des 19. Jahrhunderts ein Wohnhaus an der Westseite des Marktes nach Kleists Käthchen benannt. Ein historischer Schauplatz für das außerordentlich populäre Drama fehlte. Um dem abzuhelfen, wurde dieser kurzerhand rückwirkend bestimmt: Kleist hat wahrscheinlich niemals Heilbronner Boden betreten, und die Forschung weiß bis heute nicht, warum er seine Fiktion ausgerechnet am «weinumblühten Neckar» angesiedelt hat, der in dem Drama ein einziges

Mal erwähnt wird;[17] vielleicht wollte er damit nur Goethes *Götz* eine Art Reverenz erweisen. Die Heilbronner aber suchten sich im 19. Jahrhundert ein Käthchenhaus, und selbstverständlich fiel die Wahl dabei auf eines der schönsten der Stadt.

Twain erkundete von Heilbronn aus vor allem den Neckar selbst. Von der alten überdachten Brücke aus bewunderte er unzählige im Wasser schwimmende Fichtenstämme. Er schaute dabei zu, wie sie zu Flößen zusammengebunden wurden: «Die Größe und die Konstruktion dieser Flöße waren dem Kurvenreichtum und der extremen Enge des Neckars angepasst: Sie waren 50 bis 100 Meter lang, am Heck waren sie neun Baumstämme breit, und sie verjüngten sich allmählich bis zu einer Breite von drei Stämmen am Bug. Gesteuert wird hauptsächlich am Bug, mit einer Stange; dort ist bei einer Breite von drei Stämmen nur für den Steuermann Platz, denn der Umfang dieser Hölzer ist nicht größer als der einer durchschnittlichen Mädchentaille. Die Verbindungen zwischen den einzelnen Teilen des Floßes sind locker und biegsam, damit es allen Kurven gewachsen ist, die der Lauf des Flusses erfordert.» Das Hauptproblem, das der Neckar den Flößern bereitete, fasste Twain in ein gewagtes Bild: Der Fluss sei so schmal, dass man einen Hund über ihn hinüberwerfen könne, «gesetzt den Fall, man hat einen».[18]

Auch wenn Twain sich im Mai 1878 im Neckartal überwiegend mit der Eisenbahn fortbewegte, inszenierte er sich in seinem zwei Jahre später veröffentlichten Reisebericht doch als waschechten Abenteurer, der das hochgefährliche Flüsschen auf waghalsige Art bereiste. «*Ich* werde mit dem Floß nach Heidelberg fahren. Will mich jemand begleiten?», verkündete er. Seine Kameraden seien daraufhin bleich geworden.[19]

Mark Twains Heilbronner Aufzeichnungen unterscheiden sich wenig von anderen Schilderungen aus dem 19. Jahrhundert und späteren Zeiten: Bis zum Zweiten Weltkrieg wurde die Schönheit der Stadt von fast allen Reisenden gepriesen. Heilbronn sei eine

«junge blühende Handelsstadt», meinte auch der begeisterte
Gustav Schwab, «gepfropft auf den knorrigen Stamm einer uralten
Reichsstadt». Der Hafen am Neckarkanal, der in den Jahren 1819
bis 1821 gebaut wurde, strahle im «blendenden Schmucke der
Jugend», während die Stadtmauern die langen hiesigen Traditionen veranschaulichten. Heilbronn lebe von Gegensätzen.[20] Ebenso
sah es der spätere Bundespräsident Theodor Heuss, der in Heilbronn aufgewachsen und zur Schule gegangen war. Er schilderte
die Stadt, wie sie auf historischen Aufnahmen zu sehen ist: als dich-
tes, unregelmäßiges Gegiebel, ein Gewirr von mittelalterlichen
Gassen, Höfen und Winkeln, aus dessen Mitte der Turm der Kilianskirche mit seiner reich verzierten achteckigen Spitze emporragt.
Von seiner Höhe aus würden einem unweigerlich «die geographischen Voraussetzungen der Stadtgründung» deutlich: «die vom
Norden und Osten umfassende Hügelkette, ebenmäßig, mit dem
entzückenden Einschnitt beim Galgenberg [...] Die Weinberg-
wege, die paar größeren Straßen geben die Gliederung des weiten
Rahmens, in den ja nun auch die Stadt selber vorgerückt ist. Die
Römer saßen auf der anderen Seite des Flusses.»[21]

Das schrieb Heuss 1928. Heute, am 12. August 2011, lässt sich
allenfalls noch erahnen, was Einheimischen wie Besuchern einst
an dieser Stadt so gefallen hat. Der Untergang des alten Heilbronn fand am 4. Dezember 1944 statt. Es dauerte nur wenige
Stunden, die traditionsreiche Stadt in Schutt und Asche zu legen.
Man zählte über 6500 Tote, ein Zehntel der Stadtbevölkerung.
Davon hat sich Heilbronn nie erholt. Die Wirtschaft florierte
zwar schon bald nach der Katastrophe wieder wie von Zauber-
hand: Der 1935 eröffnete Kanalhafen wuchs in der Adenauer-Ära
zu einem der größten des Landes heran, die Stadt wurde mehr und
mehr zum Handels- und Verkehrsknoten, und ihr Zentrum baute
man in enormer Geschwindigkeit wieder auf. Die Ruinenfelder
sollten so schnell wie möglich vergessen werden. Aber Heilbronn

Heilbronn, nach der Bombardierung im Dezember 1944

verlor nie mehr das Provinzielle, die Trostlosigkeit der gedanken-
los hochgezogenen Nachkriegsbauten, die sich sogar an einem
Freitagnachmittag im Hochsommer nicht ignorieren lässt. Im
Schatten der rekonstruierten Kilianskirche streiten sich Spatzen
um Kuchenreste, die von den Tischen der Straßencafés wehen, an
denen Frauen mit künstlichen Fingernägeln auf ihre Handys ein-
hacken. Ein paar Amateurmusiker geben in der Fußgängerzone
Songs von Bob Dylan zum Besten. Junge Hostessen setzen all ihren
Charme ein, um Verträge fürs Kabelfernsehen an den Mann zu
bringen, und am Käthchenhaus surrt die hochmoderne Straßen-
bahn vorüber.

Vergleichsweise idyllisch ist es am Altneckar und am Wilhelmskanal mit seinem kleinen Sporthafen. Doch diese Parkanlage ist zu
abgelegen, um auf den Alltag im Zentrum auszustrahlen. Das mag
auch damit zusammenhängen, dass der Hauptlauf des Neckars

durch den vor einem Dreivierteljahrhundert eröffneten Kanalhafen gewissermaßen aus der Stadt entfernt worden ist. Der Wilhelmskanal, der den Neckar 1821 an den mittelalterlichen Wehren und Mühlen vorbei endlich wieder schiffbar gemacht hatte, war seitdem weitgehend funktionslos geworden. Es gab sogar Pläne, ihn zuzuschütten. Im Laufe der Jahre war er mehrmals erweitert worden. In der offiziellen Stadtbeschreibung von 1865 heißt es: «Die Erbauung größerer Schiffe seit der direkten Schifffahrt von Heilbronn nach Holland, und der große Verkehr durch die Eisenbahn, namentlich mit Brettern, machte es nöthig, daß im Mai 1854 ein neuer großer Hafen gebaut und mit den Schienen in Verbindung gesetzt wurde, welcher nur durch Horizontalwasser des untern Neckars gespeist wird und zugleich als Winterhafen für Dampf- und andere Schiffe dient.»[22] Seitlich des Kanals wurden große Warenmagazine errichtet, doch trotz alledem war er dem wirtschaftlichen Aufschwung, den die Stadt seit ihrem Eisenbahnanschluss erlebte, rasch nicht mehr gewachsen, zumal die Modernisierung auch die Neckarschifffahrt veränderte. Nicht nur die Schleusen wurden optimiert und erweitert, seit 1878 setzte sich auch eine neue Form der Schifffahrt durch. Konnten aufgrund der geografischen Hindernisse bis dahin nur kleine Dampfboote auf dem Neckar verkehren, hatte man nun endlich eine Methode gefunden, größere Frachtschiffe sicher und vor allem schneller durch den kurvenreichen Fluss zu leiten. Die Voraussetzung hierfür war eine 115 Kilometer lange Stahlkette, die zwischen Heilbronn und Mannheim im Neckar versenkt wurde. An ihr konnten sich jene neu entwickelten flachen Dampfschlepper entlangziehen, die im Volksmund wegen ihres unüberhörbaren Kettenrasselns und ihrer Warnsignale schon bald ‹Neckaresel› hießen. Dauerte das altmodische Treideln von Heilbronn nach Mannheim etwa neun Tage, konnte die Strecke nun dreimal so schnell zurückgelegt werden, noch dazu bei einer wesentlich höheren Ladung.[23]

Mark Twain gehörte zu den Ersten, die die neuen in Neckarsulm gebauten Schlepper beschrieben. Mit ihrem stampfenden Getöse übten sie auf ihn eine merkwürdige Faszination aus – im Gegensatz zu jenen Booten, die mühevoll mit «Segeln, Maultierkraft und Gotteslästerei» flussaufwärts gesteuert wurden. Neun Kähne zogen die sonderbaren Dampfer hinter sich her, und dennoch konnten diese langen Züge die engsten Stellen des Neckars gefahrlos passieren. Das lag an der sicheren Führung durch die Kette: «Sie tritt über den Bug in das Schiff ein, läuft um eine Trommel und wird am Heck wieder herausgeführt. [...] Genau genommen hat es weder Bug noch Heck, denn es hat an beiden Enden ein langblättriges Ruder und wendet niemals. Beide Ruder werden die ganze Zeit verwendet, und sie sind kräftig genug, um es nach rechts oder links zu drehen und durch Kurven zu steuern, trotz des starken Widerstands der Kette. Ich hätte nicht gedacht, dass ein so unmögliches Werk gelingen könnte; ich habe aber gesehen, dass es gelungen ist, und deshalb weiß ich, dass ein Ding der Unmöglichkeit vollbracht werden *kann*. Welches Wunder wird die Menschheit als nächstes in Angriff nehmen?»[24]

Was hätte Twain erst zu der Umgestaltung des Neckars im 20. Jahrhundert gesagt? Dabei dauerte es gar nicht lange, bis die Pläne seiner Schiffbarmachung von der Mündung bis über Cannstatt hinaus realistischer wurden. Wohin sich Heilbronn entwickeln würde, war lange vor dem Zweiten Weltkrieg absehbar. So betonte Alfons Paquet 1928 zwar noch die Bedeutung der Kettenschifffahrt, die am «schmalen Heilbronner Handelshafen» endete. Er kannte aber auch die größeren Pläne der Industriestadt, die ihrem Ruf als ‹schwäbisches Liverpool› gerecht werden wollte. Schließlich war man damals schon fest entschlossen, den Hauptlauf des Flusses «wie eine blanke Schiene weit vor die Stadt» zu verlegen. Bald werde «das alte Neckargestade mit seinen Ufermauern, an denen sich jetzt noch die Ruderboote wiegen, ein Parkstück werden».[25] Genau so kam es, und so ist es nach wie vor, wobei seit einigen Jahren versucht wird, das inzwischen ruhig und berechenbar durch die Stadt fließende Gewässer als Naherholungsgebiet wieder attraktiver zu machen.

7.
Von Weinsberg zur Abtei Neuburg

Weibertreu – Kerner und die Seherin – September 2011 –
Burg Hornberg – Topografie der Romantik – Buntsandstein
und dunkle Wälder – Séancen in Ziegelhausen

An Weinsberg führt kein Weg vorbei. Sogar Mark Twain ließ es
sich nicht nehmen, mit Pferd und Wagen von Heilbronn aus fünf
Kilometer gen Osten zu fahren, um die Burgruine Weibertreu zu
besuchen. Am Ziel der kurzen Fahrt angelangt, begnügte er sich
dann allerdings mit dem Anblick ihrer Überreste. Den kegelartigen
Berg zwischen den Weinstöcken und Mäuerchen hinaufzusteigen,
wäre ihm viel zu mühsam gewesen, und die Sonne stach allzu sehr.
Doch die Geschichte der Burg interessierte ihn brennend, ihre
Sage, die im Laufe der Jahrhunderte immer wieder neu erzählt und
besungen worden ist, am schönsten wohl 1831 von Adelbert von
Chamisso. Auch in den *Deutschen Sagen* der Brüder Grimm findet
sie sich: «Als König Conrad III. den Herzog Welf geschlagen hatte
(im Jahr 1140) und Weinsperg belagerte, so bedingten die Weiber
der Belagerten die Übergabe damit: daß eine jede auf ihren Schultern mitnehmen dürfte, was sie tragen könne. Der König gönnte
das den Weibern. Da ließen sie alle Dinge fahren, und nahm ein
jegliche ihren Mann auf die Schulter und trugen den aus. Und da
des Königs Leute das sahen, sprachen ihrer viele, das wäre die Meinung nicht gewesen, und wollten das nicht gestatten. Der König
aber schmutzlachte und tät Gnade dem listigen Anschlag der
Frauen: ‹Ein königlich Wort›, rief er, ‹das ein Mal gesprochen und
zugesagt ist, soll unverwandelt bleiben.›»[1]

Das Überraschendste an dieser Sage ist vielleicht gar nicht der

Scharfsinn der Frauen. Die eigentliche Pointe besteht darin, dass der König sein Wort hält und sich nicht als ehr- und gesetzloser Gewaltherrscher entpuppt. Angesichts der politischen Misere seiner Zeit unterstrich das schon Chamisso mit den effektvoll gesetzten Schlussversen seines langen Gedichts: «Im Jahr eilfhundert vierzig, wie ich's verzeichnet fand, / Galt Königswort noch heilig im deutschen Vaterland.»[2]

Am Wahrheitsgehalt der Geschichte von den Frauen zu Weinsberg wurde immer wieder gezweifelt, was ihrer Popularität und dem Ruhm der Weibertreu nichts anhaben konnte. Dennoch stimmt es auch im Wortsinn, dass an Weinsberg kein Weg vorbeiführt: Zwischen dem Neckar und den Löwensteiner Bergen liegt die Stadt abseits der wichtigen Straßen. Hierher gelangt man nicht zufällig. Alles wirkt beschaulich und etwas verschlafen, abgesehen von den nahen Autobahnen 6 und 81, die am viel befahrenen Weinsberger Kreuz aufeinandertreffen. Ihr Rauschen ist noch im Hof der Burgruine unüberhörbar. Von ihren Türmen aus lassen sich zwischen den Weinbergen die Schornsteine des Kohlekraftwerks Heilbronn am Nordende des Kanalhafens gut erkennen.

Als Justinus Kerner Anfang 1819 Oberamtsarzt in Weinsberg wurde, muss es hier ungeheuer still gewesen sein. Auch damals lag die kleine Stadt an der Peripherie des Handelszentrums Heilbronn, sozusagen in zweiter Reihe, verborgen hinter den Bergen, deren Wein schon in älteren Landesbeschreibungen besonders gelobt wurde. Das scheint für Justinus Kerner, den Dichter, Mediziner und Grenzwissenschaftler, nicht unerheblich gewesen zu sein. Denn er trank viel, er trank und trank – wenn man seinem Sohn Theobald glauben darf, etwa zweieinhalb Liter Wein pro Tag. Auch diese Fähigkeit gehörte zu Kerners oft gepriesenem Genie der Geselligkeit.

Sein Nachruhm aber hat andere Ursachen: Vor allem Kerners Geisterglaube und seine Arbeit über Trancezustände und die ma-

Louis Mayer: Weinsberg mit Kernerhaus,
im Hintergrund die Weibertreu, 1837

gischen Fähigkeiten seiner Patientin Friederike Hauffe aus dem
Dorf Prevorst in den Löwensteiner Bergen riefen zu Lebzeiten
ein enormes Echo hervor. Nachdem Kerner seinen Bericht unter
dem eingängigen Titel *Die Seherin von Prevorst* 1829 bei Cotta veröffentlicht hatte, entbrannten vielerorts heftige Auseinanderset-
zungen über das, was er mit wissenschaftlicher Akribie nachzu-
weisen suchte. Vor den Augen des Arztes soll seine Patientin über
Jahre hinweg Einblicke in ein Zwischenreich gehabt und mit
Geistern im Austausch gestanden haben. Ihre Erlebnisse schilderte Kerner als «Tatsachen» und deutete sie mit allen ihm zur
Verfügung stehenden Methoden. Selbstverständlich wirkte das
schon auf viele Zeitgenossen verrückt. Besonders Heinrich Heine

ließ es nicht an Spott über den «Doktor Justinus Kerner» fehlen, der einmal ernsthaft behauptet habe, dass «ein paar Schuhe, ganz allein, ohne menschliche Hülfe, langsam durch das Zimmer gegangen» seien, «bis zum Bette der Seherin von Prevorst»: «Das fehlt noch, daß man seine Stiefel des Abends festbinden muß, damit sie einem nicht des Nachts trapp! trapp! vors Bett kommen und mit lederner Gespensterstimme die Gedichte des Herrn Justinus Kerner vordeklamiren!»[3]

Demgegenüber muss man Kerner zugutehalten, dass ihm – wie zur selben Zeit Wilhelm Waiblinger bei der Schilderung von Hölderlins Leidensweg – kein angemessenes Instrumentarium zum Verständnis psychischer Krankheiten zur Verfügung stand. Die von ihm favorisierten Theorien, so obskur sie auch wirken mögen, stellten immerhin einen Versuch dar, auf Phänomene zu reagieren, die bis dahin weitgehend unerforscht geblieben waren. Wo die meisten auswichen, bemühte sich Kerner zu helfen. So wollte er eine Internierung, wie er sie als junger Arzt in Tübingen nicht zuletzt bei Hölderlin miterlebt hatte, bei Friederike Hauffe und anderen Patienten möglichst lange verhindern. Zwar verklärte er die Krankheit der «Seherin» und nutzte sie für eigene Zwecke, zugleich sorgte er aber auch dafür, dass sie bei ihm zu Hause über zwei Jahre lang unter recht guten Bedingungen leben konnte. Vor allem anderen war er ein hingebungsvoller Arzt, einer der gefragtesten seiner Zeit, der immer ein offenes Ohr für seine Patienten hatte und dessen wichtigstes Ziel die Heilung blieb.[4]

Aber ohne Frage war Kerner wundergläubig. Auf durch und durch romantische Weise machte er sich Friederike Hauffes Visionen zu eigen. Gelegentlich scheinen die Irrlichter ihrer Umnachtung dabei auf ihn selbst übergesprungen zu sein. Zugleich verwandelte die «Seherin» sein Haus in einen sagenumwobenen Ort. Nicht nur Leidende auf der Suche nach Hilfe und Trost kamen nach Weinsberg, sondern auch führende Intellektuelle wie Schelling, Görres und Schleiermacher. So entschieden Kerner sich in seinen ‹Eröffnungen über das innere Leben des Menschen und über das Hereinragen einer Geisterwelt in die unsere›[5] um Sachlichkeit bemühte, so wenig lässt sich übersehen, dass er und viele seiner Gäste durch den Umgang mit Friederike Hauffe vor allem ihre eigenen metaphysischen Bedürfnisse befriedigten. Die Grenze zwischen Gesundheit und Wahn ließ sich in diesem Umfeld nicht eindeutig ziehen. Bezeichnend ist eine Anekdote, die Nikolaus Niembsch, alias Lenau, seinem Biografen Ludwig August Frankl über einen ersten Besuch in Weinsberg erzählt hat: Als Lenau im Spätsommer 1831 zu Kerner kam, habe ihn ein Diener zunächst in die Wohnung des Arztes im oberen Stockwerk des Hauses geführt. «Ich trat in eine Stube, sie war leer; ich wartete eine Weile, da mir aber Niemand entgegenkam, öffnete ich die Thüre zur zweiten Stube, auch diese war leer, in die dritte endlich eingetreten, sah ich ein wunderliches Bild: Auf dem Boden ausgestreckt lag lang und breit ein Mann, ihm zur Seite eine Frau, zur Linken und Rechten von ihnen Kinder. Sie lagen unbeweglich, doch konnte ich merken, daß sie lebten. Ich blieb betroffen stehen, die liegende Gruppe that ebenfalls nichts dergleichen, als ob ein Fremder eingetreten wäre. Ich nannte endlich meinen Namen, ‹Ah willkommen, lieber Niembsch! wir probieren da eben, wie es seyn wird, wenn wir so nebeneinander im Grabe liegen werden.›»[6]

Kerners Okkultismus war in der Tradition des schwäbischen Pietismus nicht ohne Vorbilder: Schon Friedrich Christoph Oetinger, der von 1752 bis 1759 ebenfalls in Weinsberg und später in Herrenberg tätig war, soll als bekennender Anhänger Swedenborgs nachts in Wäldern und leeren Kirchen zu Geistern gepredigt haben. Wäre Kerner mit seiner Kontaktsuche zum Jenseits auf allgemeine Ablehnung gestoßen, hätte sein Buch über die *Seherin von Prevorst* nie jene Aufmerksamkeit erregt, die dazu führte, dass es 1845 sogar ins Englische übertragen wurde.

Justinus Kerner um 1850, fotografiert von H. Brandseph

Die geselligen Kerners waren alles, nur keine Außenseiter. Bestand der innere Zirkel, für den Weinsberg ein Zentrum wurde, aus den Seracher Freunden um Alexander von Württemberg, so kamen immer mehr Gelegenheitsbesucher hinzu. Mitunter war die Zahl der Gäste so groß, dass sie sogar im Kinderzimmer einquartiert wurden. Durch das Zusammenspiel von Dichtung, Medizin und Spiritismus wirkte Kerners Existenz wie ein Gegenentwurf zur industriellen Umgestaltung des Neckarraums. Je älter er wurde, desto stärker stellte er sich der Modernisierung entgegen, bis hin zu jenem rührend-hilflosen Eisenbahn-Gedicht, das er 1852 veröffentlichte, sozusagen als Kommentar zum Bau des schwäbischen Schienennetzes. Zu Kerners Hauptsorgen gehörte die Beschleunigung der gesamten Lebensführung, und die neuen Lokomotiven wirkten auf ihn geradezu monströs:

> Hört ihr den Pfiff, den wilden, grellen,
> Es schnaubt, es rüstet sich das Tier,
> Das eiserne, zum Zug, zum schnellen,
> Herbraust's, wie ein Gewitter schier.
>
> In seinem Bauche schafft ein Feuer,
> Das schwarzen Qualm zum Himmel treibt;
> Ein Bild scheint's von dem Ungeheuer,
> Von dem die Offenbarung schreibt.

In den Schlussstrophen geht der greise Poet in die Offensive wie ein jugendlicher Maschinenstürmer. Trotz des zunehmenden Verlustes seiner Sehkraft scheint er dabei auch die Neckarschifffahrt fest im Blick zu haben: Die Eisenbahn ist für ihn nur eine von vielen Manifestationen eines größenwahnsinnigen Säkulums, dem sogar ein archaisches Dasein vorzuziehen wäre:

> Ich klage: Mensch, mit deinen Künsten
> Wie machst du Erd' und Himmel kalt!
> Wär' ich, eh' du gespielt mit Dünsten,
> Geboren doch im wildsten Wald!

Wo keine Axt mehr schallt, geboren,
Könnt's sein, in Meeres stillem Grund,
Daß nie geworden meinen Ohren
Je was von deinen Wundern kund.

Fahr zu, o Mensch! Treib's auf die Spitze,
Vom Dampfschiff bis zum Schiff der Luft!
Flieg mit dem Aar, flieg mit dem Blitze!
Kommst weiter nicht als bis zur Gruft.[7]

Neben solchen Jeremiaden finden sich unter Kerners Gedichten auch solche, die künstlerisch überzeugen. Sogar Heine musste zugeben, dass die Lyrik des Weinsberger Dichter-Arztes «nicht ganz und gar schlecht» sei[8] – ein Wort, das man zugleich als Hinweis darauf lesen kann, dass die Qualität seiner Gedichte, bei denen es sich meist um Gelegenheitsarbeiten handelte, extrem schwankte. Entsprechend wenige von ihnen sind durch Anthologien und Vertonungen, allen voran jene von Robert Schumann, bis heute in Erinnerung geblieben. Diese allerdings scheinen zeitlos, auch Kerners formal eigentümliche Prosasammlung *Reiseschatten* ist nie ganz in Vergessenheit geraten. Zu den Bewunderern dieses Buches gehörte zum Beispiel Friedrich Hebbel; das wiederum schien Franz Kafka so bemerkenswert, dass er darauf im Dezember 1910 in seinem Tagebuch hinwies.[9] Einer der Gründe dafür könnte gewesen sein, dass Kafka Kerners *Wanderer in der Sägmühle* zu seinen Lieblingsgedichten gezählt haben soll.[10] Liest sich Kerners *Im Eisenbahnhofe* wie ein unmittelbarer Kommentar zur Verkehrsrevolution, so spiegelt sich in dem zwei Jahrzehnte früher entstandenen Gedicht über die Sägemühle die Lebenswirklichkeit in der Nähe des Neckars mit den zahllosen aus dem Schwarzwald herabgeflößten Nadelholzstämmen und den Mühlen an seinen Ufern wider. Angesichts der ebenso meditativ wie unerbittlich drehenden Mühlräder gewinnen Kerners liedhafte Strophen etwas Zwingendes: Alle Melancholie wird durch konkrete Beobachtungen zum Ausdruck gebracht. In *Wanderer in der Sägmühle* verzichtet Kerner ganz auf Abstraktionen, und das könnte Kafka besonders angesprochen haben, dessen Prosa ja auch durch ihre Anschaulichkeit überwältigt. Hinzu kommt der erbarmungslose Schluss des Gedichts:

> Vier Bretter sah ich fallen,
> Mir ward's ums Herze schwer,
> Ein Wörtlein wollt ich lallen,
> Da ging das Rad nicht mehr.[11]

Strophen von solch schlichter Vollkommenheit sind Kerner selten gelungen. Seine Literatur ist sehr uneinheitlich, was auch an den grundverschiedenen Beschäftigungen gelegen haben könnte, die seinen Alltag bestimmten. Rückblickend wirkt sein ungewöhnliches Leben wesentlich bedeutender als alles, was er je zu Papier gebracht hat. Für die Dichter in seiner Nähe, für Uhland, Lenau wie für Mörike, war er ein wichtiger Anreger und Vermittler, und doch wird man seine Verse kaum mit den ihren auf eine Stufe stellen können.

Neben dem Doppelleben als Arzt und Schriftsteller leistete Kerner im Denkmalschutz Pionierarbeit. Als er mit seiner Familie das Haus unterhalb der Weibertreu bezog, diente die Ruine vor allem als Steinbruch. Besonders gut eignete sich das mittelalterliche Baumaterial für Weinbergmauern. Hätte Kerner nicht eingegriffen, wäre die Burg im Laufe der Jahre wahrscheinlich vollständig abgetragen worden.

Um das sagenumwobene Bauwerk zu erhalten, initiierte er bereits 1823 einen ‹Frauenverein›, eine Idee, die sich rasch als überaus fruchtbar erwies: Der württembergische König Wilhelm I. kaufte die Ruine und ließ sie unter Mitwirkung von Nikolaus Thouret,

jenem Baumeister, der die Stuttgarter Neckarstraße zur Pracht-
meile umgestaltet hatte, in Stand setzen. Die Pflege und Verwal-
tung wurde Kerners Verein übertragen. In dessen Obhut blühte die
Weibertreu, wie Gustav Schwab bewundernd feststellte, regelrecht
auf. Sie sei «aus einem Schutthaufen in die lieblichsten Anlagen
verwandelt worden»; abgesehen von der weiten Sicht, die sich
nordwestlich ins Neckartal öffne, seien besonders die «Äolsharfen-
töne» bemerkenswert, die dem Wanderer von der Burg entgegen-
wehten.[12]

Ganz im Geist der Romantik geraten die Saiten dieser simplen
Instrumente auch heute noch in Schwingung, wenn der Wind
günstig steht. Während der Sicherung der Bausubstanz ließ Kerner
sie in die Schießscharten des ‹Dicken Turms› einbauen, in dem sich
einst das Burgverließ befunden hatte. Wohl auf Anraten Thourets
wurde ein Eingang durch die Gefängnismauer gebrochen, was den
Zugang zum Inneren des Turms und zur Plattform erleichterte.
Das Zusammenspiel einer großartigen Aussicht mit den geheimnis-
vollen Klängen der Windharfen machte ihn nach dem Umbau zur
Hauptattraktion der Burg. Hinzu kam, dass Theobald Kerner nach
dem Tod seines Vaters den Einfall hatte, den Turm in einen ganz
besonderen Gedächtnisort zu verwandeln: in eine Ahnentafel des
literarischen Württemberg, eine vermeintlich bescheidene, erst auf
den zweiten Blick sichtbare ‹Hall of Fame›.

Der 1817 geborene Theobald folgte Justinus Kerner als Arzt,
Stadtrat von Weinsberg und Gelegenheitsdichter in fast allem
nach, geriet mit ihm gelegentlich aber auch in heftige Konflikte: Im
Revolutionsjahr 1848 bekannte er sich, wie sein Vater entsetzt feststellen musste, zur «roten Republik des Herrn Hecker».[13] Und
nicht nur das: Theobald hatte im September sogar selbst zum be-
waffneten Kampf für eine neue Verfassung aufgerufen, weshalb er
zwei Jahre später vom Ludwigsburger Schwurgericht zu zehn
Monaten Festungshaft auf dem Asperg verurteilt wurde, die er

Poesie ist tiefes Schmerzen
und es Komt das ächte Lied
einzig aus dem Menschenherze
das ein tiefes Leid durchzieht
Justinus Kerner

Ein Stück der Weinsberger ‹Hall of Fame›

glücklicherweise nur zum Teil absitzen musste. Justinus Kerner
wusste seine Beziehungen zu nutzen, und so wurde sein Sohn vom
württembergischen König begnadigt.

Nachdem der alte Kerner am 21. Februar 1862 gestorben war,
gingen seine Arztpraxis und in vieler Hinsicht auch seine gesellschaftliche Position auf die nächste Generation über. Die große
Tradition, die der vielfältig begabte Vater gestiftet hatte, konnte
Theobald allerdings nicht wirklich fortführen. Im Laufe der Jahre
wurde das Kernerhaus immer musealer. Theobald inszenierte es
ganz bewusst als Ort des Gedenkens, genauso wie die Burgruine. In
der Rotunde des ‹Dicken Turms› verewigte er nicht nur Verse, die
das Bauwerk, seine Geschichte und die Windharfen beschwören,
das Saitenspiel einer «luftgebornen Muse», wie es in einer in Stein
gemeißelten Strophe Mörikes heißt. Im ‹Steinernen Album› ließ
Theobald auch jene namhaften Dichter, Philosophen, Künstler,

Musiker und Schauspieler eintragen, die vor allem im 19. Jahrhundert auf der Weibertreu und im Kernerhaus zu Gast gewesen waren. Auf diese Weise entstand ein romantischer Kanon, eine literarische Turmgesellschaft, in der die Grenze zwischen Württemberg und Baden ebenso wenig gilt wie die zwischen den Epochen, Stilen und Weltanschauungen: Lenau, Uhland, Hauff und Schwab treffen auf Schiller, der, wie man in Weinsberg behauptet, 1793 hier gewesen sein soll. Waiblinger gesellt sich zu Schubart, Mörike zu Schelling, Tieck, Friedrich von Matthisson, Alexander von Württemberg, Hermann Kurz und Ferdinand Freiligrath, der seine letzten Jahre nach dem englischen Exil in Cannstatt verbrachte. Hinzu kommen Schleiermacher, Rahel Varnhagen, Rückert, Fouqué und Görres. Auch Brentano und Achim von Arnim als wichtigste Vertreter der Heidelberger Romantik dürfen nicht fehlen. Es ist, als hätte Theobald Kerner einen Orden jener Geistigen versammeln wollen, in deren Leben der Neckarraum eine besondere Rolle gespielt hat. Damit wollte er nicht zuletzt dem Wirken seines Vaters eine Ehre erweisen. Dennoch dürfte dessen Name heute unter Weintrinkern bekannter sein als unter passionierten Lesern. Gut 100 Jahre nach Kerners Tod wurde an der Staatlichen Lehr- und Versuchsanstalt für Wein- und Obstbau eine inzwischen sehr populäre Neuzüchtung nach ihm benannt, eine Kreuzung aus Trollinger und weißem Riesling.

Hätte Mark Twain von Justinus Kerner gewusst, wäre ihm Weinsberg wohl nicht ganz so uninteressant vorgekommen; kaum vorstellbar, dass ihn dessen merkwürdiges Leben zwischen Dichtern, Kranken und Gespenstern nicht zu der ein oder anderen Schnurre gereizt hätte. So aber erzählte er nur die «hübsche» Weibertreu-Legende nach, um sich in seinem Bericht schnell wieder Heilbronn, dem Neckar und vor allem dem Weg nach Heidelberg zuzuwenden, also dem kurpfälzischen Teil des Stromes.[14]

Twain lernte den Neckar noch als etwas Unberechenbares kennen, als einen idyllischen Wasserlauf, der sich bei Gewitter und Regen in ein reißendes Ungeheuer verwandeln konnte: in jenen ‹Wilden›, auf den sein Name zurückgeführt wird.[15] Durch die Schilderung des überraschend gemächlichen Dahingleitens auf den zusammengebundenen Baumstämmen ruft sein Europa-Buch die vorindustriellen Schönheiten der Landschaft in Erinnerung, die man zwischen Bad Wimpfen und Heidelberg trotz des starken Straßenverkehrs zum Teil auch heute noch erleben kann, besonders ab der Binauer Schleife, wo der Fluss in das vergleichsweise raue Mittelgebirge des Odenwalds eintritt: «Manchmal waren die Ufer ganz mit Weiden überwuchert, die das Land dahinter völlig verbargen; manchmal lagen prächtige Berge auf der einen Seite, bis zum Gipfel mit Laubwerk eingekleidet, und weite Flächen auf der anderen Seite, voll funkelnder Mohnblüten, oder verhüllt in das tiefe Blau der Kornblumen; manchmal trieben wir im Schatten von Wäldern und manchmal an der Grenze von langen Bahnen samtigen Grases entlang, frisch und grün und leuchtend, eine unersättliche Augenweide. Und die Vögel! – Sie waren überall; sie schossen über dem Fluss hin und her, und ihr Jubelgesang brach niemals ab.»[16]

Auch die einstige Stauferpfalz in Wimpfen am Berg, die mit ihren wuchtigen Türmen wehrhaft über dem Ufer thront, reizte den Besucher aus der Neuen Welt angesichts dieses Naturschauspiels nicht besonders. Vermutlich hielt Friedrich Barbarossa 1182 hier Hof. Die heute noch erhaltenen Bauten der Pfalz wurden um 1200 errichtet. Seit 1803 war die frühere Reichsstadt eine hessische Enklave. Erst 1951 entschied man sich per Volksentscheid für die Zugehörigkeit zu einem neuen Südweststaat. Der noch ältere Ort Wimpfen im Tal, gleich gegenüber der Jagstmündung, wird ganz von der romanischen und frühgotischen Stiftskirche St. Peter beherrscht.

Nikolaus Lenau, der Wimpfen im Sommer 1840 von Weinsberg aus besucht hatte, war nicht nur von dem oberen Ort mit seinen

«Gartenanlagen, gothischen Kirchen, Römerthürmen und einigen Resten weiland prachtvoller Imperatorenbehausungen» fasziniert. Noch stärker beeindruckte ihn eben jene «uralte Katholikenkirche im Thale».[17] Mark Twain hingegen war sie 1878 nicht einmal eine Erwähnung wert. Statt mittelalterliche Baukunst zu bewundern, ließ er sich buchstäblich treiben. Im Vorbeifahren machte er die Burg Hornberg auf einer kühnen Erhebung aus, den Alterssitz des Götz von Berlichingen. Dessen Gestalt hatte Twains Phantasie schon in Heilbronn beflügelt.

Die Ruine Hornberg wird sich seit damals nicht wesentlich verändert haben: Anfang September 2011 streckt sich ihr Bergfried der gelb glühenden Altweibersommersonne entgegen. Vom Ufer aus führt eine schmale, recht steile Straße hinauf. Der Weg, den sich Twain, der Weltenbummler, ersparte, lohnt sich. Die Aussicht vom stillen Hauptturm ist überwältigend. Große Teile der Flusslandschaft liegen einem zu Füßen: am Ufer gegenüber ein Yachthafen, einige Lagerhallen und das große Dorf Haßmersheim mit seiner Kettenfähre, ehemals der Heimathafen vieler Neckarschiffe; in der Ferne die Burg Guttenberg, auf der Wilhelm Hauff einst Hauslehrer gewesen war und die der Frühverstorbene zum Schauplatz seiner letzten Erzählung *Das Bild des Kaisers* machte; sogar die Türme von Bad Wimpfen und das Heilbronner Kraftwerk sind zu erkennen. In der anderen Richtung fällt die 1935 erbaute Schleuse von Neckarzimmern auf, dahinter erheben sich dunkelgrün bewaldete Berge.

Die Außenmauern des repräsentativen Palas der Herren von Berlichingen mit ihren extrem niedrigen Türrahmen sind nach wie vor zu bewundern. Die Geschichte der Burg reicht bis ins 12. Jahrhundert zurück, wobei die heute noch vorhandenen Teile überwiegend nach 1517 erbaut worden sind, dem Jahr, in dem Götz von Berlichingen Hornberg für 6500 Gulden gekauft hatte. Twain ließ das alles ohne viel Aufhebens hinter sich. Fast lautlos bewegte sich sein Floß von Mäander zu Mäander. Man kühlte sich die Füße im Wasser und beobachtete die Kinder, die am Ufer herumplanschten. Eine der Legenden, die mit der Gegend verbunden sind, ließ dem begnadeten Erzähler aus Amerika dann aber doch keine Ruhe. Sie kreist um die einstige Erbin von Hornberg, die als Eremitin gelebt haben soll. Twain schmückt sie zu einer veritablen Gespenstergeschichte aus und behauptet, sie so von einem Kapitän erzählt bekommen zu haben. Eine bekanntere und originellere Variante wurde von den Brüdern Grimm in die *Deutschen Sagen* aufgenommen.

Schauplatz ist eine Art Loch in den Kalkfelsen am Ufer, in Sichtweite der Burg. In ihm soll die Jungfrau Notburga sieben Jahre lang gehaust haben. Sie war die Tochter eines mächtigen Königs, der auf Hornberg residierte. Um der Verheiratung mit einem ungeliebten Mann zu entgehen, floh sie eines Tages von der Burg. Geholfen wurde ihr dabei von einem treuen Diener und vor allem von einem weißen Hirsch, der mit der Jungfrau auf dem Rücken über den Neckar schwamm und am Ufer verschwand. Selbstverständlich ließ der König seine Tochter suchen, doch sie wurde nirgends gefunden. Nur der Hirsch wusste, wo sie sich aufhielt. Tag für Tag kam er zu Notburgas Diener. Dieser steckte ihm Lebensmittel auf das Geweih, die das Tier zuverlässig zu der flüchtigen Braut brachte. Jahrelang ging das gut. Dann aber kam der Vater hinter das Geheimnis, und so nahm das Unheil seinen Lauf: «Andern Tags zur Mittagszeit setzte er sich zu Pferd und als der Hirsch wieder die Speise zu holen kam und damit forteilte, jagte er ihm nach, durch den Fluß hindurch, bis zu einer Felsenhöhle, in welche das Tier sprang. Der König stieg ab und ging hinein, da fand er seine Tochter, mit gefalteten Händen vor einem Kreuz kniend, und neben ihr ruhte der weiße Hirsch. Da sie vom Sonnenlicht nicht mehr berührt worden, war sie totenblaß, also daß er vor ihrer Gestalt erschrak. Dann sprach er: ‹Kehre mit nach Hornberg zurück.› Aber sie antwortete: ‹Ich habe Gott mein Leben gelobt und suche nichts mehr bei den Menschen.› […] Da geriet er in Zorn und wollte sie wegziehen, aber sie hielt sich am Kreuz, und als er Gewalt brauchte, löste sich der Arm, an welchem er sie gefaßt, vom Leibe und blieb in seiner Hand. Da ergriff ihn ein Grausen, daß er fort eilte und sich nimmer wieder der Höhle zu nähern begehrte.»[18] Als sich dieses Ereignis herumsprach, begann das Volk, die grausam misshandelte Königstochter als Heilige zu verehren. Später soll ihr Leichnam in die heutige Kirche St. Peter und Paul in Hochhausen gebracht worden sein, wo sich auf ihrem Grab ein Bildnis findet, das wohl aus dem 15. Jahrhundert stammt.

Die Legende ist in mehreren Varianten überliefert. Allein bei den Grimms finden sich drei, wobei jene, die sich um einen König Dagobert rankt, dabei hilft, das Bildprogramm der steinernen Notburga von Hochhausen zu verstehen. Diesem König, der zu Mosbach Hof gehalten haben soll, entfloh seine Tochter, nachdem sie einem heidnischen Wenden versprochen worden war. Sie fand in einer Höhle Unterschlupf, wo sie eine Schlange «mit Kräutern und Wurzeln» ernährte. Nachdem sie gestorben war, hätten «Irrlichter» den Weg zu der Toten gewiesen. Sie wurde identifiziert. «Den mit ihrer Leiche beladenen Wagen zogen zwei Stiere fort und blieben an dem Orte stehen, wo sie jetzt begraben liegt und den eine Kirche umschließt», heißt es bei den Grimms. «Hier geschehen noch viele Wunder. Das Bild der Schlange befindet sich gleichfalls an dem Stein zu Hochhausen. Auf einem Altargemälde daselbst ist aber Notburga mit ihren schönen Haaren vorgestellt, wie sie zur Sättigung der väterlichen Rachgierde enthauptet wird.»[19]

Die Notburga-Legenden, die den Vater-Tochter-Konflikt archetypisch in Szene setzen, gehören zu den erschütterndsten Sagen, die mit dem Neckar zwischen Heilbronn und Heidelberg verbunden sind. Mit seinen zahlreichen Burgen bietet dieser Landstrich einen idealen Hintergrund für Geschichten, die in jenes dunkle

Mittelalter zurückweisen, an dessen Wiederentdeckung die Romantiker entscheidenden Anteil hatten. Die meisten Burgen am Neckar wurden im 16. und 17. Jahrhundert zerstört, besonders im Dreißigjährigen Krieg und im Pfälzischen Erbfolgekrieg, die ganze Städte in Schutt und Asche legten und zur Entvölkerung des Landes führten. Doch gerade Ruinen forderten die Phantasie von jeher heraus. Ist es Zufall, dass mit Goethes *Götz von Berlichingen* und Kleists *Käthchen* gleich zwei der populärsten deutschen Dramen in der Umgebung Heilbronns spielen? Liegt es nur daran, dass Kleist dem jungen Goethe gewissermaßen schreibend nachfolgte? Ist die vielfältige Spiegelung des Neckars in der Literatur der vergangenen 250 Jahre vor allem auf die großartige Bildungstradition im deutschen Südwesten zurückzuführen? Erklärt sie sich allein durch die Nähe der wichtigen Universitäten in Tübingen und Heidelberg?

Sicher nicht ausschließlich – auch die Besonderheit der Topografie trug dazu bei. Die fortwährend umgestaltete Kulturlandschaft zwischen Odenwald, Löwensteiner Bergen und Schwarzwald hat Künstler und Schriftsteller immer wieder herausgefordert und bezaubert, was sich nirgends so gut nachfühlen lässt wie an den Ufern zwischen Eberbach und Ziegelhausen: Vielerorts reichen die dichten Buchenwälder mit ihren Tälern und Schluchten fast bis ans Wasser heran. Zwischendurch finden sich schroffe rote Sandsteinfelsen, bei deren Anblick man unweigerlich an die Ruine des Heidelberger Schlosses denken muss, das aus eben diesem Stein erbaut worden ist. Im Laufe der vergangenen 500 000 Jahre hat sich der Neckar bis zu 400 Meter tief in den Buntsandstein hineingegraben.[20] Hier und da hocken Kormorane auf Bäumen, Masten und Bojen, und über den Burgen, die sich an so gut wie jeder Biegung des Flusses finden, kreisen Greifvögel.

Ludwig Tieck hat diese Landschaft in seiner Novelle *Der junge Tischlermeister* aus dem Jahr 1836 eindringlich beschrieben. Die Neckartäler seien «nächst den Rheinufern das Lieblichste, was ich in Deutschland kenne», lässt er einen seiner Helden feststellen. Dessen Gesprächspartner kann das nur bestätigen: «Erinnerst du dich gleich hinter Heidelberg der schönen Täler bei Neckarelz mit ihren kleinen Wasserfällen und rinnenden Bächen; des sonderbaren Dilsberg; am Neckar hinunter kommt man dann nach Hirschhorn, einem sehr alten Schlosse, und Eheheim, dann nach Hornberg, wo der alte treuherzige Götz eigentlich lebte [...] Hier herum sind herrliche Wälder, auf der einen Seite nach dem Flusse die Weinberge.»[21] Ähnlich äußert sich Clemens von Brentano in einem Brief an Achim von Arnim vom 1. Juni 1806: «ich habe mit meiner Frau Pfingsten einen herrlichen Spaziergang gemacht [...], um drei Uhr morgens über Ziegelhausen und Schönau [...] durch ein überirdisch schönes Thal nach Nekersteinach wo in einem Halbkreiß um den Fluß auf einem Bergrücken Vier Wunderschöne alte Ruine lauren [...]. Uebrigens habe ich dort Etwas erlebt, waß am Rhein nicht zu finden ist, Gesang und Unschuld, auf einem der Schlößer saßen 6 Mädchen auf einem flachen Thurn, der weit über den Neker und Alle Berge hinsieht, und sangen in reinem gleichem Orchesterton eine Reihe schöner Lieder in das sonnige Land hinaus».[22]

Für Brentano und den mit ihm befreundeten Tieck war der Neckar bereits ein Fluss mit einer langen literarischen Tradition. In diese wollten sie ihre eigenen Werke stellen – Seite an Seite mit Goethes *Götz*, aber auch mit den Lebenserinnerungen, die der Ritter mit der Eisenhand selbst auf Hornberg zu Papier gebracht hatte, nicht zuletzt mit jener reichen mündlichen Überlieferung, der Brentano und Arnim in ihrer gemeinsamen Heidelberger Zeit mit der dreibändigen Volksliedsammlung *Des Knaben Wunderhorn* ein epochales Denkmal setzten.

Von Heidelberg zog es die Dichter wieder und wieder flussaufwärts in die «romantischen Partien des herrlichen Tales»[23], nach Dilsberg, dem Vierburgenstädtchen Neckarsteinach und Hirschhorn, das heute vor allem für seine gut erhaltene Altstadt bekannt ist. Hier verlässt der Neckar zum einzigen Mal Baden-Württemberg: Mit seiner spektakulärsten Doppelschleife dringt er in den südhessischen Teil des Odenwalds vor. Er biegt sich wie eine Krampe, um nach wenigen Kilometern mit beiden Ufern wieder kurpfälzisch zu werden.

Besonders wechselvoll verlief die Geschichte der in der Nähe von Ziegelhausen gelegenen Abtei Neuburg. Vom Wasser aus sieht man der Anlage, die sich auf dem Gelände einer ehemaligen Burg befindet, ihr Alter noch an. Um 1130 gründete der Benediktinerorden in den weltlichen Gebäuden ein Kloster, das nur 65 Jahre später in ein Nonnenkloster umgewandelt und zur Zeit der Reformation aufgelöst wurde. Lange dienten die Gebäude als protestantisches Fräuleinstift, im 18. Jahrhundert waren sie dann zeitweise im Besitz der Jesuiten. 1825 wurde Neuburg schließlich an Johann Friedrich Heinrich Schlosser verkauft, einen entfernten Familienangehörigen und Freund Goethes.

In den folgenden Jahren entwickelte sich das Stift zu einem ähnlichen Treffpunkt für Dichter und Maler wie das Kernerhaus in Weinsberg. Schlosser baute eine der ersten Goethe-Sammlungen auf und richtete ein «Goethezimmer» ein, obwohl der Dichter selbst Neuburg nie besucht hatte. Brentano, Görres, Schlegel, Tieck und Moritz von Schwind sowie viele geistliche Würdenträger konnte man hingegen mit Fug und Recht zu den regelmäßigen Gästen zählen.[24] Auch die Malerei der Nazarener fand in Schlosser einen ihrer entschiedensten Förderer, und wie das Kernerhaus stand auch sein Stift in dem Ruf, eine Hochburg des Okkultismus zu sein.[25] Der künstlerisch folgenreichste Besuch auf dem Stift fand allerdings einige Jahre früher statt, als es noch im Besitz von Ludwig Hout war, der auf Neuburg eine Leinenfabrik betrieb. Auch diese Visite hatte etwas Geisterhaftes an sich: Angeregt von seinem Freund Alexander von Dusch stieß der Komponist Carl Maria von Weber hier 1810 auf August Apels *Freischütz*-Sage.[26]

Erst 1926 wurde das Stift wieder von Benediktinern übernommen, die es nach dem Zweiten Weltkrieg, als sich der Orden für kurze Zeit ungewöhnlich schnell vergrößerte, hemmungslos umbauten und erweiterten. Heute wird die Anlage von einem Wohnblock im Stil der fünfziger Jahre dominiert. Historisches musste dafür weichen: das Ökonomiegebäude, das Pförtnerhaus und die Säulenvorhalle der Bibliothek wurden abgerissen. Die Umgebung ist immer noch reizvoll. Für Klaus Mann, der als junger Mann hier einige Monate als «paying guest» verbrachte, war sie gar von «einzigartiger Lieblichkeit»: «Zwischen den alten Linden und Apfelbäumen des Stiftsgartens öffnete sich der Blick zum Neckar, der im goldenen Licht des späten Nachmittags wie in heiterer Verklärung dahinfloß. Auf dem gegenüberliegenden Ufer standen die sanften Hügelketten freundlich beglänzt vor einem sehr klaren Himmel. In der Ferne trat die Silhouette des Heidelberger Schlosses zart und ehrwürdig aus silbrigem Dunst hervor.»[27]

Ganz so anmutig wie in dieser sentimentalen Rückschau war die Lage des Stifts allerdings auch damals nicht. Zumindest das Schloss konnte man von seinem Garten aus niemals sehen, und heute ist Neuburg durch die nahen Schnellstraßen schon lange kein Hort der Stille mehr. Die kleine Klosterkirche, die größtenteils aus dem 19. und dem 20. Jahrhundert stammt, wurde kürzlich saniert und 2011 in neuer Gestalt wieder eröffnet. Wenn die Nachmittagssonne in breiten Bahnen durch die neuen Seitenfenster fällt, irisiert der bewusst schlicht gehaltene Innenraum in fast künstlich flirrenden Farben.

Seine weltliche Blüte erlebte das Stift vor 100 Jahren, als es dem Dichter Alexander von Bernus gehörte, der es Anfang 1908 von Friedrich Alexander von Bernus geerbt hatte. Überschattet wurde diese Ära allerdings von einem tragischen Unfall, der ausgerechnet in der Kirche stattfand: Im August 1912 verunglückte der neunjährige Sohn des Besitzers tödlich. Das Kind erhängte sich bei seinem Lieblingsspiel «Gefangener und Gefesseltwerden», und sein Vater kam wenige Minuten zu spät, um es zu retten. In seiner Verzweiflung wandte sich Alexander von Bernus an den Anthroposophen Rudolf Steiner und bat um ein Gespräch: «Zweifellos war das sein und mein Karma und mußte sein. Zugleich aber habe ich das sichere Gefühl, als hänge dies Geschehen auch mit dem uralten Haus zusammen, als ruhe darauf irgendein Bann oder Unsegen, der noch heute wirkt. Noch eine Reihe anderer Anzeichen sprechen mir hierfür.»[28]

Im heutigen Kloster erinnert an Bernus nur noch eine kurze Sequenz in einem Film, der bei den Besucherführungen im Kapitelsaal vorgeführt wird. Im Garten findet sich immerhin eine Tafel in einer Spolienmauer, die darauf hinweist, dass es sich bei dieser Mauer um ein Werk von Imogen von Bernus aus dem Jahr 1919 handelt. Die baltische Künstlerin war Alexanders zweite Frau. Klaus Mann widmete ihr ein paar Zeilen seiner Erinnerungen: «Das geistvoll-zierliche Haupt glich dem einer intellektuellen *grande dame* des französischen Rokoko, eine Ähnlichkeit, die sie bewußt unterstrich, sowohl durch ihr Kostüm als auch durch die barocke Höhe ihrer silberweißen Kunstfrisur.»[29] Im Schatten der Spolienmauer stehen ein kleiner Gartentisch und ein Stuhl: Wenigstens der Blick aufs Wasser scheint unverändert Genießer zu finden.

Dass der 1880 geborene Alexander von Bernus adoptiert und seine vermeintliche Tante Johanna in Wahrheit seine Mutter war, erfuhr er erst 1895, nach dem Tod der Adoptivmutter. Seine frühe Kindheit verbrachte er in England, dann kam er nach Heidelberg. 1889 zog die Familie aus ihrer Stadtwohnung in das Stift Neuburg. 1902 ging Alexander von Bernus nach München, und seitdem trat er als Schriftsteller, Redakteur und Übersetzer in Erscheinung. In dieser Zeit bewegte er sich in literarisch hochambitionierten Zirkeln. Zu seinen Freunden und Bekannten gehörten Richard Dehmel, Hermann Hesse, Else Lasker-Schüler, Alfred Mombert,

Alfons Paquet, Karl Wolfskehl, Stefan Zweig und viele andere. Durch Alexander von Bernus' Gastfreundschaft zog nach 1908 im Sommer die Münchner Boheme an den Neckar. Am engsten war seine Verbindung zu Karl Wolfskehl, und mit ihm kamen auch Mitglieder des George-Kreises ins Stift, darunter Friedrich Gundolf und schließlich der Meister persönlich.

Bernus bewunderte Stefan George, hielt zu ihm aber stets Distanz. Künstlerisch bevorzugte er Hofmannsthal und Rilke. In einem autobiografischen Aufsatz von 1951 versichert er glaubhaft: «Die blinde abgöttische Verehrung und dieses förmlich demütige Aufsehen der ihm Zugetanen zum Meister war etwas, das meinem ganzen Wesen widersprach, und ich habe es nie begriffen, daß Karl Wolfskehl, der selbst ein Dichter von so hohen Graden war, so völlig in dem Bann Stefan Georges stehen konnte.»[30] Über Georges Rang auch nur zu diskutieren, war für Wolfskehl tabu, doch das hinderte ihn nicht daran, auch Bernus verbunden zu bleiben.

Bis zum Tod seines Sohnes Alwar hatte die Beschäftigung mit Geheimlehren für Bernus immer etwas Spielerisches. Im Stift wurden Séancen abgehalten, aber keiner der Beteiligten war sich sicher, wie ernst man diese Gemeinschaftserlebnisse nehmen sollte. Bezeichnend ist ein Bericht des Grafikers Alfred Kubin, der Bernus nach seiner Rückkehr aus Neuburg im Juli 1909 schrieb, seine Frau setze doch «große Zweifel in die von uns beobachteten Tischphänomene». Und auch er selbst sei sich nicht sicher, wie er die eigenen Wahrnehmungen im Zustand der durch das Zusammensein mit Wolfskehl und Bernus gesteigerten Empfindlichkeit einschätzen sollte: «Nun, der Tisch klopfte von außen und innen und stieg 5–6 mal ganz gehörig hoch.» Aber an Geister zu glauben, widerstrebe ihm, der mit Illustrationen zu E. T. A. Hoffmann und Edgar Allan Poe weltberühmt wurde, dann doch; «viel eher denke ich an unbekannte Kräfte, die auf unbekannte Weise in uns locker wurden, sich einten und agierten.»[31] Erst während des Ersten Welt-

kriegs machte Bernus das Okkulte zu seinem Beruf: durch die Herausgabe der Zeitschrift *Das Reich*, zu deren regelmäßigen Beiträgern
Rudolf Steiner gehörte, und vor allem durch das 1921 gegründete
Laboratorium *Soluna*, das heute noch ‹alchimistische› Heilmittel
vertreibt.

Wann immer Bernus an parapsychologische Phänomene zu glauben begann, es überrascht nicht, dass die Neuburger Sommergäste
sich für Justinus Kerner und die Seherin von Prevorst interessierten. Wahrscheinlich ebenfalls in jenem für alle Beteiligten unver-
gesslichen Sommer 1909 brach Bernus zusammen mit Wolfskehl
für drei Tage nach Wimpfen, Heilbronn und Weinsberg auf. Zu
ihren Hauptzielen gehörte das Kernerhaus, dessen Zukunft zwei
Jahre nach dem Tod von Theobald Kerner ungewiss war. Noch befand sich das Gebäude im Dornröschenschlaf, und Bernus ging
fälschlicherweise davon aus, dass auch seit dem Tod von Justinus
Kerner kaum etwas daran umgebaut worden wäre: «Damals betreute noch ein altes Faktotum […] das zu jener Zeit grade zum
Verkauf stehende Haus. Es sollte, wenn ich mich recht entsinne,
etwas über 20 000 Mark kosten, ein geringer Preis für diese historische, mit einer Fülle von Bildern, Handschriften und wertvollen
Erinnerungen mannigfachster Art geradezu vollgepfropfte Stätte,
so daß es unbegreiflich schien, wie Theobald Kerner, ohne etwas
darin zu verändern, Jahrzehnte lang dort wohnen und sein Leben
verbringen konnte, was sich nur daraus erklären konnte, daß er
schon seine Kindheit dort verlebt hatte.» Die Freunde spielten mit
dem Gedanken, das Gebäude gemeinsam zu erwerben, schreckten
dann aber doch vor den Folgen eines solchen Kaufes zurück. So
blieb eine anschauliche Beschreibung des Hauses, bevor es endgültig zum Museum wurde, die einzige Folge ihres Besuchs: «Die
meist dunkel tapezierten, mit Plüsch bezogenen Spätbiedermeier-
möbeln eingerichteten, überfüllten Zimmer hatten etwas Atem-
beklemmendes; die Wände mit guten und schlechten Bildern und

Daguerrotypien vollbehängt – es war ein Sammelsurium von Möglichem und Unmöglichem –: man konnte sich die Spukatmosphäre, die zu Justinus Kerners Zeit dort geherrscht haben mochte, lebhaft vergegenwärtigen – auch im benachbarten sogenannten Geisterturm, in dem sich ein Gastzimmer befand, das unter anderem auch Lenau wiederholt wochenlang beherbergt hatte. – Vor allem ist mir noch ein lebensgroßes Gemälde der Seherin von Prevorst erinnerlich, das sie, nonnenhaft umrahmt von einem großen weißen Tuch, das Haare und Schultern umhüllt, wie sie es bei Lebzeiten zu tragen pflegte, darstellte.» Doch nicht nur das Haus, die ganze Stadt Weinsberg schien Bernus und Wolfskehl damals noch so erfüllt vom Geist des schwäbischen Romantikers, dass sie sich nicht erschrocken hätten, «wenn der alte längstverstorbene Oberamtsarzt Justinus Kerner bei einem nächtlichen Patientenbesuch plötzlich aus einem Giebelhause getreten wäre».[32]

Bernus' Fahrt zum Kernerhaus fand in einer Zeit statt, in der ihm finanzielle Probleme fremd waren. Noch 1913 konnte er Rudolf Steiner anbieten, das Goetheanum auf Neuburger Ländereien zu errichten. Aus Gründen des ‹Karmas› entschied sich der Vater der Anthroposophie aber für das schweizerische Dornach; dort waren im Übrigen die Bauvorschriften sehr viel großzügiger.[33] Nur 13 Jahre später sah die Lage für Bernus ganz anders aus: Durch die Wirtschaftskrise wurde er gezwungen, das Stift zu verkaufen. Der «Gang auf das Bezirksnotariat in Heidelberg» sei einer der schwersten seines Lebens gewesen, betonte er rückblickend. Wahrscheinlich war ihm schon 1926 klar, dass der Verkauf seines Anwesens auch das Ende einer Epoche symbolisierte: Mit dem Einzug der Benediktiner gehörte das romantische Erbe des Stifts endgültig der Vergangenheit an, genau wie das Kernerhaus.[34]

8.
Heidelberg

Die Kreise von Max Weber und Stefan George – Oktober 2011 –
Der spezielle Dreh – Exil und Deportation: Heinrich Zimmer,
Hilde Domin und Alfred Mombert – Die Universität als Ruine

Geht man von der Abtei Neuburg aus zu Fuß am Neckarufer ent-
lang, kommt man nach einer halben Stunde zu einer imposanten,
hell gestrichenen Villa. Sie steht an der Ziegelhäuser Landstraße
und trägt die Nummer 17. In ihrem Vorgarten plätschert ein
Springbrunnen. Das Gebäude befindet sich direkt gegenüber dem
Schloss und fällt vom Neckar aus sofort auf. Erbaut wurde es 1847
von Georg Friedrich Fallenstein, dem Großvater Max Webers.
Schon in seiner Kindheit und Jugend verbrachte der 1864 geborene
Soziologe viele Ferienwochen in dem prächtigen Anwesen. Zum
Wohnsitz wurde es ihm und seiner Frau Marianne aber erst 1910,
obwohl er bereits 1896 einen Ruf als Professor für Nationalökono-
mie an die berühmte Universität angenommen hatte, die 1386 nach
Prag und Wien als dritte im Heiligen Römischen Reich Deutscher
Nation gegründet worden war.

Webers Professur in Heidelberg stand unter keinem guten Stern.
Nach nur zwei Jahren erlitt er einen schweren psychischen Zusammenbruch. Lange Zeit blieb er vollkommen arbeitsunfähig. 1903
wurde er auf eigenen Wunsch vom Staatsdienst befreit. Erst danach begann er langsam wieder zu publizieren. Dennoch formierte
sich in den folgenden Jahren um die Webers herum der wohl wichtigste Gesprächszirkel des damaligen intellektuellen Lebens in
Deutschland. Zu den regelmäßigen Teilnehmern gehörten Karl
Jaspers, Werner Sombart, Georg Simmel und viele andere. Gustav

Radbruch, Karl Mannheim, Friedrich Gundolf, Ernst Bloch und Georg Lukács kamen hinzu. Der Ruf dieser Zusammenkünfte verbreitete sich schnell, deshalb machte sie Marianne Weber ab 1912 am Neckar regelrecht zur Institution. Auch nach dem frühen Tod ihres Mannes im Jahre 1920 führte sie, die selbst als Aktivistin der Frauenbewegung überregional bekannt war, die ‹Sonntagnachmittagsgespräche› fort, gemeinsam mit ihrem Schwager, dem Wirtschaftswissenschaftler Alfred Weber – als sein älterer Bruder postum zu Weltruhm aufstieg, wurde er unter Heidelberger Studenten nicht eben schmeichelhaft ‹Minimax› genannt.[1] Heute beherbergt die Villa das Internationale Studienzentrum der Universität sowie eine Max-Weber-Gedächtnisstätte.

Im September 1910 fand sich auch Stefan George zum ersten Mal bei Max Weber ein, was manchen seiner Verehrer verblüffte, betrachteten sie den Sozialwissenschaftler doch gewissermaßen als Gegenmacht zu ihrem Meister. Dass dieser damals auf dem Weg vom Stift Neuburg in die Ziegelhäuser Landstraße kam, ist eher unwahrscheinlich. Inzwischen hatte sich George von Alexander von Bernus abgewandt.[2] Für den ‹Kreis› schien er ungeeignet, und auch auf seine Großzügigkeit war George nicht mehr angewiesen. Da Friedrich Gundolf im Frühjahr 1910 nach Heidelberg gezogen war, um dort seine Habilitation mit dem Titel *Shakespeare und der deutsche Geist* zu schreiben, hatte George seinen Lebensmittelpunkt ohnehin an den Neckar verlagert.

Seit 1899 war Gundolf für ihn zur wichtigsten Bezugsperson geworden, nicht nur privat, sondern auch für seine Wirkung in der Öffentlichkeit.[3] Je mehr sich der Dichter selbst zurückzog, desto entschiedener konnte Gundolf, wie es Thomas Karlauf in seiner George-Biografie formuliert, als dessen Stellvertreter auf Erden agieren. George und seine Vertrauten wohnten meist in der Pension Neuer am Schlossberg 49. Dort war Gundolf Dauermieter eines Eckzimmers im ersten Stock, von dem aus man eine gute

Sicht über die Altstadt und den Fluss hatte. Durch eine Flügeltür ließ sich seine schlichte Unterkunft mit einem Balkonzimmer verbinden, das der Meister bevorzugte. 1919 zog man ein paar Häuser weiter in die großbürgerliche Villa Lobstein, bis es drei Jahre später zum Zerwürfnis kam, weil Gundolf heiraten wollte.[4]

Percy Gothein, der George mit am nächsten stand, hat festzuhalten versucht, wie er in den Kreis aufgenommen wurde. Gerade in seiner vorbehaltlosen Zustimmung – sogar die Schreibgewohnheiten des Meisters wurden imitiert – vermittelt Gotheins Bericht eine Ahnung von der Gewalt, die George auf junge Männer ausüben konnte, wenn sie sich auf ihn einließen. Die Szene spielte sich Pfingsten 1919 in der Villa Lobstein ab: «Lächelnd empfing mich der Dichter und nahm mich beim arme. Er leitete mich aus dem gemache durch die halle auf einen altan hinaus, durch dessen säulen man hinüber zum garten des schlosses und hinab auf die stadt und den fluss im tale sah. Unter dem lezten bogen, durch den man weit hinaus in die blaue ebene schaute, stand im halbkreis die schar der freunde, die jezt in ihrem plaudern verstummte, als der Meister heraustrat. Ich fühlte mich der zeitlichkeit entrückt und mich bedünkte, dass eine ewigkeit angebrochen sei, als ich am arme des Dichters durch die offene halle zu ihnen hinschritt. Wenn das die ewigkeit gewesen wäre, an seinem arme immer fort und fort in die unendlichkeit zu schreiten, stets im angesicht einer solchen schar, die wir erst am ende aller tage erreicht hätten, so wäre sie glückselig gewesen.»[5] Wurde hier vor dem Hintergrund der intellektuellen Tradition der Stadt und mit Blick über den Neckar und die Oberrheinebene eine religiöse oder eine homoerotische Erfahrung verklärt? Oder beides zugleich?

So elitär und exklusiv sich der Kreis um George auch gab, so allgegenwärtig waren seine Mitglieder im kulturellen Leben der Stadt. Das galt zeitweilig auch für George selbst. So saßen sich im Spätsommer 1910 in der Ziegelhäuser Landstraße der politisch engagierte Aufklärer Max Weber und der wirkungsbewusste Dichter, der sein Image als Reserve-Dante wie ein Popstar kultivierte, eines Tages in der kleinen Grotte hinter der Villa Fallenstein gegenüber, deren Brunnen heute vollkommen mit Efeu überwuchert ist. Es war die Konfrontation zweier Gurus des intellektuellen Lebens. Aber gab es überhaupt eine Schnittmenge zwischen den Kreisen um Weber und George, abgesehen davon, dass sich Gundolf und eine knappe Handvoll stadtbekannter Persönlichkeiten, darunter die Wirtschaftswissenschaftler Edgar Salin und Arthur Salz, sowohl dem einen als auch dem anderen verbunden fühlten? Was hatten sich die beiden so unterschiedlichen Leitfiguren zu sagen?

Edgar Salin war davon überzeugt, dass sie einander schon allein deshalb anzogen, weil George damals von niemandem außer von Max Weber «an Wucht der Person» überragt worden sei.[6] Gundolf, der das Treffen vermittelt hatte, äußerte sich ähnlich. Dabei war Webers Interesse an George vermutlich stärker als umgekehrt. Vielleicht sah der Dichter in dem Sozialwissenschaftler nur einen berühmten und einflussreichen Mann, dessen Bekanntschaft ihm auf die eine oder andere Weise nützen konnte. Sein erster Auftritt in der Villa Fallenstein war für die Webers immerhin eine positive Überraschung. «Der Meister war ganz ohne Pose, gab sich mit schlichter Würde und Herzlichkeit», erinnerte sich Marianne später, was auf ihren Mann befreiend gewirkt habe.[7] Bei diesem und mehreren folgenden Gesprächen studierte Weber seinen Gast offenbar sehr genau. Für ihn war er ein gesellschaftliches Phänomen: die Inkarnation eines Herrschaftstypus, der ihn schon länger beschäftigte. Bei aller Skepsis faszinierte ihn die Führerschaft, die George in seinem Kreis erfolgreich für sich beanspruchte, die spezifische Form von Machtausübung, die sich durch nichts rechtfertigte als durch die Ausstrahlung seiner Persönlichkeit, seiner Schriften und die verbindende Kraft der Homosexualität.[8] Weber fragte nach dem Phänomen des Charismas, und diese Frage gewann auch dadurch an Bedeutung, dass George in den ersten beiden Jahrzehnten des 20. Jahrhunderts weniger ein Sonderfall war als einer von vielen selbsternannten Propheten.

Deutschland erlebte eine Ära des Umbruchs und der alles in Frage stellenden Krisen, von denen der Erste Weltkrieg die verheerendste war. Zugleich hatten Sektierer, Ersatzreligionen und Geheimlehren Konjunktur. Die Rationalisierung und Beschleunigung aller Lebensbereiche, die spätestens mit dem Eisenbahnbau unumkehrbar zu sein schien, rief auch im Umland des Neckars Gegenkräfte auf den Plan, waren doch hier die wichtigsten Pioniere der Geschwindigkeitsrevolution zu Hause. Bereits 1817 hatte Karl Friedrich von Drais in Mannheim die Vorstellung individueller Mobilität grundlegend verändert, indem er mit dem von ihm erfundenen Laufrad dem Pferd als Transportmittel Konkurrenz gemacht hatte. Der Schritt zum Motorrad und zu den von Benz und Daimler entwickelten Automobilen ließ zwar noch einige Jahrzehnte auf sich warten, wirkt aber rückblickend geradezu zwingend. Erlangte die Region zwischen den Universitätsstädten Tübingen und Heidelberg bis zum Anbruch der Moderne vor allem durch ihre intellektuellen Leistungen Weltgeltung, folgte nun eine technisch-industrielle Epoche mit dem Aufbau international bedeutender Konzerne und einer differenzierten Zulieferindustrie. Im Vergleich zum Rhein blieb der Neckar mit seinen Mäandern und Stromschnellen zwar ein schwierig zu nutzender Fluss, und zum Transport von Rohstoffen ist er auch nach seiner Umwandlung in eine Wasserstraße, die 1921 in Angriff genommen wurde, nicht optimal. Doch ganz ohne ihn wäre der wirtschaftliche Boom der Region unmöglich gewesen.

Während sich die Hafenstädte Mannheim und Heilbronn zu Hauptschauplätzen des Industriezeitalters entwickelten – gerade deshalb wurden sie im Zweiten Weltkrieg erbarmungslos bombardiert –, blieb Heidelberg von alledem erstaunlich wenig berührt. An keinem anderen Ort ist der Neckar so eindrucksvoll. Von seinen

Thomas A. Prior nach William Turner: Heidelberg von Nordwesten, um 1840

Ufern aus wurde die Stadt immer wieder gemalt und fotografiert, besonders gern von Westen, so, wie sie auch William Turner dargestellt hat.[9] Um 1840 erblickte der englische Künstler die Stadt im Dunst. Der Fluss war für ihn eine weite blanke Fläche, in der sich die Bögen der berühmten Brücke fast unwirklich zu Kreisen ergänzten. Mehr als 500 Jahre lang standen an dieser Stelle Holz-brücken, die auf massiven Steinpfeilern ruhten und immer wieder von den Fluten beschädigt wurden, bis in der späten Kurfürsten-zeit ein Neubau möglich wurde. Hier, am Austritt des Oden-walds, präsentiert sich der Neckar tatsächlich als ein bedeutender Strom. Die Brücke ist noch immer, um mit Friedrich Hebbel zu sprechen, «schlank wie der Bogen, den eine Schwalbe im Fliegen beschreibt».[10] Sogar in der Moderne hat sich ihr Anblick kaum ver-

Stadtbild mit gesprengter Brücke, 1945

ändert, obwohl sie gegen Ende des Zweiten Weltkriegs, am 29. März
1945, wie die meisten Neckarübergänge gesprengt wurde. Fotos
von damals zeigen ihre Trümmer, die wie riesige Kadaver vom
Wasser umspült werden. Daran erinnern sich inzwischen nicht einmal mehr die Binnenschiffer, die Tag für Tag unter ihr hindurch-
fahren.

Von der Heidelberger Schleuse aus macht die rote Sandsteinruine
des Schlosses einen majestätischen Eindruck. Aber diese Schleuse ist
kein Hafen, sondern lediglich eine der vielen Staustufen, mit denen
der Höhenunterschied auf dem Weg nach Plochingen überwunden
wird. Mannheim und Heilbronn verwandelten sich in moderne
Arbeitersiedlungen, während das zwischen ihnen gelegene Heidelberg seinen Charakter als eine der schönsten deutschen Universi-

tätsstädte bewahrte, obgleich der Nationalsozialismus sein intellektuelles Leben provinziell werden ließ und nach dem Zweiten Weltkrieg der internationale Massentourismus die Stadt eroberte. Einem bitteren Bonmot zufolge besitzt Heidelberg seit 1933 zwei Ruinen: das Schloss und die Universität.

Am 23. Oktober 2011 ist es am Neckar vergleichsweise ruhig. Der Himmel ist wolkenlos, doch die Herbstsonne scheint so schwach, dass sich der Morgennebel über dem Wasser mittags immer noch nicht ganz aufgelöst hat. Dunstschleier umhüllen die Türme der Alten Brücke und der Kirchen, fast so wie auf Turners Gemälde. Das solarbetriebene Ausflugsschiff «Neckarsonne» gleitet leise vorbei, dicht gefolgt von zwei Ruderern. Gänse zanken sich auf dem Dach eines verwaisten Bootshauses: Ihre Ruderfüße leuchten orange im fahlen Mittagslicht. Böen treiben trockene braune Blätter vor sich her.

Von heute aus gesehen wirken die literarischen und akademischen Gipfeltreffen im Stift Neuburg und in der Villa Fallenstein wie eine Panikblüte, doch das konnte vor dem Ersten Weltkrieg selbstverständlich niemand ahnen. Noch 1920 gehörte die Heidelberger Universität, wie der Dramatiker Carl Zuckmayer in seiner Autobiografie betonte, zu den «fortschrittlichsten und geistig anspruchsvollsten» in Deutschland.[11] Hinzu kamen die geografischen Gegebenheiten: Die Enge des Stadtzentrums zwischen den Hängen des Königstuhls und des Heiligenbergs führte zu einer ungewöhnlichen Verdichtung des gesellschaftlichen Lebens. «Im Schloßpark konnte man den Dichterfürsten Stefan George, mit wallendem weißen Haar, auf die Schulter eines Epheben gestützt, einherwandeln sehen», erinnerte sich Zuckmayer. «Am Friesenberg hauste der Lyriker Alfred Mombert, zurückgezogen wie in einer Grotte des Erymanthos – man sah ihn einsam und vergrübelt durch die Straßen gehn.»[12] Auf diese Weise begegnete der Kriegsheimkehrer Zuckmayer auch Alexander von Bernus, Max und Alfred Weber, Friedrich Gundolf und Edgar Salin.

‹Erkennungskarte› der Studentin Hilde Löwenstein, 1931,
die nach dem Exil als Hilde Domin berühmt wurde

Von 1922 bis zu seiner Deportation lebte Alfred Mombert, der seinen Freund Bernus nur besuchte, wenn er sicher sein konnte, dass George und seine Anhänger abwesend waren, nicht sehr weit von Gundolfs Domizil am Schlossberg entfernt, in der Klingenteichstraße 6. Zufällige Treffen mit jenem Kollegen, dessen Habitus ihm lächerlich vorkam, ließen sich da kaum vermeiden: «Oh – oh – oh», stöhnte er im Dezember 1925 voller Spott in einem Brief. Er sei soeben vor die Tür gegangen, und «begegnete – furchtbares Bild – dem heiligen Stefan George mit unbeschreiblicher Kopfbedeckung, *Zigarette im Mund*, und kaputtenem Regenschirm».[13] Mombert, nur vier Jahre jünger als George, stand diesem an Esoterik nicht nach, pflegte aber einen vollkommen anderen Lebensstil. In Heidelberg wurde er kaum wahrgenommen, obwohl er dort Jura studiert und fast sein ganzes Leben verbracht hatte. Seit 1911 wohnte er im ehemaligen Karmeliterkloster am Friesenberg, wo 20 Jahre nach ihm auch Erwin Walter Palm ein Zimmer mietete, der spätere Mann von Hilde Löwenstein. Hilde Löwenstein selbst, die nicht nur bei Radbruch und Jaspers Vorlesungen hörte, sondern auch bei Arthur Salz und Alfred Weber und nach dem Zweiten Weltkrieg unter dem Pseudonym Hilde Domin weithin bekannt und im kulturellen Leben der Stadt eine feste Größe wurde, zog im August 1931 ebenfalls in ein geschichtsträchtiges Gebäude: in das Haus von Anton Friedrich Justus Thibaut in der Karlstraße 16.

Im frühen 19. Jahrhundert leitete Thibaut einen Singverein, der sich der Pflege der alten Musik verschrieben hatte. Das brachte den stadtbekannten Juristen in Verbindung mit sehr vielen Musikern, Schriftstellern und Gelehrten. Unter Thibauts Gästen waren Robert Schumann, Felix Mendelssohn-Bartholdy und Carl Maria von Weber. Im Laufe der Jahre kamen Hegel, Jean Paul, Eichendorff, Tieck und vor allem Goethe, der, das malte sich Domin später aus, durch jenen Garten zum Schloss hinaufgestiegen sein muss, in dem sie und Palm ihre beiden Kaninchen hielten. Doch nicht einmal Goethes Prominenz konnte es verhindern, dass das Haus 1961 als eines der wenigen in der Karlstraße einem Neubau weichen musste.[14] Auch Hilde Löwensteins Vormieterin trug einen berühmten Namen. Es war die Studentin Christiane von Hofmannsthal, die Tochter des Dichters, die im Juni 1928 den Indologen Heinrich Zimmer geheiratet hatte. Eine Etage höher lebte der Kulturhistoriker Richard Benz, der zu den wenigen engeren Freunden Momberts zählte.

Typisch für die Zeit vor dem Nationalsozialismus war es, dass sowohl die Ökonomiestudentin Hilde Löwenstein als auch Erwin Walter Palm, der eine Laufbahn als Klassischer Archäologe und Philologe anstrebte, noch von Max Weber und Stefan George beeinflusst wurden. Die Idole von gestern warfen lange, unübersehbare Schatten: Löwenstein begab sich beim Studium der Nationalökonomie unmittelbar in den Dunstkreis der Weber-Schule. Palm hingegen verfolgte mit seinem Wechsel von Göttingen nach Heidelberg auch das Ziel, in die Nähe Georges zu gelangen, dessen Werke er sich zum Abitur hatte schenken lassen und der dem jungen Gelehrten und Schriftsteller so imponierte, dass er sogar seine Handschrift den bekannten Gepflogenheiten des Kreises annäherte. Kennen lernte sich das ungleiche Paar auf klassische Weise: in der Mensa.

Erwin Walter Palm kam erst Ende 1930 nach Heidelberg. Er hatte sich vorgenommen, bei dem seinerzeit ungeheuer populären Gundolf zu studieren. In Palms Nachlass finden sich auch Aufzeichnungen, die in dessen Vorlesung zur «Geschichte der deutschen Litteratur im Zeitalter der Reformation» entstanden sind. Allerdings starb der bewunderte Professor schon am 12. Juli 1931 an Krebs. Es spricht für Gundolfs Ausstrahlung, dass Palm sich selbst trotzdem noch viele Jahre später als Schüler des einstigen George-Intimus verstand. Als er 1949 in der Dominikanischen

Republik einen Vortrag zu Goethes 200. Geburtstag hielt, fühlte er sich dabei dem alten Heidelberg eng verbunden, wie er in einem Brief an den Kunsthistoriker Ulrich Middeldorf deutlich machte: Er habe den Festvortrag etwas widerwillig, aber «als Frankfurter, Deutscher, alter Hörer von Gundolf und, was ärger ist, als poeta» dann doch übernommen. Gundolf sei von dem «Trottel von Heidelberger Rector» seinerzeit bei ähnlichen Gelegenheiten zum «Dichtergelehrten» erhoben worden – Palm habe man nun in Santo Domingo immerhin als «humanista y polígrafo» vorgestellt.[15]

Mag der Rektor der Heidelberger Universität auch ein «Trottel» gewesen sein, so ist die Bezeichnung «Dichtergelehrter» für Gundolf und für das, was der junge Palm am Neckar gesucht hatte, gar nicht unzutreffend. Es ging ihm um jenes Phänomen, das Ulrich Raulff in seiner maßgeblichen Untersuchung über das Nachleben Stefan Georges den speziellen Heidelberger «Denkdreh» genannt hat. Dieser bestand «in einer quasi osmotischen Verbindung von Gelehrsamkeit und Poesie».[16] Ihn verkörperte nicht nur Gundolf, sondern ebenso der enorm einflussreiche Heinrich Zimmer. Besonders für Palm gehörte die unerwartete Begegnung mit Zimmer zu den wichtigsten Ereignissen seines intellektuellen Werdegangs. Karl Wolfskehl gegenüber erinnerte er sich daran, dass er ihn im dritten Semester nach einem Vortrag bei einem Essen im Hotel zum Ritter kennenlernte, das auch damals schon zu den bekanntesten Sehenswürdigkeiten der Stadt gehörte: «Neben mir sass der Mann mit dem weitoffenen Antlitz. Ein paar sprühende Worte. Dann fiel der Name Bachofen. Nach 10 Minuten waren wir in ein Gespräch vertieft, das uns vom Rest der Gesellschaft trennte. Es war immer wieder der Mythos[,] der uns zusammenbrachte – schwer[,] daran denken zu müssen an diesem Meer ohne Delphine[,] dessen Mythen nicht unsre sind.»[17]

In diesem Brief aus dem lateinamerikanischen Exil deutete Palm

Wolfskehl, dem alten Weggefährten Georges, den es nach Neuseeland verschlagen hatte, nur vorsichtig an, dass er an Heinrich Zimmer erfahren hatte, wie charismatisch ein 20 Jahre älterer Gelehrter auf ihn wirken konnte, intellektuell und wohl auch durch seine freizügige Lebensweise, besonders in Fragen der Liebe und der Ehe.[18] Als Palm nach Heidelberg kam, hatte er, kaum volljährig und entsprechend naiv, die Nähe des George-Kreises gesucht. Gefunden aber hatte er Heinrich Zimmer, den Schwiegersohn Hugo von Hofmannsthals, zu dessen Freunden Vertreter unterschiedlichster Fachrichtungen gehörten, darunter Alfred Weber, Ernst Robert Curtius, Karl Jaspers und Carl Gustav Jung. Zimmer wurde Palm zum Vorbild und Maßstab. Er diente ihm fortan als intellektuelle und menschliche Instanz, und das ging nicht nur ihm so, sondern einer ganzen Reihe von literarisch begabten und interessierten Studenten. So geriet auch Hermann Lenz unter seinen Einfluss, der erst 1936 in Heidelberg studierte, als viele renommierte Universitätslehrer bereits aus «rassischen» und politischen Gründen ihres Amtes enthoben worden waren. Den «nicht-arisch versippten» Zimmer ereilte dieses Schicksal am 24. Februar 1938.[19]

Lenz hatte ein Zimmer in der Scheffelstraße, das in seinem Roman *Andere Tage* genau beschrieben wird. Von hier aus machte er sich eines Abends auf in die Bergstraße 147, wo Zimmer mit Christiane von Hofmannsthal wohnte. In *Andere Tage* fängt Lenz die flirrend frivole Atmosphäre ein, die bei den Zimmers trotz ihrer politischen Schwierigkeiten vorherrschte und die den jungen Schriftsteller schlicht überforderte. Auch Karl Jaspers taucht in dem Buch auf: Lenz schildert sehr anschaulich, wie der namhafte Philosoph an der Universität zunehmend isoliert wurde, bis man ihn 1937 zwangsweise in den Ruhestand versetzte.

Das internationale Renommee vieler liberaler Professoren konnte nichts daran ändern, dass die Nationalsozialisten unter den Heidelberger Studenten besonders entschiedene Unterstützer fanden. 1933 war die Stadt schon lange keine Hochburg der Demokratie mehr. Bereits drei Jahre zuvor war die NSDAP bei den Reichstagswahlen in Heidelberg überdurchschnittlich erfolgreich gewesen, und im Studentenparlament hatten die Nationalsozialisten und Deutschnationalen damals sogar die absolute Mehrheit errungen. Für die jüdische Bevölkerung vergiftete der Antisemitismus den Alltag mehr und mehr. «Eben kaufte ich übrigens Obst bei der Italienerin», berichtete Hilde Domin in einem Brief an Palm vom 22. September 1932, «da kam ein Mann, wartete einen Moment, um dann urplötzlich mit dem Ausruf ‹ich kaufe nicht bei Juden›, zu verschwinden. Die Italienerin war weniger verblüfft als ich.»[20] In dieser Zeit bereitete das junge Paar seinen Umzug nach Italien vor, ohne dabei das Gefühl zu haben, Heidelberg auf Dauer oder gar unfreiwillig verlassen zu müssen. Zur Fortsetzung des Studiums wollten sie nach Rom und Florenz; damit, dass aus den Auslandssemestern durch Hitlers Machtübernahme eine Emigration werden sollte, konnten sie nicht rechnen. Dennoch finden sich in ihren Briefen dunkle Vorahnungen, dass sie in Heidelberg und anderswo in Deutschland möglicherweise bald keine Zukunft mehr haben würden. Für eine 23-Jährige, die soeben ihr Volkswirtschafts-Diplom erworben hatte, klang Domin ungewöhnlich resignativ, als sie darüber berichtete, wie sie am Vortag zum Schloss hinaufspaziert war. Angesichts der politischen Situation hatte es für sie offenbar allen Zauber verloren: «Es hat sich wenig verändert. Höchstens, daß ich inzwischen ein wenig mehr sehen gelernt habe, und mir die ‹schön› renovierten Figuren immer weniger gefallen. Am Abend ging ich am Neckar entlang und über die alte Brücke, und versöhnte mich auf eine halbe Stunde mit Heidelberg.»[21]

Angesichts von Domins Bemerkungen über einen immer offensiveren Antisemitismus überrascht es nicht, dass die Bücherverbrennungen in Heidelberg besonders viele Helfer fanden und «mit Freude und in Pfälzer Ausgelassenheit» gefeiert wurden, wie es in der Lokalpresse hieß. Der von Studenten errichtete «Scheiterhaufen» wurde am 17. Mai 1933 ausgerechnet auf dem Universitätsplatz entflammt.[22] Palm erkundete unterdessen Frascati und Neapel. Er stürzte sich in seine archäologischen Studien und dichterischen Versuche, während seine zukünftige Frau darum bemüht war, ihr gemeinsames Leben in Rom zu konsolidieren.

Auch Alfred Mombert hielt sich im Mai 1933 in Italien auf, in der Nähe von Genua. Auf dem Mailänder Bahnhof erfuhr er aus der Zeitung, dass er aufgrund seiner jüdischen Abstammung aus der Preußischen Akademie der Künste ausgeschlossen worden war. Noch ein Vierteljahr zuvor hatte er es gebilligt, dass Heinrich Mann, der Präsident der Sektion Dichtkunst, die Akademie aus politischen Gründen verlassen musste. Nun, da es ihn selbst traf, blieb dem alten Dichter nur noch das Bekenntnis, sozusagen in einer anderen Dimension zu existieren. Dem Schriftsteller Rudolf G. Binding gegenüber, der mit den Nationalsozialisten sympathisierte, unterstrich er pathetisch: «Ich lebe seit langem in einer geistigen Region, die dem Einbruch der Dämmerung und Dämonen unzugänglich bleibt.»[23] In ihrer Weigerung, auf die politischen Ereignisse zu reagieren, und in ihrem Beharren auf intellektuelle Unabhängigkeit hatten der alte Mombert und der junge Palm durchaus Ähnlichkeit. Nur hatte Mombert niemanden, der ihn rechtzeitig in seiner Ich-Bezogenheit stoppte und aus seiner vermeintlichen Isolation befreite. Als die Rassengesetze auch in Italien angewendet wurden, organisierte Domin für sich und Palm die Weiterreise nach England. Hier, in Oxford, traf Palm ein letztes Mal Heinrich Zimmer, bevor dieser mit seiner Familie weiter nach New York emigrierte, um sich dort als Henry R. Zimmer ein neues Leben aufzubauen. Die Palms führte ihre Odyssee bis nach Santo Domingo.

Mombert hingegen harrte in der Heidelberger Klingenteichstraße aus. 1938 wurde er wie alle deutschen Juden dazu gezwungen, den zweiten Vornamen Israel zu führen, was er lakonisch mit

der Feststellung kommentierte, dass Israel ‹Gotteskämpfer› be-
deute – was wolle man mehr?[24] Zwei Jahre später, am 22. Oktober
1940, wurde er zusammen mit 281 Heidelberger Juden in das Internierungslager Gurs verbracht, was die Betroffenen völlig überraschte. Die von der Gestapo und mehreren Regierungsstellen sorgfältig geplante ‹Wagner-Bürckel-Aktion› war die erste Deportation
aus dem Deutschen Reich. Verschont blieben lediglich diejenigen,
die wie Karl Jaspers' Frau in einer ‹Mischehe› lebten.

Die Briefe des 68-jährigen Mombert gehören zu den erschüt-
terndsten Zeugnissen der Opfer. Am 23. Oktober 1940 konnte er
Richard Benz eine kurze Mitteilung nach Heidelberg senden:
«Gestern trat ich wahrscheinlich eine *lange* Reise an. Grüßen Sie
Alle von mir bestens!»[25] Eine Woche später berichtete er seinen
Freunden in der Schweiz, was ihm an seinem letzten Tag in der
Heimatstadt widerfahren war: «Wohnung versiegelt durch Gestapo. Mitnahme von *sage 100 RM* (die in französische Franken ge-
wechselt wurden) war gestattet. Ich mit meiner Schwester (72 Jahre
alt) samt der gesamten jüdischen Bevölkerung Badens und der Pfalz
(wahrscheinlich auch von anderen Gebieten) samt Säugling und
ältestem Greis (auch Kranke) ohne vorherige Ankündigung binnen
einiger Stunden zunächst auf Lastwagen zum Bahnhof und dann
mittelst Extrazugs abtransportiert (‹entrückt›). Via Marseille-Tou-
louse zu den Basses Pyrénées, nahe der spanischen Grenze, in ein
großes Internierungslager (Camp de Gurs). Bei dem riesigen und
ganz plötzlichen Menschendrang die Verhältnisse sehr schwierig
und primitiv; kaum etwas zu kaufen. Ganz leichte Holzbaracken bei
nächtlich kalter Witterung. […] – Ob Ähnliches je einem deutschen
Dichter passiert ist?»[26]

Ein Jahr später gelang es dem Mäzen Hans Reinhart in Winter-
thur, Mombert die Einreise in die Schweiz zu ermöglichen. Dort
allerdings erlag der Dichter bald einem Krebsleiden, das sich durch
die Lagerhaft wesentlich verschlimmert hatte.

Karl Jaspers harrte die gesamten Kriegsjahre in Heidelberg aus. Die Emigration Heinrich Zimmers, der zu seinen letzten verbliebenen Freunden gehörte, setzte ihm schwer zu. Am 6. April 1939 schrieb er ihm: «Dass Sie mir hier fehlen, fühle ich schon jetzt als eine unersetzliche Verarmung der ganzen Atmosphäre. Es ist nicht nur die jederzeit bereite Fülle Ihrer universalen Anschauung und Ihres Wissens, sondern das selbstverständliche Niveau des Wesens, Ihre ‹Philosophie›, was mir in jeder Berührung mit Ihnen unendlich wohl tat. Dass ich Sie gern habe und mich, wie Sie mir begegnet sind, Ihren Freund nennen darf, ist ein Element meines Lebens geworden. Jetzt stehen noch Ihre Bücher in diesem Zimmer, und ich werde sie wahrscheinlich mehr lesen als früher.»[27] Zimmer starb am 20. März 1943 in New York an einer Lungenentzündung.

Hilde Domin kehrte 1961 endgültig nach Heidelberg zurück, wo ihr Mann Professor für Iberische Kulturgeschichte wurde. Zunächst wohnten die beiden im Hainsbachweg, später hoch über dem Neckar im Graimbergweg. Nach seinem Tod wurde Palm 1988 sicher nicht zufällig neben Friedrich Gundolf auf dem Bergfriedhof beigesetzt. Hilde Domin folgte ihm hochbetagt im Februar 2006.

Trotz des Holocaust, trotz der Schrecken des 20. Jahrhunderts, trotz ihrer langen Emigration betrachtete Domin Heidelberg ihr Leben lang ohne Groll: In Köln wurde sie geboren, aber Heidelberg und vor allem die Universität der Jahre vor 1933 mit ihren überragenden Dozenten haben sie, wenn man ihr selbst glauben darf, entscheidend geprägt. «Ohne Heidelberg nicht Jaspers' ‹Im Scheitern kommt der Mensch zu sich selbst›. Ein Satz, den auszuprobieren wir Gelegenheit hatten. Ohne Heidelberg nicht Karl Mannheims Relativieren des eigenen Standorts: die geistige Gymnastik, sich selbst aus der Distanz zu sehen. Und nicht das Lebensgespräch mit Erwin Walter Palm», unterstrich Domin 1982 in ihrer Ansprache *Dank an Heidelberg*.[28] Bei dieser Gelegenheit erinnerte sie auch an Alfred Mombert und den Tag, an dem die verbliebenen Juden der Stadt rund um den Herkulesbrunnen auf dem Marktplatz zusammengetrieben wurden. Am 26. Oktober 1952 widmete man hier einen Erker «dem Gedenken der Kriegsgefangenen und der Vermissten». Ein Hinweis auf die deportierten Juden hingegen fehlt.

9.
Mannheim

144 Quadrate – November 2011 – Mündung – Kotzebues Tod –
Das Jahr ohne Sommer – Drais auf dem Laufrad – Bertha Benz
fährt nach Pforzheim – Schillers Erfolge und Rückschläge –
Malaria oder die Tücken der Flüsse

In Mannheim kann man sich fast wie in der Neuen Welt fühlen:
144 Quadrate prägen den im Halbkreis angelegten Kern der zweitgrößten Stadt Baden-Württembergs. Auf der einen Seite fließt der
Rhein, auf der anderen der Neckar, hinzu kommt der Verbindungs-
kanal, so wird die Stadt an drei Seiten von Wasser begrenzt. «Bald
gras ich am Neckar, bald gras ich am Rhein», heißt es im Volksmund. Gegrast wird an den Ufern in Zentrumsnähe allerdings
schon lange nicht mehr. Mannheim ist eine Industriemetropole mit
einem Binnenhafen, der zu den bedeutendsten in Europa gehört.
Bereits zu Beginn des 20. Jahrhunderts gab es hier annähernd
700 Betriebe mit fast 27 000 Mitarbeitern, hinzu kam das benachbarte Ludwigshafen als Chemie-Hochburg. Seit der Reichsgründung 1871 erlebte die Region einen regelrechten Boom, für den die
beiden Flüsse die wichtigste Voraussetzung waren.[1]

Strategisch galt die Lage zwischen Neckar und Rhein zu allen
Zeiten als günstig, und so begann Kurfürst Friedrich IV. von der
Pfalz 1606 mit der Verwandlung des alten Schiffer- und Fischer-
dorfs Mannenheim in eine Festungsstadt. Mit der Trockenlegung
des sumpfigen Geländes zwischen den Flüssen und der Planung be-
auftragte er den niederländischen Ingenieur Barthel Janson, auf
den der musterhafte Entwurf der Stadt mit den um ein Kreuz an-
geordneten rechtwinkligen Straßen zurückgeht. Dieses Konzept

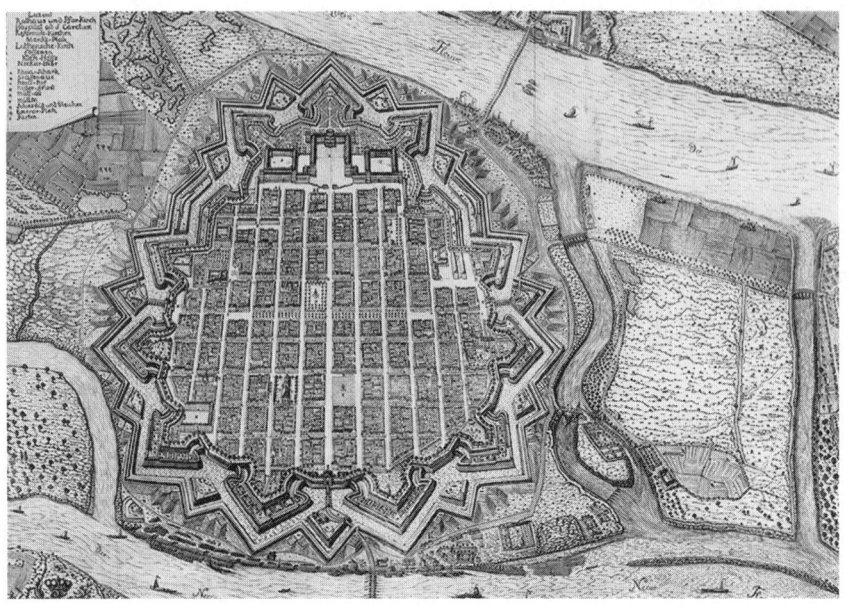

Plan der Quadratestadt, Kupferstich von Joseph Anton Baertels, 1758

hat sich erhalten, obwohl Mannheim mehrmals zerstört und wieder aufgebaut wurde. Erst 1720 verlegte man die kurpfälzische Residenz von Heidelberg hierher. Damals wurde der Bau der monumentalen Schlossanlage in Angriff genommen. Sie gehört zu den größten Barockbauten Deutschlands und beherbergt heute die Universität.

1731 konnte Kurfürst Karl Philipp den Mittelteil des Schlosses beziehen. Ihre beste Zeit erlebte die Stadt aber erst unter Karl Theodor, der sie zu einem Zentrum des europäischen Kulturlebens machte, bevor er mit seiner Residenz 1778 nach München zog. Damit schwand die Bedeutung Mannheims mehr und mehr, bis die industrielle Revolution vollkommen neue Maßstäbe setzte.

Seit dem Zweiten Weltkrieg, in dem 151 Luftangriffe drei Viertel der Gebäude in Schutt und Asche legten, und dem raschen Wiederaufbau in der Adenauer-Ära ist Mannheim auf den ersten Blick nicht eben reizvoll. Wäre da nicht die gewisse Exotik des schachbrettartigen Grundrisses, jene Regelmäßigkeit der Straßenzüge, die in Amerika ganz normal wirken würde, im deutschen Südwesten aber überrascht. Hinzu kommt, dass inzwischen fast ein Drittel der Bevölkerung ausländische Wurzeln hat. Auch das hat Tradition: Schon seit ihrer Gründung zog die Stadt Zuwanderer aus den Niederlanden, Belgien, Frankreich, der Schweiz und Italien an.

Am 26. November 2011 ist es immer noch herbstlich warm. Morgen ist der erste Advent. Vor dem ehemaligen Zeughaus warten drei junge Männer auf Skateboards an einer Ampel. Sie tragen knallrote Weihnachtsmann-Kostüme, wolkige Wattebärte – und unterhalten sich auf Türkisch. Wie könnte man Mannheim für solche Szenen nicht lieben, ebenso wie für die verführerischen Baklava-Läden, die vieles in den Schatten stellen, was man an Orientalischem in Kreuzberg oder Hamburg-Altona findet?

Der Neckar führt seit dem vergangenen Sommer viel zu wenig Wasser. An diesem Samstag verirrt sich kaum jemand an seine mit Flutrasen gesäumten Ufer. Eine Ratte huscht über den Weg, im braungrünen Gras der Seitenstreifen liegen Spritzen und gebrauchte Kondome, unübersehbar im kreidigen Vormittagslicht. Auf dem grauen Schotter der Uferbefestigung, die sich eigentlich unter dem Wasserspiegel befinden sollte, hocken Hunderte von Möwen, auch ein paar Schwäne. Sie warten darauf, von einem alten Mann gefüttert zu werden, der seine beiden prall gefüllten Plastiktüten im Schatten der Kurpfalzbrücke abstellt. Irgendwo in der Ferne hämmert eine Maschine. Ein stillgelegter Schaufelraddampfer, der von 1929 bis 1980 auf dem Rhein unterwegs war, dient heute als Museumsschiff. In seinem Inneren finden sich zahlreiche Schiffsmodelle, darunter auch das eines ‹Neckaresels›. Mit ihren gebogenen Decks müssen jene Kettenschlepper im Original an riesenhafte Insekten erinnert haben, ins Wasser gestürzte Käfer.

Von hier aus sind es nur noch drei Kilometer bis zur unscheinbaren Spitze, die im Zuge der Rheinbegradigung entstand und seither das Ende des Neckars markiert. Man erreicht sie über eine Privatstraße am Ende der Hafenanlagen, hinter den Schornsteinen, Tanks, Güterhallen und Container-Stellplätzen: eine nicht sehr große befestigte Fläche, gewölbt wie ein Walrücken. In den Ritzen zwischen den Steinen wuchern Gräser und Wildkräuter, am äußersten Ende steht ein rotweiß geringelter Stab. Die Rheinfrachter, die vor den monströsen Werken der BASF in Ludwigshafen fast verschwinden, sind länger als die auf dem Neckar. Das liegt daran, dass auf der Bundeswasserstraße zwischen Mannheim und Plochingen bisher nur Schiffe mit einer Länge bis zu 105 Metern zugelassen sind.

Es fliesset im Neckar,
Und fliesset im Rhein,
Soll schwimmen hinunter
Ins tiefe Meer n'ein.[2]

Das Lied, das Arnim und Brentano in ihr *Wunderhorn* aufgenommen haben und das von Gustav Mahler als *Rheinlegendchen* 1905 neu vertont wurde, beschwört jene Passage zur Nordsee, die seit 1868 durch die «Mannheimer Akte» garantiert wird. Doch verweilen wir in der Stadt zwischen den Flüssen.

Zwei Dramatiker standen in Mannheim einst im Mittelpunkt von historischen Ereignissen. Friedrich Schiller, der etwas ältere der beiden, erlebte hier seinen Durchbruch als Dichter. Es war vielleicht das sensationellste Debüt der deutschen Literatur überhaupt: Am 13. Januar 1782 wurden *Die Räuber* im Nationaltheater uraufgeführt. Nach dem Wegzug des Hofes war die Bühne den Bürgern der Stadt überlassen worden, insbesondere, um den Gewerbetreibenden zu einem Ausgleich für die wegfallenden Feste und Bälle zu verhelfen. Schiller hatte sein Stück seit der anonymen Drucklegung im Vorjahr nochmals für die Bühne bearbeitet, und auf Wunsch des Intendanten Wolfgang Heribert von Dalberg wurde die Handlung ins Spätmittelalter verlegt. Der Autor saß inkognito im Publikum. Als Regimentsmedikus war er ohne Erlaubnis seines Herzogs von Stuttgart nach Mannheim gekommen, um mitzuerleben, wie er als *Räuber*-Dichter quasi über Nacht zur Berühmtheit wurde. Ihm und den hervorragenden Schauspielern, allen voran August Wilhelm Iffland in der Rolle des Franz Moor, war es gelungen, einen emotionalen Aufruhr freizusetzen. Der berühmteste Augenzeugenbericht ist sicher übertrieben, lässt aber doch keinen Zweifel an der unerwarteten Wirkung der fünfstündigen Aufführung: «Das Theater glich einem Irrenhause, rollende Augen, geballte Fäuste, stampfende Füße, heisere Aufschreie im Zuschauerraum! Fremde Menschen fielen einander schluchzend in die Arme, Frauen wankten, einer Ohnmacht nahe, zur Türe. Es war eine allgemeine Auflösung wie im Chaos, aus dessen Nebeln eine neue Schöpfung hervorbricht!»[3]

Etwas war geschehen, das man weder steuern noch vorhersehen kann: Das Theater hatte sich plötzlich als Ausdruck einer allgemeinen Gefühlslage erwiesen. Schiller hatte geschafft, wonach sich jeder Künstler offen oder insgeheim sehnt. Er war aus der Klausur des Schreibens herausgetreten und zum Sprachrohr für viele geworden. Seine Botschaft war der Abschied von der Tyrannei. *Die Räuber* lösten zwar keine Revolution aus, wohl aber eine Art kollektiver innerer Kündigung. Bald schon wurden sie auch in Hamburg, Mainz und Frankfurt am Main gespielt. Das Stück machte klar, dass sich nicht nur Einzelne nach Gedankenfreiheit sehnten, sondern große Teile der Bevölkerung. Und es steigerte Schillers Selbstbewusstsein. Nach Stuttgart zurückgekehrt, schrieb er dem Intendanten Dalberg entschieden: «wenn Teutschland einst einen Dramatischen Dichter in mir findet, so muß ich die Epoche von der vorigen Woche zählen.»[4]

Das zweite historische Ereignis, dem Mannheim als Schauplatz diente, hatte mit dem Theater nur indirekt zu tun. Es fand am 23. März 1819 statt, und Friedrich Schiller war damals bald 14 Jahre tot. Der Hauptakteur war diesmal weder ein Dichter noch ein Schauspieler, sondern ein junger Mann, der sich in Jena den politisch radikalisierten Teilen der Burschenschaft angeschlossen hatte. Im Gegensatz zu den unvergessenen Exzessen in Schillers Erstling war seine Tat real. Der 1795 geborene Theologiestudent Carl Ludwig Sand brach am 9. März 1819 von Jena aus in Richtung Mannheim auf, wo sein Opfer seit wenigen Monaten lebte. Am Nachmittag des 23. März wurde August von Kotzebue, einer der erfolgreichsten Theaterautoren seiner Zeit, von Sand aufgesucht und erstochen. Die Tat sorgte für ungeheures Aufsehen, viele wollten in ihr gar eine Zäsur in der deutschen Politik sehen. Man fühlte sich an Schillers *Wilhelm Tell* erinnert, auch wenn es bei nüchterner Betrachtung völlig unmöglich war, den Erfolgsautor mit einem Tyrannen vom Schlage Geßlers zu vergleichen. Warum musste ausgerechnet Kotzebue sterben?

Man weiß es nicht. Die offensichtliche Willkür von Sands Tat überspielend, schildern zeitgenössische Berichte den Kriminalfall auf geradezu obszöne Weise genau. Der Mörder stand zunächst dreimal vergeblich vor Kotzebues im Quadrat A 2 gelegenen Haus. Spätnachmittags traf er sein Opfer dann aber doch noch an: «Als er um fünf Uhr wieder kam, wird Herr von Kotzebue, der gerade Gesellschaft hatte, abgerufen und empfängt den Studenten auf seinem Zimmer. Dieser, wie der Bediente noch gehört, frägt sind Sie Kotzebue? – und stößt auf dessen Bejahung ihm einen zwölf Zoll langen Dolch bis an's Heft ins Herz, giebt ihm einen zweiten Stich in den Mund, und als er niederstürzt, noch drei tiefe Stiche in den

Unterleib.»[5] Vor der Haustür kniete der Mörder nieder. «Vaterland, es ist vollbracht!»,[6] soll er da gerufen haben, während er versuchte, seinem Leben selbst ein Ende zu bereiten, was ihm aber nicht gelang. Nicht nur hierin erinnert er an moderne Selbstmordattentäter.

Im September stellte man Sand vor Gericht, und im Mai des Folgejahres bestätigte der Großherzog von Baden das Todesurteil. Es wurde am 20. Mai auf einer Wiese vor dem Heidelberger Tor vollstreckt. Die Zahl der Zuschauer, die der Hinrichtung morgens um halb sechs schweigend beiwohnten, war nicht besonders groß. Das allerdings konnte die symbolische Kraft des Ereignisses nicht schmälern. Sobald Sands Leichnam abtransportiert worden war, «eilte eine Menge der Umstehenden, worunter sich mehr[er]e Studenten aus Heidelberg befanden», zum Schafott, «um die wenigen Reste des abgeschnittenen Haares aufzulesen, und Sacktücher, Papiere u. dgl. in das Blut zu tauchen».[7] Diese Reliquien standen am Anfang der fanatischen Verehrung Sands. Die Schaulustigen mussten durch Soldaten von der Richtstatt vertrieben werden. Unterdessen kamen immer mehr Studenten aus Heidelberg – zu spät zur Hinrichtung, doch rechtzeitig zur Beisetzung auf dem lutherischen Kirchhof. Die Akten aus dem Untersuchungsprozess berichten auch über eine breite Anteilnahme der Mannheimer Bevölkerung.

Dies war ebenfalls eine Art Aufführung, bei der kollektive Befindlichkeiten zum Ausdruck kamen. Auch in der Exekution spiegelten sich die Zeitläufte – mit dem entscheidenden Unterschied, dass hier kein Theaterblut floss, sondern echtes. Splitter des Schafotts und Haare des Enthaupteten wurden in Ringe und Medaillons gefasst, und die Freifläche vor dem Heidelberger Tor soll lange «Sand's Himmelfahrtswiese» genannt worden sein.[8] Die Sympathie galt dem Täter, nicht dem Ermordeten, der kaum mehr getan hatte, als sich spöttisch über den ‹Turnvater› Jahn und die Burschenschaften zu äußern. Dadurch war Sand auf dem Wartburgfest während der demonstrativen Bücherverbrennung überhaupt erst auf Kotzebue und dessen monarchistische Schriften aufmerksam geworden. Das war im Oktober 1817, im folgenden Jahr reifte sein perfider Plan.

Bald wurde Sands Grab zum Anziehungspunkt für demokratisch gesinnte Studenten, zur Wallfahrtsstätte derjenigen, die gegen den 1815 auf dem Wiener Kongress gegründeten Deutschen Bund aufbegehrten. Dem Dramatiker, dessen Stücke sich noch lange im Repertoire deutscher und internationaler Bühnen hielten, trauerten hingegen vergleichsweise wenige nach.

Möglicherweise waren die Unruhen dieser Jahre auch die Folge einer außerordentlich angespannten Gesamtlage. Vielleicht wäre der Widerstand gegen das ‹System Metternich› in anderen Zeiten lange nicht so attraktiv gewesen.

In Baden, ebenso in Württemberg, waren die Lebensbedingungen seit den Napoleonischen Kriegen extrem schwierig geworden. Besonders die durchziehenden Heere hatten das Land in einem desolaten Zustand hinterlassen. Hinzu kamen mehrere Missernten, die 1816 eine der schwersten Hungersnöte in der Geschichte des deutschen Südwestens nach sich zogen. In diesem Jahr wurde ganz Europa von einer Naturkatastrophe heimgesucht, deren Ursache man erst 1920 entdeckte: Aus damals unerklärlichen Gründen fiel der Sommer aus. Es lag am Ausbruch des Vulkans Tambora auf der Insel Sumbawa im heutigen Indonesien, durch den enorme Mengen an Asche in die Erdatmosphäre geschleudert wurden. In Europa hatte das verheerende Folgen. Eine Reutlinger Chronik macht die wachsende Not im Neckartal und auf der Schwäbischen Alb besonders deutlich. Erst zwei Jahre nach dem vulkanischen Winter konnte die Krise durch gute Ernten überwunden werden: «1816. Mai und Juni fast täglich Regen und Gewitter, so daß die Äcker versoffen und Weinberge rutschten. Großer Hagelschlag und Überschwemmungen. [...] Den 31. Juli schneite es auf der Alb. Das

Schweizervieh mußte wegen des Schnee's von den Alpen heim getrieben werden, man gab ihm die eigene Milch zu saufen, weil es
kein Futter mehr hatte. Die Trauben blüheten erst im August.»[9]
Fünf Jahre lang habe es keinen normalen Herbst gegeben, was die
Weingärtner enorm belastete. Hafer und Ackerbohnen wurden in
den Bergen 1816 nicht reif, man ließ das Getreide ungeerntet ste-
hen. Das kam den Mäusen zugute, die im Herbst zur Plage wurden.
«Die Wintersaat mußte man zum Theil im Schnee säen.»[10] Die
unmittelbare Folge waren bis dahin unvorstellbare Getreidepreise:
Innerhalb kürzester Zeit stiegen sie um das Vier- bis Fünffache.[11]
Um das Schlimmste zu verhindern, wurden ‹Armen-Vereine› und
‹Suppen-Anstalten› ins Leben gerufen. Natürlich traten durch die
sintflutartigen Regenfälle auch die Flüsse vermehrt über die Ufer.
Was muss das für den Alltag in Mannheim bedeutet haben?

Die Hungerjahre führten zu einer Auswanderungswelle, besonders nach Amerika. Die erste Etappe wurde in der Regel mit einem
Flussschiff nach Holland zurückgelegt. Indirekt wirkte sich die
Lebensmittelknappheit in vielerlei Hinsicht auch auf die Verkehrsrevolution aus. Es war sicher kein Zufall, dass Karl von Drais ausgerechnet im Juni 1817 auf einem Laufrad von seinem Wohnhaus
in der Nähe des Mannheimer Schlosses bis zum Relaishaus an der
Straße nach Schwetzingen und wieder zurück fuhr. Damals hatten
die Getreidepreise ihren Höchststand erreicht: «Viele Bauern verbargen von ihren Vorräthen unter dem Heu und sogar in Fässern,
um später noch höhere Preise zu erzielen, oder auch um dem gefürchteten Hungertod zu entgehen.»[12] In dieser Situation, als
Pferde kaum noch am Leben zu halten waren und massenhaft ver-
endeten, bewegte sich der Mann auf dem Laufrad vor seinen staunenden Zuschauern aus eigener Kraft etwa viermal so schnell voran
wie die damalige Post. Das Neue bestand vor allem in der Idee
eines einspurigen Fahrzeugs – ein vierrädriges hatte Drais schon
vier Jahre früher konstruiert.

Diese Mannheimer Probefahrt wies in die Zukunft, auch wenn es noch fast 100 Jahre dauern sollte, bis das Pferd als Verkehrsmittel vollständig marginal geworden war. Wenigstens als Freizeitbeschäftigung für Studenten und junge Adlige wurde das Laufradfahren schnell populär. 1818 folgte eine Vorführung jener «Bank mit Rädern, die Herr *von Drais* drauf sitzend mit Händen und Füßen fortbewegt»,[13] um mit Bettine von Arnim zu sprechen, im Pariser Jardin du Luxembourg. Damit wurde die weltweite Verbreitung des Radfahrens angebahnt, doch aufgrund des ungenügenden Patentschutzes profitierte Drais selbst kaum von seiner Erfindung. Während das Veloziped in Frankreich, England und den USA vielfach kopiert und verbessert wurde, musste es von deutschen Straßen bald wieder verschwinden. Im Zuge der von Klemens Fürst von Metternich veranlassten Karlsbader Beschlüsse, mit denen die Obrigkeit auf den Mord an Kotzebue antwortete, wurde jeder Freiluftsport untersagt. Damit sollte vor allem die mit den Burschenschaften eng verbundene Turnbewegung empfindlich getroffen werden. Das Verbot blockierte aber auch die Weiterentwicklung des Radfahrens. So gesellte sich Drais Anfang 1822 unter die zahlreichen badischen Auswanderer, um sein Glück in Brasilien zu versuchen. Die Schiffsreise von Bremen nach Rio de Janeiro dauerte damals zwei Monate.

Drais' Pionierleistung wurde erst nach seinem Tod angemessen gewürdigt und nicht zuletzt durch den Patent-Motorwagen des Zweirad-Enthusiasten Carl Benz bestätigt. Der Siegeszug des Automobils begann 1888 mit der legendären Reise von Bertha Benz den Neckar hinauf über Feudenheim und Ladenburg nach Heidelberg und von dort aus weiter nach Pforzheim. Benz' Frau unternahm sie ohne Wissen ihres Mannes zusammen mit ihren beiden Söhnen, weil sie die allgemeine Skepsis gegenüber der bereits drei Jahre alten Erfindung nicht länger ertragen wollte. Der größte Vorzug des neuen Gefährts bestand darin, das stellte eine

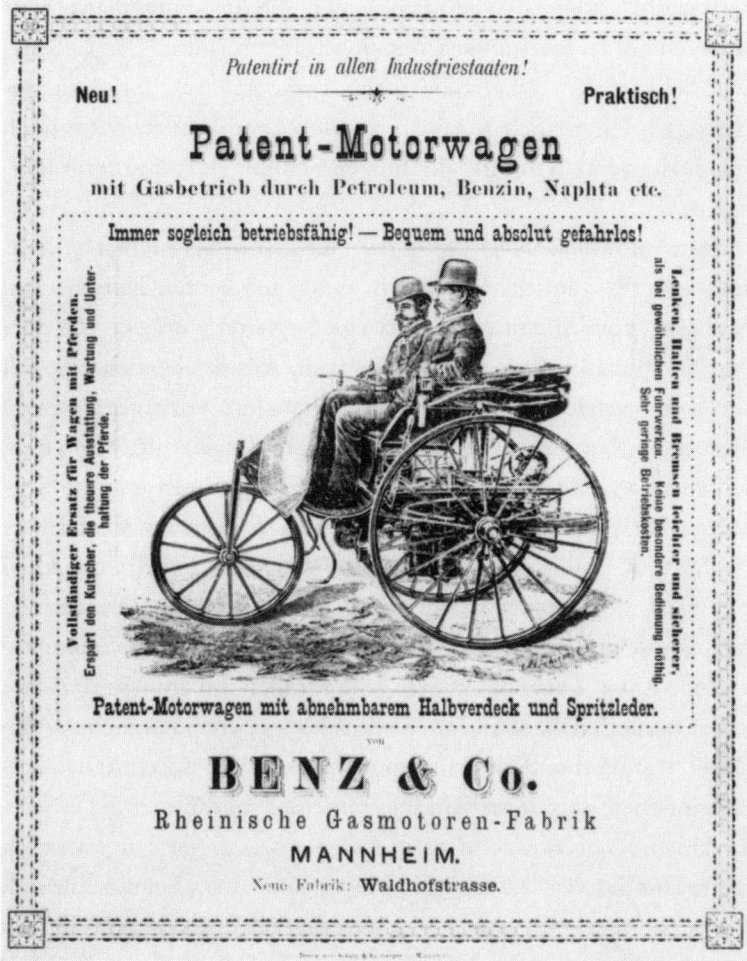

Werbung für Benz' ersten Patent-Motorwagen

frühe Werbeanzeige des Mannheimer Unternehmens unmissverständlich klar, dass nun vollständig auf Pferde verzichtet werden konnte: Der Patentmotorwagen erspare «den Kutscher, die theuere Ausstattung, Wartung und Unterhaltung der Pferde».[14] Wie fern war das alles noch den Problemen, die der Individualverkehr im 20. und 21. Jahrhundert mit sich bringen sollte! Die Lebenswirklichkeit der südwestdeutschen Verkehrs- und Industriepioniere, zu denen auch Johann Friedrich Cotta zählte, hatte noch viel mehr gemein mit der des jungen Schiller als mit unserer heutigen.

Der Autor der *Räuber* war in der Nacht vom 22. auf den 23. September 1782 zum dritten Mal in einer gemieteten Kutsche von Stuttgart nach Mannheim unterwegs. Begleitet wurde er von dem Musiker Johann Andreas Streicher, und diesmal handelte es sich um eine regelrechte Flucht. Nach Schillers vorangegangenem Besuch im Nationaltheater hatte ihn Karl Eugen zur Strafe zwei Wochen lang auf der Hauptwache inhaftieren lassen und ihm jeglichen Verkehr mit dem Ausland untersagt. Dem jungen Dichter drohte ein ähnliches Schicksal wie Christian Friedrich Daniel Schubart, der unter den Stuttgarter Karlsschülern besonders verehrt wurde und nun schon fünfeinhalb Jahre auf dem Hohenasperg einsaß. Einer Legende zufolge soll Schiller ihn im Vorjahr dort sogar besucht haben, und am Ende sei es zu einem herzlichen Ausdruck der Verbundenheit gekommen.[15] Es ist wesentlich wahrscheinlicher, dass diese Schlüsselszene der schwäbischen Geistesgeschichte hervorragend erfunden wurde, als dass sie wirklich stattgefunden hat.[16] Unstrittig hingegen ist, dass Schiller für sich im September 1782 nur noch eine Möglichkeit sah, um ein ihm gemäßes Leben zu führen: die Emigration ins pfälzische Ausland.

Getarnt als ‹Doktor Ritter› und ‹Doktor Wolf› brachen die Freunde gegen zehn Uhr abends in Richtung Esslingen auf, um Stuttgart gleich nach Verlassen der Stadt zu umrunden und über Enzweihingen, Bretten und Schwetzingen in Richtung Mannheim zu reisen. Der Zeitpunkt hätte nicht günstiger gewählt werden können: In dieser Nacht gab Karl Eugen ein ausschweifendes Fest zu Ehren des russischen Großfürsten und späteren Zaren Paul I.

Als sich Schiller und Streicher auf der Straße gen Norden befanden, sahen sie das Schloss Solitude auf seiner Höhe im Licht eines verschwenderischen Feuerwerks. Streichers postum veröffentlichtes Buch über *Schillers Flucht von Stuttgart und Aufenthalt in Mannheim von 1782 bis 1785* ist die Hauptquelle für unser Bild des jungen Klassikers, und im Wesentlichen folgen alle Schiller-Biografen seiner Darstellung. Dabei wird selten bedacht, dass Streicher die Niederschrift frühestens 1820 begonnen hat. Es ist mehr als wahrscheinlich, dass seine Erinnerungen im Laufe von fast vier Jahrzehnten unzuverlässig wurden und vieles erst beim Erzählen romanhafte Qualitäten gewonnen hat. So vielleicht auch jene eindringliche Beschreibung des Blicks zurück nach Stuttgart, die immer wieder kolportiert wird: «Gegen Mitternacht sah man links von Ludwigsburg eine ausserordentliche Röthe am Himmel, und als der Wagen in die Linie der Solitüde kam, zeigte das, daselbst auf einer bedeutenden Erhöhung liegende Schloß, mit allen seinen weitläufigen Nebengebäuden, sich in einem Feuerglantze, der sich in der Entfernung von anderthalb Stunden, auf das überraschendste ausnahm.» Die Luft soll in dieser Nacht so klar gewesen sein, «daß Schiller seinem Gefährten den Punct zeigen konnte, wo seine Eltern wohnten».[17]

Der Fluchtweg führte am Hohenasperg vorbei, und für den Fall der Fälle hatte Schiller zwei Pistolen eingesteckt, mit denen sich ein echter Räuber allerdings nicht abgegeben hätte, denn sie waren beide defekt. Doch mitunter helfen auch Attrappen gegen die Angst. Im Morgengrauen wurde die Staatsgrenze problemlos überschritten – der gesamte württembergische Staatsapparat war mit der Ausrichtung des opulenten Festes beschäftigt. Streicher und Schiller hatten das Glück auf ihrer Seite. Dafür wartete in Mannheim eine herbe Enttäuschung auf sie: Schillers Freunde am Theater reagierten keineswegs begeistert auf die Ankunft des Exilanten am Morgen des 24. September.[18]

Stuttgart befand sich zwar in einem anderen Staat, die Residenz Karl Eugens war aber doch so nah, dass man sich in der Kurpfalz vor seiner Rachsucht nicht sicher fühlen konnte, zu eng waren die Verflechtungen zwischen den Nachbarländern. Sogar der Intendant Dalberg befand sich unter den Stuttgarter Festgästen, und dieser war an allem anderen mehr interessiert als an politischen Schwierigkeiten, in die er durch einen jungen Dichter hätte gezogen werden können – und sei dieser noch so genial.

Die Ereignisse der folgenden Tage ließen dann keinen Zweifel mehr daran, dass Schiller durch seine Flucht von einer Misere in die nächste geraten war. Denn in der Quadratestadt wartete niemand auf ihn, und alles, was ihm hier blühte, war der finanzielle Ruin. Besonders Dalberg hatte er vollkommen falsch eingeschätzt. Nach dem Erfolg der *Räuber* und all dem Lob, mit dem er von den Schauspielern und vom Publikum überschüttet worden war, hatte er es für selbstverständlich gehalten, von Dalberg unterstützt zu werden, sobald er in Mannheim als freier Mann auftauchte. Der Intendant aber zeigte sich zögerlich, und die von Schiller erhoffte Anstellung als Theaterdichter in Mannheim schien zunächst völlig undenkbar zu sein.

Am 27. September konnte Schiller immerhin *Die Verschwörung des Fiesko zu Genua*, sein fast abgeschlossenes neues Stück, im Haus des Regisseurs Wilhelm Christian Dietrich Meyer vorstellen. Anwesend waren die wichtigsten Künstler des Nationaltheaters, darunter auch Iffland, und alle Gäste hatten den Erfolg der *Räuber* noch in bester Erinnerung. Schillers zweites Stück aber fiel bei dieser ersten Lesung schlichtweg durch. Der Misserfolg war so groß, dass sogar Meyer spontan daran zweifelte, ob es wirklich Schiller gewesen war, der die *Räuber* geschrieben hatte. Schiller war verwirrt. Meyer ließ es bei der Begründung seiner Frage an Härte nicht mangeln: Der *Fiesko* sei «das allerschlechteste», was er je gehört habe, und er halte es für unmöglich, «daß derselbe Schiller

der die Räuber geschrieben, etwas so gemeines, elendes sollte gemacht haben».[19]

So früh schon sollte Schiller erfahren, was es heißt, als öffentliche
Figur auf eine bestimmte Rolle festgelegt zu werden, wobei sein
Misserfolg weniger auf den Dramentext zurückzuführen war als auf
seine naive und schwülstige Art der Deklamation und nicht zuletzt auf seine schwäbische Aussprache.[20] Denn schon am folgenden Morgen revidierte Meyer sein Urteil, nachdem er nachts für
sich allein in Schillers Manuskript gelesen hatte. Das gab Hoffnung, an den akuten Schwierigkeiten des Flüchtlings änderte es
nichts. Am 3. Oktober verließen Streicher und Schiller Mannheim
über die Neckarbrücke, auch aus Sicherheitsgründen, in Richtung
Darmstadt, um von dort weiter nach Frankfurt zu wandern. Die
Erlösung hätte eine positive Nachricht vom Mannheimer Theater
und vor allem ein Vorschuss auf den *Fiesko* gebracht. Dalberg war
hierzu vorerst aber nicht bereit.

Erst im folgenden Sommer wendete sich das Blatt: Ab September 1783 wurde Schiller doch noch als Theaterdichter engagiert,
vorerst für ein Jahr, mit einer ansehnlichen Besoldung. Es sollte
seine beste Zeit in Mannheim werden, allerdings begann auch sie
mit einem Rückschlag, an dem die besondere Topografie der
Stadt und vor allem die Sümpfe in der Rheinebene nicht unschuldig waren: Im August 1783 erkrankte er an Malaria. Der Sommer
war ungewöhnlich heiß und «aus den mit Morast und stehen-
dem Wasser angefüllten Festungsgräben» entwickelte sich eine
«so faule, verdorbene Luft», dass «kaum die Hälfte der Einwohner von diesem Uebel verschont blieb», wie sich Streicher erinnerte.[21]

In der Tat nahm die Epidemie in der Stadt zwischen den beiden
Flüssen für heute unvorstellbare Ausmaße an; überhaupt forderte
die Malaria im 18. Jahrhundert in Deutschland mehr Opfer als die
Kriege.[22] In einem Brief berichtete Schiller, dass er selbst zwar

nicht in Lebensgefahr schwebe, aber seit drei Wochen krank und bettlägerig sei. Täglich habe er Anfälle von «kaltem Fieber» zu überstehen. «Schon die 8 Wochen, die ich in Mannheim zubringe wüthet eine gallichte Seuche in der Stadt, die so allgemein ist daß unter 20 000 Menschen 6000 krank niederliegen.»[23] Der Regisseur Meyer sei bereits an der Malaria gestorben.

Mit ihm hatte Schiller einen seiner wichtigsten Fürsprecher und Freunde am Mannheimer Theater verloren, doch davon ließ er sich nicht beirren. Im Januar wurde *Fiesko* in einer überarbeiteten Fassung aufgeführt, mit mäßigem Erfolg. Erschwerend kam hinzu, dass die Flüsse im Februar 1784 über die Ufer traten, was den Alltag der Stadt stark beeinträchtigte. Keller liefen voll Wasser, und viele Straßen waren unpassierbar. Ende des Monats musste auch das Theater für mehrere Tage geschlossen werden, und danach wurde der *Fiesko* nicht wieder ins Repertoire genommen.[24]

Bejubelt wurde Schiller in Mannheim erst wieder im Mai für sein bürgerliches Trauerspiel *Kabale und Liebe*. Abermals kam es unter den Zuschauern zu «heftigsten Bewegungen», und die Inszenierung sollte sage und schreibe bis 1792 im Repertoire bleiben.[25] Zu einer Vertragsverlängerung konnte das Stück Dalberg trotzdem nicht bewegen; möglicherweise hätte Schiller eine bessere Verhandlungsposition gehabt, wenn Meyer noch am Leben gewesen wäre. Nun näherte er sich wieder einmal dem Bankrott, und nach Monaten der Ungewissheit entschloss er sich im April 1785, nach Leipzig zu gehen und einen Neuanfang zu wagen. In einem Brief an Christian Gottfried Körner, der ihn dorthin eingeladen hatte, machte er schon am 22. Februar keinen Hehl mehr aus seiner Verzweiflung. Mannheim komme ihm jetzt vor wie ein Kerker, der Horizont der Stadt liege drückend auf ihm. Leipzig dagegen erscheine ihm in seinen Träumen «wie der rosigte Morgen jenseits den waldigten Hügeln». Dort könne er wohl glücklich werden.[26]

Schon in dieser frühen Phase seines Lebens verdankte Schiller fast alle positiven Entwicklungen der enormen Begeisterung seiner Leser. Sie war die einzige Grundlage für die Gastfreundschaft des Leipziger Kreises um Körner. Und früh schon gehörten Schillers Verehrer allen Generationen, allen gesellschaftlichen und politischen Lagern an: Goethe faszinierte sein Genie ebenso wie Novalis oder Hölderlin. Kotzebue suchte die Nähe des am Neckar groß gewordenen Dramatikers, obwohl er selbst kommerziell viel erfolgreicher war, und sogar Carl Ludwig Sand ließ sich Schillers Werke in die Todeszelle bringen.

Mannheim gilt seit der Uraufführung der *Räuber* als Schiller-Stadt. Hätte das Nationaltheater nach seiner Zerstörung im Zweiten Weltkrieg ohne diesen Ehrentitel überhaupt einen Neubau bekommen? Dieser wurde 1957 eröffnet und findet sich bezeichnenderweise am Goetheplatz, außerhalb des historischen Stadtkerns. Der frühere Standort im Quadrat B 3 wurde in einen Park umgewandelt. Selbstverständlich darf an dieser Stelle ein Bildnis des Dichterfürsten nicht fehlen. Es wurde bereits 1862 aufgestellt und zeigt Schiller ausschreitend, die rechte Hand von sich gestreckt, in der linken einen Umhang und das Manuskript der *Räuber*, als mache er gerade eine Pause beim Deklamieren. Vor dem Hintergrund, dass Schillers Schwäbisch und sein Vortragsstil ihm im September 1782 bei den Stars des Nationaltheaters beinahe alle Chancen verbaut hätten, wirkt das fast ironisch.

10.
Vom Schwenninger Moos nach Sulz
und darüber hinaus

Am Ursprung – Zwischen den Jahren – Bis zum offenen Meer:
Wilhelm Hauffs Flößer – Raubbau und Renaturierung – Rottweil –
Erinnerungen an die Bernsteinschule

Alfons Paquet porträtierte das Neckartal vor den Verheerungen des
Zweiten Weltkriegs und den einschneidenden Veränderungen der
Adenauer-Ära auf so altmeisterliche Weise, dass es nicht leichtfällt,
sich ihn in der Luft vorzustellen. Doch der Schriftsteller legte die
Distanz zwischen Mannheim und Schwenningen weder mit dem
Schiff noch mit dem Auto oder gar zu Fuß zurück, sondern tatsächlich wie ein rasender Reporter mit dem Flugzeug. «Man kann die
Strecke von der Mündung bis zur Quelle in einer Stunde fliegen»,
schrieb er 1928. «Aber die Launen, die Spielereien, die Krümmun-
gen des Flusses, man nennt sie die Stromentwicklung, machen aus
den hundertfünfundsechzig Kilometer Abstand von Mannheim bis
zu dem Dorfe Schwenningen im oberen Schwarzwald die doppelte
Länge, ein Viertel der ganzen Länge des Rheins. Das Auge sucht
tief in der Ebene den Fluß und findet das schmale Rinnsal wie auf
einem Teppich.»[1]

Zwischen Schwenningen und der alten Reichsstadt Rottweil, die
politisch fast dreieinhalb Jahrhunderte mit der Schweizer Eid-
genossenschaft verbunden war, ist der Neckar in der Tat schmal,
oberhalb des Zuflusses der Eschach sogar sehr schmal. Mündet er
bei Mannheim 95 Meter über dem Meeresspiegel in den Rhein, so
liegt sein Anfang zwischen Schwarzwald und Schwäbischer Alb auf
der Baar, ganz in der Nähe der jungen Donau, in einer Höhe von

706 Metern. Der ‹Unbezähmbare› beginnt dort gewissermaßen im Ungefähren, denn wirklich präzise lässt sich sein Ursprung nicht lokalisieren. Der Neckar bezieht sein Wasser aus dem Schwenninger Moos, einem vergleichsweise großen Hochmoor. Heute steht es zwar unter Naturschutz, doch über Jahrhunderte hinweg hat man hier Torf abgebaut. So bescheiden sich das Rinnsal in Schwenningen ausnimmt, es ist nicht anders als jene Großschifffahrtsstraße hinter Plochingen, auf der mit Hilfe von 27 Staustufen immer noch ein Höhenunterschied von 161 Metern überwunden werden muss, ein Stück Landschaft, das von Menschen wieder und wieder umgestaltet worden ist. Besonders deutlich zeigt sich das daran, dass man die Neckarquelle im Laufe der Jahrhunderte mehrmals neu festgesetzt und verschoben hat.

Im *Geographischen Statistisch-Topographischen Lexikon von Schwaben* aus dem späten 18. Jahrhundert heißt es lapidar über Schwenningen, das seit der Verwaltungsreform von 1972 zusammen mit dem badischen Villingen eine recht große und wirtschaftlich bedeutende Doppelstadt bildet, es sei ein «Pfarrdorf von 1762 Seelen». «Dieser Ort ist wegen des Ursprungs des Nekars bekannt, der aus einer unbedeutenden Quelle hier im freien Felde entsteht.»[2] Im Artikel über den Neckar selbst wird sein unscheinbarer Anfang etwas genauer beschrieben, so wie er 1581 von Herzog Ludwig fixiert worden war: «Der Ort, wo der Fluß quillt, ist eine Ebene, am Fuß eines kleinen Berges. Die Quelle ist in ein 3½ Fuß langes, 2½ Fuß breites Bassin gefaßt, und der Ablauf dieses ansehnlich werdenden Flusses ist nur ein Zoll hoch und einen halben Zoll breit. Die Quelle wird aber bald durch andere verstärkt, so daß er nicht weit von seinem Ursprung einige Mühlen treibt.»[3] 1981 wurde am sogenannten historischen Quellort im heutigen Stadtpark Möglingshöhe ein neuer Gedenkstein aufgestellt. Das 400 Jahre alte und 1733 unter Eberhard Ludwig erneuerte Bassin wanderte ins Heimatmuseum. 2010 gestaltete man die Neckarquelle für die

Die Neckarquelle, seit 2010 in neuer Gestalt

Landesgartenschau komplett um.[4] Nun plätschert sie aus einer massiven Muschelkalkplatte, die in ihrer pathetischen Schlichtheit an einen Grabstein erinnert. Daran ändert auch das lebensgroße Bronzebildnis eines zeitunglesenden Jünglings wenig, das man ihr auf Initiative der Tageszeitung *Die Neckarquelle* beigesellt hat. Diese hat zur Finanzierung der neuen Anlage entscheidend beigetragen. Allemal wichtiger als der symbolische Anfang des jungen Flusses ist die Tatsache, dass man den viel zu lange kanalisierten, ins Untergeschoss der Stadt verbannten und vom Tageslicht abgeschnittenen Bach mühevoll wieder freigelegt hat. Endlich kann man an ihm wieder entlanglaufen wie in der Zeit vor dem Aufstieg Schwenningens zum Zentrum der Uhrenindustrie, einer Epoche, die nun auch schon seit einem Vierteljahrhundert der Vergangenheit angehört. Denn als internationale Elektronikkonzerne den Uhrenmarkt eroberten, konnten die Schwenninger Traditionsbetriebe nicht mehr konkurrieren.

Am 26. Dezember 2011 ist es im Schwenninger Moos eher warm und nicht sehr winterlich, aber das Wasser des Moores ist gefroren. Im Nachmittagslicht schillert es wie ein Tuch aus Blau und Gold. Die toten Bäume, die dunkel aus dem Eis emporragen, hätte ein surrealistischer Maler nicht besser erfinden können, ebenso den vertrockneten hellbraunen Pelz des Schilfgürtels. Kinder brechen Eisstücke vom Ufer und lassen sie über die weiten gefrorenen Flächen schnellen. Ein paar Krähen, ein Bussard.

Die meisten Weihnachtsspaziergänger tun sich schwer mit den überschwemmten Wegen, die um das Moor herumführen. Eine junge Frau zieht sich sogar ihre Wildlederstiefel und Socken aus und durchquert eine besonders tiefe Pfütze barfuß – sie tut das wohl mehr, um ihren Freunden zu imponieren, als um die Stiefel zu schonen. Neben dem Holzsteg, von dem man das Moor aus der Nähe betrachten kann, steht ein kleiner geschmückter Tannenbaum inmitten von Schneeresten. Die Sonne lässt das Lametta und die Glaskugeln stärker funkeln als jedes Kerzenlicht. Es ist schon halb fünf, gleich wird es dunkel.

Am Südrand des Gebiets gelangt man an die Grenze zwischen dem früheren Großherzogtum Baden und dem Herzogtum Württemberg, bemerkenswerter allerdings ist eine andere Grenze, die mitten durch das Schwenninger Moos verläuft: die Europäische Wasserscheide. Zwischen Schilf und Rohrkolben trennen sich hier die Zuläufe zum Atlantik und zum Schwarzen Meer.

Im 19. Jahrhundert hatten topografische Arbeiten oft noch viel mit künstlerischen Landschaftsdarstellungen gemein. Das gilt sogar für die offizielle, 1875 vom Oberamt Rottweil veröffentlichte Beschreibung der Region, deren Autoren sich vom literarischen Duktus ihrer Zeit inspirieren ließen. So schrieben sie über den jungen Neckar: «Das aus nicht besonders starker Quelle entspringende Flüßchen läßt hier oben seine künftige Bedeutung noch nicht ahnen, kräftigt sich aber schon auf der Deißlinger Markung durch zwei reiche Quellen im Thal, wächst, nach Aufnahme der Eschach und Prim, rüstig heran und setzt auf seinem Weg durch den Bezirk 24 Mühlen und andere Wasserwerke in Bewegung. Seine Breite beträgt anfänglich nur einige Fuß, bei Rottweil schon 50–60; seine Tiefe wechselt von 3–6 Fuß.»[5]

Bereits in der Zeit der frühesten überlieferten Aufzeichnungen wurde der Fluss von Menschen als Nahrungs- und Energiequelle verwendet, er wurde gestaut und umgebaut. Teile des Wassers leitete man durch Kanäle ab, um Mühlen anzutreiben. Heute wird das Gefälle am Oberlauf von fünf Kraftwerken genutzt. Außerdem hatte man spätestens vor einem halben Jahrtausend damit begonnen, den Neckar auch über die Enzmündung hinaus flößbar zu machen. Das Ziel war eine effiziente Holzwirtschaft. Eines der eindrucksvollsten Denkmäler für die erst nach 1900 aufgegebene Flößerei ist Wilhelm Hauffs Märchen *Das kalte Herz*. Unübertroffen zeichnete der früh verstorbene Meistererzähler ein Bild jener Schwarzwald-Bewohner, die einen Großteil ihres Lebens auf Reisen verbracht haben. «Ihre Freude ist», heißt es bei Hauff, «auf ihrem Holz die Ströme hinabzufahren, ihr Leid, am Ufer wieder heraufzuwandeln. Darum ist auch ihr Prachtanzug so verschieden von dem der Glasmänner im andern Teil des Schwarzwaldes. Sie tragen Wämser von dunkler Leinwand, einen handbreiten grünen Hosenträger über die breite Brust, Beinkleider von schwarzem Leder, aus deren Tasche ein Zollstab von Messing wie ein Ehrenzeichen hervorschaut; ihr Stolz und ihre Freude aber sind ihre Stiefeln, die größten wahrscheinlich, welche auf irgendeinem Teil der Erde Mode sind; denn sie können zwei Spannen weit über das Knie hinaufgezogen werden, und die ‹Flözer› können damit in drei Schuh tiefem Wasser umherwandeln, ohne sich die Füße naß zu machen.»[6]

Im *Kalten Herz* lassen sie das Holz die Nagold und die Enz hinab und bei Besigheim in den Neckar treiben, um es bis nach Holland zu befördern. Diese Route wurde schon zur Römerzeit genutzt. Doch bereits als Hauff seine Märchen verfasste, arbeitete man daran, die über 300 Meter langen Flöße auch auf dem oberen Neckar einzusetzen. 1828 streckte man den Fluss, damit sie ab der wesentlich höher gelegenen Mündung der Glatt ins Tal hinabgleiten konnten. Und wie auf historischen Stichen zu sehen ist, konnte bald auch von Sulz aus geflößt werden – ab 1854 sogar von Rottweil, dem bedeutendsten Ort am Oberlauf. Berühmt ist die auf die römische *Arae Flaviae* zurückgehende und bereits 771 urkundlich erwähnte Stadt heute nicht nur aufgrund der Hunderasse, die ihren Namen trägt, sondern vor allem als Zentrum der schwäbisch-alemannischen Fasnet. Jahr für Jahr lockt der traditionelle Narrensprung am Rosenmontag Tausende in die Rottweiler Altstadt mit ihren bunten Fassaden, prächtig verzierten Erkern und dem Kapellenturm, ihrem Wahrzeichen, dessen Bau um 1330 begonnen wurde.[7] Im 15. Jahrhundert wurde er um zwei achteckige Obergeschosse mit durchbrochenen Spitzbogenfenstern erweitert, die ihn zu einem überragenden Beispiel der spätgotischen Baukunst machten.[8]

Nicht nur für Ludwig Uhland war Rottweil besonders durch «seine bizarre Lage» bemerkenswert. «Von einem hohen Thurme, der auf der größten Höhe der Stadt steht, hat man eine sehr ausgedehnte Aussicht. Die schwarzen Tannenwälder zogen sich recht scharf gezeichnet zwischen den Schneefeldern hin», schrieb er im Januar 1812 an einen Freund.[9] In der Tat befindet sich die Stadt günstig auf einem nach drei Seiten dramatisch abfallenden Muschelkalksporn hoch über dem Fluss. Dennoch war der Neckar, den man von den Resten der Stadtbefestigung aus stetig in der Tiefe rauschen hört, auch hier wirtschaftlich von entscheidender Bedeutung. Seit der Stauferzeit beruhte Rottweils wachsender Wohlstand nicht nur auf der Viehzucht und der Metallverarbeitung, sondern ebenso auf dem Handel mit Getreide und Holz.

Selbstverständlich verwandelte der ungebremste Raubbau an der Natur nach und nach das Gesicht des Schwarzwalds. Nicht anders erging es dem Neckar, den große Teile des heutigen Baden-Württemberg von jeher für sich nutzten und der entsprechend viel zu verkraften hatte. Trotz der Idealisierung durch die schwäbischen Romantiker hat es sehr lange gedauert, bis man das Neckartal als eine wertvolle und schützenswerte Landschaft wahrnahm. Ansonsten hätte es im 20. Jahrhundert niemals auf eine Weise zugerichtet und ramponiert werden können, die heute kaum noch nachvollziehbar ist. Seit der Hochindustrialisierung war man vor allem darauf aus, die Nutzflächen zu vergrößern und Überschwemmungen vorzubeugen – mit dem Ergebnis, dass der Neckar auf den Gewässergütekarten bis vor wenigen Jahren fast überall als sehr stark verschmutzt ausgewiesen wurde. Schleusen, Kraftwerke und Staustufen beruhigten ihn so konsequent, dass von seiner sprichwörtlichen Wildheit nichts mehr übrig blieb. Es war nicht nur die Schifffahrt, die dafür sorgte, dass vor 30 Jahren mehr als die Hälfte der Fischarten und die früher so beliebten Badestellen verschwunden waren. Die Abwassermassen, die man weitgehend ungereinigt in den Fluss leitete, trugen das ihrige bei. Zusätzlich zog die Modernisierung der ufernahen Straßen das ohnehin schon enorm belastete Ökosystem in Mitleidenschaft: Altarme wurden zugeschüttet, Flussinseln, Kies- und Sandbänke zerstört.

Die Überbauung der Auen brachte den Rückzug vieler Tiere mit sich, besonders auffällig war das Ausbleiben der Störche. Erst im vergangenen Jahrzehnt hat der Artenreichtum in der Region wieder zugenommen. Gleichzeitig gewann das Neckartal als Naherholungsgebiet und für den Tourismus an Bedeutung. Vom Schwimmen wird wegen der hohen Keimbelastung nach wie vor abgeraten, doch es ist wohl nur eine Frage der Zeit, bis auch dieses Tabu der Vergangenheit angehört.[10]

Wahrscheinlich wird der Neckar nie wieder ein Fluss werden, zu dem es einen hinzieht wie an den Rhein, die Donau oder die Elbe. Nicht einmal Hölderlin konnte etwas daran ändern, dass er zum Mythos von jeher höchstens in der Heidelberger Gegend getaugt hat – als mächtig gewordener Strom im Schatten der Schlossruine und mit dem einst gefürchteten ‹Hackteufel›, jener Felsbarriere, an der immer wieder Boote und Flöße zerschellten. Wahrscheinlich ist der Neckar einfach zu kurz und zu schmal, um als einer der bedeutenden europäischen Flüsse von sich reden zu machen, er markiert ja nicht einmal eine Landesgrenze. Aber den Ruf, in erster Linie eine Kloake für die satte und geschäftige Heimat des Automobils zu sein, ist er wieder los.

In wenigen Ballungsräumen kann der Erfolg von Landschafts- und Umweltschutzmaßnahmen so gut beobachtet werden wie im Neckartal. Ein entscheidender Schritt hierzu war die Verbesserung der Wasserqualität durch Kläranlagen. Zur Wiederherstellung der früheren ökologischen Vielfalt reicht das aber nicht aus. Deshalb werden immer mehr Uferabschnitte geöffnet und renaturiert. Eine Großtat wäre es, den Kraftfahrzeugverkehr in Flussnähe zu reduzieren, das allerdings scheint so gut wie unmöglich. Vielmehr nimmt die Zahl der Berufspendler, die ihre Zeit in kilometerlangen Staus totschlagen, weiterhin zu.

Auch das ist ein Ausdruck des Grundproblems, das zur bedenkenlosen Umgestaltung des Neckars geführt hat: Er fließt durch eine seit Jahrhunderten außerordentlich dicht besiedelte Region. Um sich vor Augen zu führen, was das bedeutet, muss man nur an einem Januarmorgen zu einer Burgruine wie Albeck oberhalb von Sulz hinaufsteigen und durch die winterkahlen Baumkronen und Nebelschwaden auf den Ort und den Fluss hinabschauen. Obwohl Sulz vergleichsweise klein ist, findet sich zwischen den steil abfallenden Bergen kaum ein unbebautes Stück Ufer. Wohnhäuser wechseln sich ab mit kleineren Wirtschaftsbetrieben. Schon im 18. Jahrhundert konnte die Stadt nicht nur auf eine lange Tradition

Franz Adam Schnorr: Postkutsche auf dem Weg nach Sulz am Neckar,
um 1835, auf dem Neckar eines der typischen langen Flöße

der Salzgewinnung zurückblicken – ihr verdankt sie ihren Namen –,
sie besaß auch eine «Kottonfabrik», die sich unweit der Saline auf
einer Flussinsel befand. Zur Fabrik gehörten ein «Farbhaus», ein
«Hanghaus», ein «Vorathshaus» und eine «Walkmühle». Außerdem gab es zwei Bleichen, eine für weiße und eine für bereits be-
druckte Tücher, die man über Triest bis in die Türkei verkaufte.[11]
So abgeschieden und rückständig eine Stadt wie Sulz in mancher
Hinsicht gewesen sein mag, der Anschluss an den internationalen
Warenverkehr war damals bereits eine Selbstverständlichkeit.

Im nahen Glatt am gleichnamigen Neckarzufluss findet sich ein
weißes, viertürmiges Renaissance-Schloss, dessen mittelalterlicher
Wassergraben als einziger in der Region vollständig erhalten geblieben ist. Dabei gehörte die Wasserburg besonders zwischen Rot-

tenburg und Stuttgart einst zu den bevorzugten Bauformen. Heute beherbergt das Glatter Schloss ein Bauern- und ein Adelsmuseum, und sein Westflügel kann mit einer eindrucksvollen Galerie des 20. Jahrhunderts aufwarten. Das ist kein Zufall: Die Ausstellung präsentiert die Geschichte jener Künstler, die zwischen 1946 und 1955 im 20 Autominuten entfernten früheren Kloster Bernstein zusammenfanden. In der Zeit der französischen Besatzung beherbergte es eine Kunstschule, die für das Land Württemberg-Hohenzollern die Akademie ersetzte. Gegründet wurde sie von dem Maler Paul Kälberer, weit über den Neckarraum hinaus bekannt wurde sie aber erst durch den Grafiker und Holzschneider HAP Grieshaber. In den gut zwei Jahren unter seiner Leitung öffnete sich die Bernsteinschule der Avantgarde und entwickelte sich zu einer Art Ateliergemeinschaft, die sie nicht nur für eine Reihe von bildenden Künstlern, sondern ebenso für einige Schriftsteller zu einer wichtigen Erfahrung werden ließ.[12]

Im Frühjahr 1951 kam auch der Schulabbrecher Peter Härtling aus Nürtingen hierher. Es war nur eine kurze Zeit, die der Jungautor in der Künstlergemeinschaft verbrachte, doch in seinen autobiografischen Äußerungen kommt er oft auf sie zurück. Die Bernsteinschule galt damals vielen als ein Gegenentwurf zur Nachkriegsgesellschaft, in der ökonomische Interessen immer stärker dominierten: Bildhauer, Musiker, Dichter und Handwerker arbeiteten hier zusammen. «Nicht Grieshaber schrieb mir», erinnerte sich Härtling fast ein halbes Jahrhundert nach Schließung der Schule, «sondern ein Ludwig Greve, der mir den Ankunftstag vorschlug, die Reiseroute angab: mit der Bahn bis Sulz am Neckar, danach mit dem Bus die Alb hoch nach Heiligenzimmern.» Die Bernsteinschule unterschied sich dann aber doch sehr von den Gerüchten, die über sie kursierten: «Das ehemalige Kloster, ein lang gestreckter einstöckiger Bau, diente keineswegs nur als Zuflucht und Besinnungsort für Künstler. Es war auch ein Bauernhof mit

Ställen, Misthaufen und der großen Familie, die den ‹Künstlern› allerdings aus dem Weg ging.»[13]

Hier lernte Härtling auch Max Fürst kennen. Als Jude war dieser genau wie Greve erst 1950 aus Palästina zurückgekehrt. Viele Jahre später wurde seine Autobiografie *Gefilte Fisch* zum Bestseller. ‹Luz› Greve arbeitete seit 1961 im Marbacher Literaturarchiv. Daneben publizierte er sein Leben lang Gedichte. Zu ihm hatte Härtling in der Bernsteinschule den engsten Kontakt. Doch auch diese Freundschaft war von Asymmetrien belastet und von kurzer Dauer. «Ich hatte Luz die Korrekturfahnen meiner Gedichte gegeben», schreibt Härtling in seinen Erinnerungen. «Er werde sie lesen, und er würde bei Gelegenheit sein Urteil sagen. Das tat er nie. Merkwürdigerweise erwartete ich es auch nicht.»[14] Hatte Greves Schweigen mit den so unterschiedlichen Erfahrungen zu tun, die die beiden jungen Männer in den Vorjahren gemacht hatten: der eine im Exil, der andere als Flüchtlingskind und Vollwaise? Oder hatte Greve einfach erkannt, dass der neun Jahre Jüngere mit seinen Gedichten, die bei Bechtle in Esslingen erscheinen sollten, schon viel weiter war als er selbst?

Was auch immer das Problem war, zumindest wurde Härtling bald von Max Fürst nahegelegt, die Bernsteinschule wieder zu verlassen und das Abitur doch noch zu machen. Aber Letzteres wollte er auf gar keinen Fall. Stattdessen kehrte er nach Nürtingen zurück, wo er begann, für die Zeitung zu schreiben: «karge Zeilenhonorare halfen mir, eine Spur großzügiger zu sein, sie schenkten mir einen Anschein von Unabhängigkeit».[15] Nun, für einen nicht einmal volljährigen Literaten war das nicht das Schlechteste: Es war der Anfang einer Ausnahmekarriere als Redakteur, Cheflektor und Autor von Romanen und Erzählungen, unter anderem über Lenau, Hölderlin, Mörike und Waiblinger. Erfolgreich wie wenige vor ihm hat Peter Härtling die mit dem Neckar verbundene Dichtung bekannt gemacht. Dabei kam er selbst 1933 gar nicht in Schwaben, sondern in Chemnitz zur Welt. Erst nach dem Krieg verschlug es ihn mit seiner Mutter nach Nürtingen, wo diese sich bereits im Oktober 1946 das Leben nahm. Und wie viele Schriftsteller, Künstler und Wissenschaftler vor ihm musste auch Härtling die Gegend, in der er erwachsen wurde, verlassen, um sich durchzusetzen. Seit mehr als 40 Jahren lebt er in Mörfelden-Walldorf, südlich von Frankfurt am Main.

11.
Nordstetten bei Horb

Februar 2012 – Masken und Guggenmusik – Berthold Auerbach –
Schwarzwälder Dorfgeschichten – Die Stadt ohne Juden –
Veit Stoß, spurlos

Ab Mitte Januar herrschte in ganz Süddeutschland strenger Frost.
Die Felder waren verschneit, und jeden Morgen schwammen mehr
Eisschollen auf dem Neckar, die freilich nichts Spektakuläres an
sich hatten, sondern so dünn und zerbrechlich waren, dass sie
gerade mal Vögel und von Kindern geworfene Steine und Tannen-
zapfen trugen. Erst zu Fasching schmolz der Schnee.

Der 18. Februar 2012 ist in der nicht einmal zweieinhalbtausend
Einwohner zählenden Ortschaft Nordstetten ein besonderer Tag.
Mittags sind alle Straßen gesperrt. Fast das ganze Dorf versammelt
sich auf den Gehwegen der Hauptstraße, die am Schloss und an der
Kirche vorbeiführt. Um kurz nach eins sind die Trommeln und
Schellen der ersten Narren zu hören: Eine Herde schwarzbunter
Kühe verteilt Süßigkeiten, dicht gefolgt von Keulen schwingenden
Urmenschen. Teufel mit Wildschweinhauern und großen, vor die
Wampen geschnallten Glocken tauchen auf, gleich darauf grau-
mähnige Hexen mit balkonartigen Holznasen, monströsen Zähnen
und roten und blauen Schürzen. Die ‹Geißböck› sind in braunen
Kunstpelz gehüllt, ihre Gesichter verbergen sie unter gewaltigen
Ziegenmasken. Etwas seriöser geben sich die Mitglieder des Nar-
renrats. In ihren rotschwarzen Mänteln erinnern sie an Zirkus-
direktoren.

Am auffälligsten ist eine Art Trachtengruppe: Die Blusen sind
königsblau, die weiten Hosen weiß. Bei den meisten ist ein junger

Mann auf das rechte Bein gemalt, eine junge Frau auf das linke. Die beiden Figuren wenden sich einander zu, doch sie trennt stets der Abstand zwischen den Beinen. Ihre Gesichter verbergen die zur Guggenmusik aufmarschierenden Gruppenmitglieder hinter grinsenden Masken, dazu tragen sie Kopftücher und Strohhüte. In der einen Hand halten sie einen aufgespannten Schirm, in der anderen einen Korb. Vorneweg schreitet ein Paar: ein hoch aufgeschossener Mann mit roter Weste, Fliege und Mütze, seine Holzaugen deuten ein Schielen an, und ein dunkelhaariges Mädchen. Das sollen der ‹Tolpatsch› und das ‹Marannele› sein. Sie entstammen einer Geschichte von Berthold Auerbach, Nordstettens bekanntestem Sohn.

Allzu streng nimmt es die Narrenzunft allerdings nicht mit der Werktreue. Auerbach beschreibt den kurzsichtigen *Tolpatsch* zu Beginn seiner gleichnamigen und wohl bekanntesten Erzählung folgendermaßen: «Ich sehe dich vor mir, guter Tolpatsch, in deiner leibhaftigen Gestalt, mit deinen kurzgeschorenen blonden Haaren, die nur im Nacken eine lange Schichte übrig hatten; du siehst mich an mit deinem breiten Gesichte, mit deinen grossen blauen Glotzaugen und dem allweg halboffenen Munde. Damals, als du mir in der Hohlgasse, wo jetzt die neuen Häuser stehen, einen Lindenzweig abschnittst, um mir eine Pfeife daraus zu machen – [...] Ich erinnere mich noch wohl deiner ganzen Kleidung: freilich ist sie leicht zu behalten, denn Hemd, rother Hosenträger und für alle Gefahren schwarzgefärbte leinene Hosen war ja Alles. Am Sonntag, ja da war es anders, da hattest du deine Pudelkappe, dein blaues Wamms mit den breiten Knöpfen, die scharlachrothe Weste, die kurzen gelben Lederhosen, die weißen Strümpfe und die klapsenden Schuhe so gut wie ein Andrer, ja sogar meist noch eine frisch gepflückte Blutnelke hinterm Ohr stecken.»[1]

Zu Lebzeiten galt der 1812 geborene Auerbach als einer der führenden deutschen Schriftsteller. Weltautoren wie Honoré de Balzac, Lew Tolstoi und Mark Twain lasen ihn voller Bewunde-

Berthold Auerbach, Xylografie von A. v. C. Laufer

rung. Dennoch wurde er im 20. Jahrhundert mehr und mehr vergessen, was nicht nur daran liegen kann, dass seine Geschichten nach 1933 aus den Lesebüchern gestrichen wurden, weil er Jude war. Es muss auch mit Auerbach selbst zusammenhängen, mit seinem Stil, seinen Inhalten und erzählerischen Absichten, die er noch vor der Veröffentlichung des ersten Bandes der *Schwarzwälder*

Dorfgeschichten in einem Brief an den Cotta-Verlag formulierte: Er stellte sich als Verfasser von Novellen vor, «die, innerhalb derselben Region gehalten, das ganze häusliche, religiöse, bürgerliche und politische Leben der Bauern in bestimmten Gestaltungen zur Anschauung bringen sollen».[2] Dieses Programm löste Auerbach zweifellos ein. Er verwandelte das Dorf seiner Kindheit in einen erzählerischen Mikrokosmos. Was im 20. Jahrhundert Danzig für Günter Grass oder das fiktive Macondo für Gabriel García Márquez wurden, das war Nordstetten für Auerbach. Bis heute vermitteln die *Dorfgeschichten* eine lebendige Vorstellung vom Alltag am Rande des Schwarzwalds in der ersten Hälfte des 19. Jahrhunderts, wobei auch die Zeit vor Auerbachs Geburt in den Blick genommen wird, in der Nordstetten noch zu Vorderösterreich gehörte. Hierin besteht ihre Stärke. Ihre Schwäche sind die Charaktere, die oft als simple Gegenspieler inszeniert werden, und Auerbachs geradezu märchenhafte Überhöhung eines Kindheitsparadieses, aus dem er bereits mit 13 vertrieben worden war. Die Bandbreite seiner künstlerischen Möglichkeiten war überschaubar, was ihn selbst nicht beunruhigen musste, solange die Verkaufszahlen seiner Bücher stimmten. Dennoch berührte Heinrich Heine einen wunden Punkt, als er in einem Brief lapidar feststellte, sein «Kopf» sei «so schwach», als wäre er der Verfasser von Auerbachs *Dorfgeschichten*: «mein Magen eben so katzenjämmerlich sentimental und religiös-sittlich-flau wie eine dito Novelle.»[3]

In Nordstetten haben solche Aversionen wohl nie eine Rolle gespielt, wenn es um Berthold Auerbach ging, schon gar nicht in der fünften Jahreszeit. Erst 1995 wurde die neue ‹Tolpatsch›-Gruppe ins Leben gerufen. Auerbachs Erzählung war da schon über 150 Jahre alt. Die erste Sammlung der *Schwarzwälder Dorfgeschichten* kam 1843 im Mannheimer Verlag Friedrich Bassermann heraus, nachdem sie namhaftere Häuser wie Hallberger und Cotta abgelehnt hatten. Rasch hatte sie enormen Erfolg; sie war, wie Gustav

Freytag feststellte, «für Deutschland ein literarisches Ereigniß».[4] Das hing sicher auch damit zusammen, dass Auerbachs Buch als demonstrative Abkehr von der Romantik gelesen wurde. Seinerzeit galten seine Erzählungen als Beispiele für einen noch ungewohnten Realismus, der das Landleben ebenso thematisierte wie die Industrialisierung, den Eisenbahnbau und die politischen Umwälzungen.[5] Was das heißt, wird schon am *Tolpatsch* deutlich, Auerbachs erster Dorfgeschichte, die er am 1. Dezember 1841 in Mainz vollendete. Sie erzählt vom Schicksal des Aloys Schorer, den fast alle im Dorf nur «Tolpatsch» rufen, weil er schlecht sehen kann und sich ungelenk bewegt. Eine Ausnahme bildet Marannele, mit der er regelmäßig die Tiere im Stall versorgt und in die er sich verliebt. Die Gefühle beruhen auf Gegenseitigkeit, doch auch das ändert nichts daran, dass Aloys sich in Nordstetten ausgegrenzt fühlt. Er leidet darunter, von niemandem ernst genommen zu werden, und dies steigert sich ins Unerträgliche, als ein zweiter junger Mann um Marannele wirbt: «Es war ein schöner, schlanker Bursch, mit einem trotzigen Gesichte, das durch den röthlichen Schnurrbart noch eine besondere Auszeichnung hatte. Jörgli, so hieß der Knecht, war Kavallerist, und trug fast immer eine Soldatenmütze.»[6] Jörgli ist ein Aufschneider. Um mit ihm konkurrieren zu können, wünscht sich Aloys, bei der Musterung in der Oberamtsstadt Horb trotz all seiner Handicaps als wehrtauglich eingestuft zu werden. Beim Militär will er endlich beweisen, ein Mann und kein ‹Tolpatsch› zu sein. Marannele fürchtet um ihn und schenkt ihm einen «Glückskreuzer», mit dem er sich «frei» spielen solle. Aloys aber ist diese Liebesgabe zuwider: «Als er über die Neckarbrücke ging, langte er in seine Tasche, drückte die Augen zu und warf den Kreuzer hinab in den Neckar: ‹Ich will nicht frei sein, ich will Soldat sein; wart nur, Jörgli!›»[7]

Nicht nur im *Tolpatsch*, sondern auch in anderen Geschichten Auerbachs bezeichnet der Neckar die Grenze zwischen zwei Lebenswelten. Die Brücke auf dem Weg nach Horb symbolisiert dabei den Aufbruch ins Ungewisse. Aloys wird tatsächlich Soldat. Er zieht nach Stuttgart und lässt seine Mutter ebenso trauernd im Dorf zurück wie Marannele, die bald vom Jörgli verführt und zur Heirat gezwungen wird. Als Aloys während eines Heimaturlaubs davon erfährt, beschließt er, sich vom Militär freizukaufen und gemeinsam mit einer befreundeten Familie nach Amerika auszuwandern.

Ludwig Uhland sah in diesem Aufbruch sogar eine «neue Aufgabe» auf Auerbach zukommen. Es ging ihm um «die Auswanderung, die gerade von der ländlichen Jugend mit einer stets weiter zündenden Begeisterung erfaßt wird und die seitherige Abgeschlossenheit unsres Baurenstands in ein Doppelleben diesseits und jenseits des Weltmeers verwandelt».[8] Aloys ist einer von vielen, die sich in Amerika unter großen Mühen ein neues Leben als Farmer aufbauen. Davon erzählt Auerbach in *Ivo, der Hajrle*, einer zweiten Geschichte.

Jahre später wird der junge Ivo von Aloys' alter Mutter gebeten, ihr einen ausführlichen Brief ihres Sohnes aus Amerika vorzulesen. Inzwischen weiß Aloys die Vorzüge der Neuen Welt trotz seiner Verbundenheit mit Württemberg zu schätzen. Mit seiner Farm hat er sich einen Traum erfüllt, und auch die politische Freiheit möchte er nicht mehr missen: «Mutter, es ist ein prächtig Land, das Amerika; schaffen muß man, und das recht tüchtig, aber darnach weiß man auch warum [...] Ich leb' hier auf meinem Hof, da hat mir kein Kaiser und kein König was zu befehlen, und vom Presser weiß man hier gar nichts.»[9]

An solchen Stellen werden die *Dorfgeschichten* zu politischer Erbauungsliteratur, und darin lag wahrscheinlich der Hauptgrund ihrer großen Beliebtheit: Auerbach wollte unterhalten und belehren. Beides ist ihm gelungen. Er setzte sich für einen modernen Staat ein, und zugleich beschwor er das Dorfleben mit ungehemmter Sentimentalität. Die Sehnsucht nach Nordstetten verlässt seine

Helden nie. Aloys fühlt sich dem Dorf so verbunden, dass er am fernen Ohio ein neues Nordstetten gründet. Das Original auf seiner Hochebene über dem Neckar wirkt in Auerbachs Erzählungen wie eine rückwärtsgewandte Utopie: Hier sind die traditionellen Lebensformen noch intakt, vor allem kommen hier Juden und Katholiken friedlich miteinander aus. Der reale Hintergrund für dieses Modell ist der Umstand, dass der Anteil an jüdischen Familien in Nordstetten traditionell hoch war. In Städten wie Horb durften sie hingegen nicht wohnen, das war nur in den Dörfern erlaubt, gegen Sondersteuern. 1847 standen in Nordstetten 359 israelitische Einwohner, die sich, wie es im Oberamtsbuch heißt, «vorzugsweise mit Handel» beschäftigten, 1140 katholischen gegenüber.[10] Das erklärt auch, warum am 4. September 1822 ausgerechnet hier die erste israelitische Schule des Königreichs Württemberg eröffnet wurde. Unter ihren Zöglingen befand sich der kleine Moses Baruch Auerbacher, der seinen Namen erst als Schriftsteller änderte.[11] Ab 1825 besuchte er die Talmudschule in Hechingen, um zum Rabbiner ausgebildet zu werden. In seinem Heimatdorf sollte er seither nie mehr auf Dauer leben.

Schenkt man Auerbach und seinem ersten Biografen Anton Bettelheim Glauben, wurde er als Kind nur ein einziges Mal Opfer einer antisemitischen Gewalttat. Diese allerdings hätte ihm beinahe das Leben gekostet. Bezeichnenderweise fand sie nicht in Nordstetten statt, sondern auf dem Weg ins benachbarte Horb, als der Junge für seine Mutter auf der anderen Seite des Neckars zum Salzholen gegangen war. Auerbach berichtete über dieses Ereignis 1881 in einer späten Notiz. Auch in dieser Erinnerung steht die Überquerung des Flusses für den Eintritt in eine fremde Sphäre. Auf dem Heimweg wurde der Junge von drei Knaben übermannt. «Wir wollen nicht mit dir raufen, du Judenbub», hätten sie ihm verkündet. «Wir wollen, du sollst niederknieen und du sollst die gefalteten Hände emporheben und sagen: Christ ist erstanden.»[12] Weil Auerbach dazu nicht bereit war, hätten die drei ihn auf mörderische Weise wie einen Gekreuzigten gefesselt und liegengelassen. Das alles geschah auf dem Gelände der Gipsmühle, deren Lärm jeden Hilfeschrei übertönte. Die Rettung war nur einem Zufall zu verdanken: Ein Hund entdeckte den Gefesselten, sein Besitzer kannte den Jungen und brachte ihn zu seinen Eltern. Im eigenen Dorf sei dergleichen nie vorgefallen. Mehr noch, Auerbach meinte sich daran zu erinnern, dass der Vorfall sogar einen positiven Effekt gehabt habe. Er wurde gleichsam zu einer Urszene seines Erzählens, denn plötzlich hätten sich die «Bauern und Bäuerinnen» ihm anvertraut. Dabei sei ihm deutlich geworden, dass in Nordstetten die Unterschiede zwischen den Ständen und Religionen keine Rolle spielten.[13]

In den *Schwarzwälder Dorfgeschichten* spiegelt sich vieles, was das Leben am Neckar im 19. Jahrhundert bestimmte: die Hungersnot des Jahres 1816 genauso wie die Industrialisierung, die Kriege und der Aufbruch zur Demokratie. Bei aller Heimatverbundenheit schrieb Auerbach seine ländlichen Erzählungen nicht unreflektiert, sondern stets im Bewusstsein eines hervorragend ausgebildeten Intellektuellen, den es früh in die großen Städte verschlagen hatte und der sehr viel herumkam: In Stuttgart wurde er am Oberen Gymnasium Schüler von Gustav Schwab, den er außerordentlich schätzte, obwohl er als Lehrer «schroff, jähzornig» und «überhaupt voll von Vorurtheilen» gewesen sein soll.[14] In München gehörte er als Student zum Zirkel um Friedrich Schelling. In Tübingen saß er in Vorlesungen von Ludwig Uhland und David Friedrich Strauß. Fortwährend vertiefte er seine Kenntnis der Philosophie des Baruch de Spinoza, hierin folgte er Hölderlin, Hegel und Waiblinger. Spinoza war auch der Gegenstand eines historischen Romans, an dem Auerbach 1837 während einer relativ milden Arreststrafe auf dem Hohenasperg arbeitete – zu dieser Haft war er zusammen mit etwa 100 liberalen Burschenschaftern aus Tübingen verurteilt worden.[15]

Als Erfolgsautor lebte er später unter anderem in Dresden und Berlin. Er starb in Cannes.

Beigesetzt aber wurde Auerbach in dem Dorf, das durch ihn in die Literaturgeschichte eingegangen war. Sein Grab findet sich auf dem 1797 angelegten jüdischen Friedhof, der von den Nationalsozialisten glücklicherweise nicht zerstört worden ist. Er liegt südlich von Nordstetten auf einer Anhöhe zwischen Streuobstwiesen. Auerbachs letzte Ruhestätte ist von schlichten, verwitterten Steinen mit ausführlichen hebräischen Inschriften umgeben. Auf seiner wuchtigen Granitplatte sind hingegen nur wenige lateinische Lettern eingraviert:

BERTHOLD

AUERBACH

GEB. 28. FEBR. 1812.

GEST. 8. FEBR. 1882.

Auch dies geht auf die Wünsche des Schriftstellers zurück. «Er wollte neben seinen Eltern und Geschwistern begraben sein, in schwäbischer Erde, im Heimatdorf, als Deutscher. Seine Enkel sind, wie die Nachkommen von Moses Mendelsohn, Christen geworden»,[16] erklärte Anton Bettelheim ein Vierteljahrhundert nach der Trauerfeier, bei der im Anschluss an den Bezirksrabbiner auch der mit Auerbach eng befreundete Friedrich Theodor Vischer das Wort ergriff.

Nordstetten gehört seit 1971 zu Horb, das in den *Schwarzwälder Dorfgeschichten* nicht den besten Ruf genießt. Das könnte mit Auerbachs Kindheit zusammenhängen. Obwohl er die benachbarte Stadt oft besuchte, scheint sie für ihn das Bedrohliche nie ganz verloren zu haben. Sein erster Biograf betonte, dass Auerbach für die außergewöhnliche Lage der Altstadt auf ihrem schmalen Bergrücken über dem Neckar als Schüler wohl gar keinen Sinn hatte: «an den großen Kirchen, der hochgelegenen Wallfahrtskapelle und den in Kornspeicher und Kerker umgewandelten Stadtmauern und -türmen suchte er eilig vorüberzukommen.»[17]

Der Name Horb hat seine Wurzeln im Althochdeutschen und bedeutet so viel wie Sumpf. Wahrscheinlich wurde man durch die Feuchtgebiete am Fluss dazu gezwungen, in den grünen Höhen des Waldes zu bauen. Im 15. Jahrhundert begann die kleine Stadt, die bis zum Frieden von Preßburg ebenfalls zu Österreich gehörte, zu florieren. Ihren Niedergang erlebte sie nach einem Großbrand am 17. Januar 1725, bei dem 201 Gebäude zerstört wurden, darunter auch die Stiftskirche, die man im barocken Stil wieder aufbaute.[18] Von ihrem Vorplatz aus bietet sich ein überraschender Blick auf die Giebelvielfalt der eng an den Hang gedrückten Häuser und den schon sehr viel breiter gewordenen Neckar. Wesentlich besser erhalten hat sich die spätgotische Liebfrauenkirche mit ihrem um 1520 von Zeugwebern gestifteten Hochaltar. Erst als württembergische Oberamtsstadt gewann Horb wieder an Bedeutung, vor allem für den Holzhandel. Um 1868 zählte man Jahr für Jahr etwa 500 Flöße, die hier zusammengestellt wurden oder vorbeikamen.[19]

Der Neckar war schon immer die wichtigste Voraussetzung für die Entwicklung der Stadt, obwohl er hier früher unberechenbar war und regelmäßig über die Ufer trat. Mitte des 19. Jahrhunderts wurde sein wiesenreiches Tal als «echtes» Muschelkalktal beschrieben: «die meist bewaldeten, von Seitenthälern nicht selten unterbrochenen Thalgehänge sind [...] sehr steil und brechen von der Hochebene in Kanten ab, die zuweilen mit Felsen versehen sind.»[20] Ein ähnliches Bild bietet sich heute noch. Bis Horb steht der Fluss unter Landschaftsschutz. Auch hier ist er schon lange gestaut, und die Eisenbahngleise verlaufen ganz in seiner Nähe. Trotzdem wirkt er noch naturnah.

Anders als Rottweil hat Horb im kulturellen Leben nie eine besondere Rolle gespielt, mit einer Ausnahme: Wahrscheinlich kam hier 1447 mit Veit Stoß einer der wichtigsten Künstler der Spätgotik zur Welt. Zu seinen Hauptwerken gehören der Krakauer Marienaltar und der *Englische Gruß* in der Lorenzkirche in Nürnberg. Das große Kruzifix im Rottweiler Münster wurde ihm lange zugeschrieben, doch dieses um 1515 entstandene Meisterwerk stammt wohl doch von einem anderen Bildschnitzer.[21] Über Veit Stoß' frühe Jahre wissen wir sehr wenig. Vermutlich wurde er an einer Bauhütte in Straßburg oder Ulm ausgebildet. Sicher ist, dass er in Nürnberg lebte, bevor er 1477 nach Krakau ging. Seit 1496 hielt er sich wieder in Nürnberg auf, wo er 1533 starb, gezeichnet von jahrzehntelanger Erniedrigung. Um 1500 nämlich war Veit Stoß in einen langwierigen Konflikt mit der Justiz geraten. Zuvor war er von einem Geschäftspartner betrogen worden, und in der Folge hatte er sich der Urkundenfälschung schuldig gemacht, die nach damaligem Rechtsverständnis zu den schwersten Delikten überhaupt gehörte. Nur durch Fürsprache einflussreicher Persönlichkeiten entging er der Hinrichtung. Stattdessen wurde er öffentlich gebrandmarkt. Der Henker durchstieß ihm beide Backen. Außerdem musste sich der Künstler verpflichten, Nürnberg nie mehr ohne Erlaubnis des Rats zu verlassen.

Die Prozesse, an denen Veit Stoß beteiligt war, sind reich dokumentiert. Aus seiner Kindheit hingegen fehlt fast jede Spur. Vielleicht hätte das Horber Stadtarchiv Aufschluss über seine Eltern und seine Erziehung geben können, doch auch dieses wurde 1725 beim Brand der Stadt zerstört.[22] Der traditionsreiche Ort verlor damit wesentliche Teile seines Gedächtnisses.

12.
Unter der Wurmlinger Kapelle

Wandern mit Hegel – Uhlands Frühwerk – Rudolf Schlichter in
Württemberg – März 2012 – Hölderlins Neckar-Dichtungen –
Lenaus Abendstille – Politik und Philologie – Hesses Empfehlung

Am 16. November 1790 hatte Friedrich Hölderlin genug vom
quirligen Durcheinander Tübingens. Es war «Markttag», und
alles strömte auf die Straße. Er aber sei übernächtigt, gestand er
seiner Schwester Heinrike in einem Brief. Sein Kopf sei so schwer,
dass es für ihn eine Leistung sei, überhaupt «etwas auf das Papier
zu bringen». Da wolle er der Stadt lieber entfliehen und zusammen mit seinem Stubengenossen Hegel durch den Wald zur
Wurmlinger Kapelle laufen, «wo die berümte schöne Aussicht»
sei.[1]

Hölderlins Bemerkung macht deutlich, dass die 1685 einge-
weihte St. Remigius-Kapelle, die auf den Resten eines romanischen
und eines gotischen Vorgängerbaus neu errichtet wurde, für die
Studenten des Evangelischen Stifts schon lange ein fester Teil des
Tübinger Lebensraums war, so wie die Alte Burse oder das Schloss
Hohentübingen. Die Schönheit der Aussicht von dem kegelartigen
Auslieger des Spitzbergs sprach sich nicht erst durch Ludwig
Uhlands Gedicht *Die Kapelle* und den Zirkel der jungen schwäbi-
schen Romantiker herum.[2] Wobei Uhland Berg und Tal in seinem
Gedicht geschickt aufeinander bezog. Ihn scheint der Blick hinauf
zu dem schlichten Gebäude nicht weniger bewegt zu haben als die
von Hölderlin gepriesene Fernsicht.

Als Uhland am 21. September 1805 sein ungeheuer wirkungsvol-
les *Memento mori* niederschrieb, war er gerade mal achtzehn.[3]

Durch das Spiel mit Gegensätzen und die bewährten Kreuzreime bleibt es schon beim ersten Hören im Gedächtnis:

Droben stehet die Kapelle,
Schauet still ins Tal hinab,
Drunten singt bei Wies und Quelle
Froh und hell der Hirtenknab.

Traurig tönt das Glöcklein nieder,
Schauerlich der Leichenchor;
Stille sind die frohen Lieder,
Und der Knabe lauscht empor.

Droben bringt man sie zu Grabe,
Die sich freuten in dem Tal.
Hirtenknabe, Hirtenknabe!
Dir auch singt man dort einmal.[4]

Es steht zu hoffen, dass Hegel und Hölderlin nicht ganz so melancholisch wie dieses Gedicht gestimmt waren, als sie zu ihrem Novemberspaziergang aufbrachen. Denn auf dem Gipfel des Kapellenbergs befindet sich zwar ein Friedhof, doch der Rundblick von hier oben ist zu jeder Jahreszeit überwältigend. Hinter der ‹Porta Suevica› bei Rottenburg, wo der Neckar sein schmales Muschelkalktal verlässt, um sich in der Ebene seinen Weg zu bahnen, zeigt sich die Landschaft vollkommen anders als in der Gegend um Horb. Einst mäanderte der Fluss hier weit hin und her. Von Enge kann keine Rede mehr sein. In früheren Zeiten war dieses Keuperbecken von häufigen Überflutungen bei starken Regengüssen geprägt, von Aufschüttungen und Altwasserarmen. Zwischen den kleinen Orten Kiebingen, Bühl und Hirschau änderte der Neckar immer wieder seinen Lauf, «bis demselben durch den Landvogt Plank in den

Jahren 1779 bis 1786 durch Grabung eines eigenen Kanals» eine klare Richtung gegeben wurde, wie es in der offiziellen Ortsbeschreibung von 1828 heißt.[5] Einerseits verursachten die Kanalisierungen seinerzeit enorme Kosten und bürdeten den anliegenden Gemeinden hohe Schuldenlasten auf. Andererseits war die Flößerei von «Tannen-Bauholz, an Stämmen, an Schnittwaaren, Theer, Harz» auch hier von großer ökonomischer Bedeutung.[6]

Heute verbindet der Neckar die Bischofsstadt Rottenburg und die evangelische Hochburg Tübingen beinahe in gerader Linie miteinander. Die beiden Städte verschmelzen mehr und mehr zu einem Großraum, und von der viel beschworenen Feindschaft zwischen dem geistlichen Zentrum hier und dem geistigen dort ist im 21. Jahrhundert auch nicht mehr viel zu spüren. Selbstverständlich geht es im kleineren Rottenburg beschaulicher zu als in der benachbarten Universitätsstadt. Das war schon 1932 so, als sich der Künstler und Schriftsteller Rudolf Schlichter, der in Berlin im Umkreis von George Grosz als einer der führenden Vertreter der Neuen Sachlichkeit bekannt geworden war, in das «Nest von 8000 Einwohnern» zurückzog – nach vier Jahren ergriff er dann allerdings schon wieder die Flucht vor den Kleinstädtern, die ihm «mitunter sehr unangenehm» waren, und siedelte nach Stuttgart über.[7]

Der 1890 in Calw geborene Schlichter war trotz seiner Vergangenheit als Mitglied der Kommunistischen Partei Deutschlands und seiner Freundschaft mit Brecht, Döblin und Zuckmayer nicht immun gegen nationalistische, antisemitische und völkische Tendenzen. Im Gegenteil: «Mein alter Freund Schlichterrudi ist auch ganz umgeschwenkt, und sein bester Freund ist derzeit jener Ernst v. Salomon, der beim Rathenaumord mithalf», stellte Grosz bereits 1930 fest.[8] Vollkommen unbeeindruckt von dieser Kehrtwende ins Modisch-Reaktionäre schloss man Schlichter 1935 aus der Reichsschrifttumskammer und später zeitweise auch aus der Reichskammer der Bildenden Künste aus. 1938 wurde er wegen seiner «unnationalsozialistischen Lebensführung» für drei Monate inhaftiert und vor Gericht gestellt.[9]

Aus der Zeit seiner politischen Isolation stammen polemische Äußerungen, die als Beispiele einer ins Gegenteil gewendeten Heimatliebe an Schärfe kaum zu überbieten sind. In ihrem antibürgerlichen Furor irritieren sie allerdings auch durch Schlichters bedenkenlosen Umgang mit Gemeinplätzen und rhetorischen Figuren, die an den Jargon des Nationalsozialismus erinnern: «Wenn ich mir das widerlichste Exemplar eines Deutschen vorstelle, kommt allemal ein Württemberger heraus. Dieses legale und loyale Schwein, das mit der Maske des demokratischen Biedermannes die infamsten Instinkte tarnt, hat in seiner Geschichte nie ein edleres Lebensgefühl geäussert. Das einzige sichtbare Lebensgefühl, das alle anderen Gefühle und Empfindungen überschattet und terrorisiert, ist die Raffgier. Adliges Menschentum ist in diesem Lande der schuftigen Schufter nur ein Objekt, um den Geifer loszuwerden; es wird, wenn es etwa auftaucht, nicht nur roh verlacht, sondern sogar mit grimmigem Hass verfolgt. Geborene Denunzianten und Schikanöre aus tief innerster Schlechtigkeit, pissacken [sic!] sie alles höher Geartete mit der Beharrlichkeit von giftigem Ungeziefer. Man denke nur an die Schicksale ihrer edlen Geister. Fast alle haben sie ausser Landes oder in den Wahnsinn getrieben. [...] Heute verstehe ich, warum diese Rasse aus dem Krampf der Gothik gleich in den noch übleren Krampf des Protestantismus hinüber wechselte. Warum es bei ihnen weder eine Renaissance noch ein blühendes Barock gab. Warum unter dem tötlichen [sic!] Mehltau der Reformation sofort alle bildnerischen Kräfte erlahmten. In jener verhängnisvollen Übergangszeit erstand der württembergische Landesvater und daraus der württembergische Vatertypus, jenes Monstrum grotesker Ro[h]heit und niederträchtigsten Despotentums.»[10]

Diese Aufzeichnung entstand im Juli 1941 in Nürtingen, zwei

Wurmlinger Kapelle, Bleistiftskizze aus dem Nachlass
von Rudolf Schlichter

Jahre nach Schlichters Umzug von Stuttgart nach München. Aus
seiner Verzweiflung machte der Maler nun keinen Hehl mehr: In
Berlin hatte er es nicht mehr ausgehalten, und auch die sprichwörtliche schwäbische Gemütlichkeit hatte sich als trügerisch erwiesen.
Dabei wandte er sich in seinen Rottenburger Jahren sogar pro-
grammatisch der Landschaftsmalerei zu, ähnlich wie Otto Dix, der
für sich in Anspruch nahm, die Neue Sachlichkeit erfunden zu
haben, und sich 1933 mit seiner Familie am Bodensee einrichtete.
Eine Flucht in die vermeintlich unverdorbene Natur bedeutete das
für Schlichter allerdings nicht. Sie wäre in der Nähe des Neckars
auch gar nicht denkbar gewesen, wie er unmissverständlich klar-
stellte: «Die Landschaft könnte von einer einzigartigen Schönheit
sein, hätten nicht auch hier diese württembergischen Verdiener-

dreckseelen wahllos ihre Industrieställe hineingepatzt, wodurch die anmutige Gestalt des Tales das Aussehen eines mit Stiefelabsätzen bearbeiteten Jungfrauenleibes bekam.»[11]

Für die Wurmlinger Kapelle allerdings begeisterte sich Schlichter fast so wie ein schwäbischer Romantiker. Von ihrer Höhe aus fallen heute als Erstes die silbrigen, erst nach dem Zweiten Weltkrieg durch den Kiesabbau entstandenen Seen auf, die den Ufern des Neckars vorgelagert sind. Der Flusslauf selbst verbirgt sich hinter struppigen Bäumen. Besonders ruhig ist es hier oben am 24. März 2012 nicht. Eine Gruppe kroatischer Busreisender hat sich eingefunden und an der weißen Friedhofsmauer aufgestellt. Sie packen Gesangbücher aus und stimmen ein Lied an. Schon nach der zweiten Strophe springen Kinder aus den Reihen der Singenden hervor und klauben sich Süßigkeiten aus einer bunten Plastikdose. Zwei Jungs fechten mit Stöcken zwischen frisch bepflanzten Gräbern, andere werfen Steine in den Abgrund. Ein paar Minuten später sprechen die Erwachsenen das Vaterunser.

Im Hintergrund erstreckt sich der hellblaue Albtrauf mit seinen markanten Stufen im Dunst, als wäre er mit Aquarellfarben an den Horizont gemalt. Dachte Hölderlin an ein solches Panorama, als er seine in Baden-Württemberg gern zitierte Ode *Der Nekar* dichtete, vielleicht sogar unmittelbar an die Umgebung der Wurmlinger Kapelle, die sich unter dem Betrachter wie «eine ungeheure Landkarte» auftut?[12] Wir wissen es nicht. Erstaunlich ist, wie allgemein, ja diffus das Bild der Landschaft ausfällt, das Hölderlins Ode evoziert:

> In deinen Thälern wachte mein Herz mir auf
> Zum Leben, deine Wellen umspielten mich,
> Und all der holden Hügel, die dich
> Wanderer! kennen, ist keiner fremd mir.

Auf ihren Gipfeln löste des Himmels Luft
Mir oft der Knechtschaft Schmerzen; und aus dem Thal,
Wie Leben aus dem Freudebecher,
Glänzte die bläuliche Silberwelle.[13]

Das Gedicht entstand in jenem für Hölderlin überaus produktiven Sommer 1800, den er in Stuttgart im Haus des Tuchhändlers Christian Landauer verbrachte. Anders als in der zwei Jahre zuvor entworfenen Heidelberg-Ode, die den Strom und die Brücke genauso erwähnt wie das «Bergschloß»,[14] wird im *Nekar* allem ausgewichen, was sich topografisch exakt in die Heimat des Dichters zurückverfolgen ließe. Stattdessen bewegt sich das lyrische Ich auf den Rhein zu, um sich dann in der vierten Strophe ins antike Griechenland zu wünschen. Jetzt fallen Ortsbezeichnungen: Nicht nur vom Paktolos ist die Rede – jenem Fluss in Kleinasien, der einst für seinen Goldgehalt berühmt war, so wie zu Hölderlins Zeiten der Rhein, an dem das Goldwaschen weit verbreitet war –, die imaginäre Reise führt weiter zu einer ganzen Reihe von Schauplätzen aus dem Kosmos Homers und der Dichtungen des Altertums. Schließlich hält das Ich auf den Ionischen Inseln inne. Der Neckar mit seinen fruchtbaren Auen rückt erst in den beiden Schlussversen wieder ins Bild, als unvergessliche Landschaft der eigenen Anfänge:

Der Berge Quellen eilten hinab zu dir,
Mit ihnen auch mein Herz und du nahmst uns mit,
Zum stillerhabnen Rhein, zu seinen
Städten hinunter und lustgen Inseln.

Noch dünkt die Welt mir schön, und das Aug entflieht,
Verlangend nach den Reizen der Erde mir,
Zum goldenen Pactol, zu Smirnas
Ufer, zu Ilions Wald. Auch möcht ich

Bei Sunium oft landen, den stummen Pfad
  Nach deinen Säulen fragen, Olympion!
  Noch eh der Sturmwind und das Alter
    Hin in den Schutt der Athenertempel

Und ihrer Gottesbilder auch dich begräbt,
  Denn lang schon einsam stehst du, o Stolz der Welt,
  Die nicht mehr ist. Und o ihr schönen
    Inseln Ioniens! wo die Meerluft

Die heißen Ufer kühlt und den Lorbeerwald
  Durchsäuselt, wenn die Sonne den Weinstok wärmt,
  Ach! wo ein goldner Herbst dem armen
    Volk in Gesänge die Seufzer wandelt,

Wenn sein Granatbaum reift, wenn aus grüner Nacht
  Die Pomeranze blinkt, und der Mastyxbaum
  Von Harze träuft und Pauk und Cymbel
    Zum labyrinthischen Tanze klingen.

Zu euch, ihr Inseln! bringt mich vielleicht, zu euch
  Mein Schuzgott einst; doch weicht mir aus treuem Sinn
  Auch da mein Nekar nicht mit seinen
    Lieblichen Wiesen und Uferweiden.[15]

Stellt sich Hölderlin mit *Heidelberg* eindeutig in die Tradition des Städtepreises, so beginnt *Der Nekar* nur vermeintlich als Spiegelung der heimatlichen Flusslandschaft. Folgt man dem lyrischen Ich, verliert man schnell den Boden unter den Füßen, um flugs bei den alten Griechen zu landen. Diese überraschende Bewegung durch Raum und Zeit findet sich bei Hölderlin öfter: Auch in einer später gestrichenen Strophe von *Heidelberg* gedenkt das lyrische Ich seiner plötzlichen Beseelung durch den antiken Gott der Künste in einem Wald in der Nähe des Neckars.[16] Und der berühmte Anfang der Elegie *Die Wanderung* lautet zwar «Glükseelig Suevien, meine Mutter», doch auch in ihr dominiert schon bald die Sehnsucht nach dem «Kaukasos».[17] Hier allerdings wird wenigstens noch die Donau als Verbindung zwischen dem Norden und dem Süden erwähnt.[18] Nicht so in *Der Nekar*, in dem sich das lyrische Ich so konsequent von seinen Anfängen lossagt, dass es fast unmotiviert wirkt, wenn Hölderlin es in der reflektierenden Coda mit Hilfe des kurzen Worts *doch* überaus rasch ins Schwäbische zurückholt und die Bedeutung seiner Herkunft unterstreicht. Es sei denn, man dreht die Perspektive um, so wie es der 1957 geborene Schriftsteller Karl-Heinz Ott getan hat, als er sich an sein Studium zwischen der Alten Burse, dem Hölderlinturm und der Neckarinsel mit ihren Platanen erinnerte. Durch Hölderlin schien ihm eines Tages nicht mehr dessen erlesenes Griechenland sekundär, sondern vielmehr das, was der Dichter in Deutschland und Frankreich real in Augenschein nehmen konnte: «Hölderlin glaubte, die alten Griechen in den Gesichtern von Franzosen wiederzuerkennen, die zwischen der Garonne und der Dordogne leben. Er hat sie alle ins Schwabenland geholt, zumindest ihren Geist. Und seither grenzen Ilions Gestade und das Meer bei Bordeaux an die Alte Burse. Und auch wir durften diese Luft atmen. Zumindest einen Rest davon, einen fernen Duft von Vater Äther, unweit von Smyrnas Ufern.»[19]

Der junge Ludwig Uhland hingegen hatte kein Griechenland nötig, um seine Heimat zu überhöhen. In seinem Kapellen-Gedicht behielt er den Ort, der ihn zum Nachdenken über den Tod gebracht hatte, fest im Blick. Und nicht nur das: Sein Leben lang muss die Wurmlinger Kapelle für ihn eine regelrechte Kultstätte gewesen sein. Nicht nur in seinen Tagebüchern beschäftigte er sich immer wieder mit ihr, im Herbst 1831 machte er auch Nikolaus

Lenau auf sie aufmerksam.[20] Nun, möglicherweise führte Uhland ihn auch nur auf den Kapellenberg, weil das zum gewohnten Sightseeing-Programm für seine Gäste gehörte. Auf alle Fälle konnte er nicht damit rechnen, dass dieser Ausflug zum literarischen Ereignis werden würde.

Gegen Abend nämlich schickte Lenau seine Freunde allein nach Tübingen zurück, weil er in der Einsamkeit der Kapelle über neue Verse nachdenken wollte. Aus diesen Entwürfen entstand in den folgenden Wochen ein weiteres Wurmlingen-Gedicht.[21] Es ist nicht ganz so bekannt wie sein Vorläufer, doch weit mehr als eine Reverenz vor Uhlands Frühwerk. Es ist zugleich dessen Überbietung. Auch Lenau meditiert über die Vergänglichkeit, auch er wählt die wohl bewährteste Liedform mit vier kreuzgereimten Versen pro Strophe, und auch er blickt zunächst hinauf:

> Luftig, wie ein leichter Kahn,
> Auf des Hügels grüner Welle,
> Schwebt sie lächelnd himmelan,
> Dort die friedliche Kapelle.[22]

Während die Totenglocken und der Leichenchor auf Uhlands Knaben bedrohlich wirken, schildert Lenau den Friedhofsaufenthalt als Befreiung. Das scheinbare Schweben der Kapelle ergreift auch ihren Besucher: Er erlebt einen Moment der Levitation, die alltäglichen Lasten lösen sich von ihm ab und weichen einem entspannten, vieldeutigen Einverständnis mit dem Dasein. Der Tod ist allgegenwärtig, aber Angst macht er nicht: Die «stille Schar» der Gräber liege «traulich vor der Schwelle», und die Vögel zögen gen Süden:

> Alles schlummert, Alles schweigt,
> Mancher Hügel ist versunken,

Und die Kreuze stehn geneigt
Auf den Gräbern – schlafestrunken.

Und der Baum im Abendwind
Läßt sein Laub zu Boden wallen,
Wie ein schlafergriffnes Kind
Läßt sein buntes Spielzeug fallen. –

Hier ist all' mein Erdenleid
Wie ein trüber Duft zerflossen;
Süße Todesmüdigkeit
Hält die Seele hier umschlossen.[23]

So offen die formalen Ähnlichkeiten zutage liegen, Lenau schlug ein
Vierteljahrhundert nach Uhland doch einen neuen Ton an. Das
Faktum der Vergänglichkeit allen Lebens, das Uhland geradezu pla-
kativ ausstellte, war für ihn kein Thema: Stattdessen meint man
beim Lesen seiner Verse ein fernes Echo von Johann Sebastian
Bachs Lied *Komm, süßer Tod* zu vernehmen.[24] Aber auch das ist nicht
sicher. Fast alles in diesem Gedicht wirkt ambivalent, und alles läuft
auf das selten verwendete Rätselwort *Todesmüdigkeit* in der letzten
Strophe zu, das in seiner Mehrdeutigkeit geradezu irisiert.

Bewusst oder unbewusst kam Lenau mit diesem Schluss Hölderlins *Nekar* viel näher als den Gedichten seines Tübinger Gastge-
bers: Von Hölderlins Gipfeln, auf denen «des Himmels Luft» die
Schmerzen der «Knechtschaft» löst, ist es nur ein kleiner Schritt
zum «Erdenleid», das auf der Wurmlinger Keuper-Pyramide wie
«ein trüber Duft» – heute würden wir Dunst sagen – zerfließt.
Umso erschreckender, dass nicht nur Hölderlin, sondern auch
Lenau in einer langen geistigen Umnachtung endete: Als Folge
eines Schlaganfalls erlitt er in Stuttgart einen schweren psychischen
Zusammenbruch. Im Oktober 1844 lieferte man ihn in die von

Albert Zeller geleitete Nervenheilanstalt Winnenthal ein, die für damalige Verhältnisse als fortschrittlich galt. Fast sechs Jahre vegetierte er vor sich hin, bevor er in Oberdöbling bei Wien starb.

Zu Beginn der Krankheit versuchte Uhland dem Freund noch Mut zu machen, indem er an die glücklichen Stunden erinnerte, die sie einst miteinander in Tübingen verbracht hatten. Überliefert ist ein Brief vom 16. November 1844. Kurz zuvor hatte Uhland Besuch von Lenaus Schwager Anton Schurz gehabt. «Wir zeigten ihm», schrieb er Lenau, «wenn auch nur aus der Ferne, die Bergkapelle, wo Du in der Abendstille das schöne Lied dichtetest, dessen Worte sich auch jetzt an Dir erfüllen mögen: / Hier ist all mein Erdenleid / Wie ein trüber Duft zerflossen.»[25]

Auch Justinus Kerner ließ Lenau nicht im Stich. Sein Bericht über einen Besuch in Winnenthal an Johann Georg von Cotta ist nicht weniger deprimierend als die Erinnerungen an Hölderlins Krankheitsausbruch: «Einen Tag lang hat er den klarsten Verstand, spricht unendlich lieb u. geistig, aber am andern Tage, tritt er in den Traumring, liefert Schlachten u. tobt Tag u. Nacht fort.» Immerhin habe er sich gefreut, Kerner zu sehen, der den Patienten in einer Zelle liegend vorfand – zugedeckt mit einem Mantel des Grafen Alexander von Württemberg. Lenau habe ihn zur Begrüßung geküsst und ihm sogleich diesen Mantel zum Küssen gereicht, «den er eine Decke voll Liebe nannte».[26]

Lenaus regelmäßige Aufenthalte in Deutschland, mit denen er nicht zuletzt der rigiden Zensur unter Metternich ausweichen wollte, verbanden ihn seit dem Sommer 1831 mit dem Zirkel der schwäbischen Romantiker, denen er künstlerisch weit überlegen war. Ludwig Uhland, der erfolgreichste Dichter unter ihnen, hatte allerdings für sich persönlich mit der Lyrik schon weitgehend abgeschlossen, als er dem Österreicher begegnete. Seine 1815 erstmals bei Cotta erschienenen *Gedichte* wurden zwar regelmäßig neu aufgelegt, er selbst aber wandte sich zunehmend der Philologie und

Die Neckarbrücke mit dem Uhland-Haus, 1866

vor allem der Politik zu: Von 1819 an saß er sieben Jahre im Landtag. 1829 wurde er außerordentlicher Professor für deutsche Sprache und Literatur in seiner Heimatstadt Tübingen. Vier Jahre später zog er abermals in den Landtag ein. Seinen Hauptwohnsitz hatte er seit 1836 in einer repräsentativen Villa bei der Neckarbrücke, nur einen halben Kilometer von seinem Geburtshaus in der Neckarhalde 24 entfernt. Neben dem Hölderlinturm war dieses Gebäude lange die wichtigste literarische Pilgerstätte der Stadt. Nicht unbedingt zur Freude seiner Bewohner ließen es sich Sängerbünde und Chöre schon zu Uhlands Lebzeiten nicht nehmen, ihrem Enthusiasmus direkt vor dem Haus lautstark Ausdruck zu verleihen. Am 15. März 1944 wurde es durch eine Luftmine zerstört. Mit militärischen Absichten hatte das nichts zu tun: Beim

Anflug auf Stuttgart gerieten die britischen Kampfflieger in eine bedrohliche Situation. Unmittelbar über Tübingen sahen sie sich gezwungen, Ballast abzuwerfen. Es war Zufall, dass dabei ausgerechnet das Uhland-Haus getroffen wurde.[27]

In der Zeit des Deutschen Reichs beruhte Uhlands überragende Popularität nicht nur auf seinem lyrischen Werk, das er vor dem Hintergrund des über vier Jahre dauernden württembergischen Verfassungskampfes um eine Reihe von deutlich polarisierenden *Vaterländischen Gedichten* erweitert hatte, sondern auch auf seiner politischen Karriere.[28] Seinen bedeutendsten Auftritt hatte er 1848, als er für den Tübinger Bezirk in die Nationalversammlung in der Frankfurter Paulskirche gewählt wurde, mit 7086 von 7882 abgegebenen Stimmen.[29] Für wenige Monate schien für ihn ein Traum in Erfüllung zu gehen. Unter den Abgeordneten aus Württemberg war der inzwischen 61-Jährige einer der bekanntesten.

In der Paulskirche positionierte er sich im linken Spektrum, doch zugleich bestand er auf seiner Autonomie. Sicher half ihm dabei seine materielle Unabhängigkeit, die durch das Vermögen seiner Frau Emilie gewährleistet wurde.[30] Aus innerster Überzeugung kämpfte Uhland ebenso gegen die Todesstrafe wie gegen das Erbkaisertum, an dem ihn besonders die Bevorzugung eines einzelnen Staates störte. Überdies hegte er eine tiefe Abneigung gegen alles Aristokratische.

Das Scheitern der Revolution und die Sprengung des nach Stuttgart verlegten ‹Rumpfparlaments› am 18. Juni 1849 gehörten für Uhland zu den größten Enttäuschungen seines Lebens. Hinzu kam das Entsetzen über die Brutalität, mit der die Abgeordneten von der württembergischen Kavallerie auseinandergetrieben wurden. Augenzeugenberichten zufolge soll Uhland dabei «fast über den Haufen geritten» worden sein.[31] Die Äußerung eines Offiziers, an die sich sein Tübinger Freund Vischer erinnerte, zeigt die Unangemessenheit des militärischen Vorgehens besonders deutlich:

Als dieser Offizier eben losschlagen wollte, habe er «unter seiner Klinge ein kahles Haupt mit weißen Locken gesehen und die Waffe zurückgehalten». Dies sei Uhlands Kopf gewesen.[32]

Der Dichter selbst war darum bemüht, den Vorgängen die dramatische Spitze zu nehmen. «Die Gerüchte, daß ich selbst körperlich verletzt worden, sind schon anderwärts widerlegt», deklarierte er, «die einzige Verletzung, die ich davongetragen, ist das bittere Gefühl der unziemlichen Behandlung, welche dem letzten Reste der deutschen Nationalversammlung in meinem Heimatlande widerfahren ist.»[33] Vielleicht hatte dieser Verzicht auf anklagende Worte auch damit zu tun, dass Uhland eigentlich schon vollkommen desillusioniert gewesen war, als sich die Nationalversammlung in Frankfurt auflöste. Er und Vischer hatten sich besonders entschieden gegen den Umzug des Parlaments nach Stuttgart ausgesprochen. Wie recht die beiden damit hatten, bewies schon die Tatsache, dass an der ersten Stuttgarter Sitzung am 6. Juni nur noch 104 Abgeordnete teilnahmen, darunter 21 Württemberger. Damit war die Versammlung knapp beschlussfähig, mehr aber auch nicht.[34]

Auf der Rückreise von Frankfurt hatte Uhland am 3. Juni 1849 Station bei dem politisch aufmerksamen, doch eher passiven Mörike in Bad Mergentheim gemacht. Eine Woche später kam dieser in einem Brief auf den prominenten Besuch zurück: Uhland «war, obgleich sichtbar gedrückt, doch sehr gesprächig, verbreitete sich über seine Stellung zum Frankfurter Parlament u. den Klubbs, beklagte den Badischen Aufstand und gab überhaupt wenig Hoffnung zu einer erträglichen Lösung der Dinge.» Vor der nächtlichen Weiterfahrt nach Heilbronn wurden die durchreisenden Abgeordneten in Mergentheim zwar enthusiastisch gefeiert, und bei «einem Hoch mit Uhlands Namen schoß ein helles Licht am schönsten blauen Himmel in einer langen Bogenlinie queer über die Straße hin». Uhland aber konnte auch diese «starke Sternschnuppe» nicht mehr dazu verleiten, seine Wünsche für erfüllbar zu halten.[35]

Fortan konzentrierte er sich in Tübingen auf seine literaturwissenschaftlichen Arbeiten. Dies verstand er keinesfalls als eine «Auswanderung in die Vergangenheit», wie er zum ersten Silvester nach dem Ende der Revolution schrieb. Mit seinen Forschungen wollte er vielmehr «in die tiefere Natur des deutschen Volkslebens» einwandern.[36] Die gesellschaftliche Relevanz der Philologie stand für ihn außer Frage.

Am 13. November 1862 starb er in Tübingen, wo er einen Tag später auf dem Stadtfriedhof beigesetzt wurde – dort, wo auch Hölderlin und dessen ehemaliger Arzt Autenrieth, Karl Mayer, Friedrich Silcher, Ottilie Wildermuth, Hermann und Isolde Kurz, Georg Dehio, Carlo Schmid und etliche andere liegen, die weit über das Neckartal hinaus gewirkt haben. Ohne diese berühmten Toten hätte Tübingen seinen Ruf als eine der wichtigsten deutschen Universitätsstädte nach der Zerstörung der wissenschaftlichen Traditionen durch die Nationalsozialisten kaum wieder festigen können. Inzwischen fällt es der Stadt nicht immer leicht, mehr als nur ein ideengeschichtlicher Mythos mit Fixsternen wie Kepler, Hölderlin, Hegel und Mörike zu sein und ihre Bedeutung auch in der Gegenwart zu behaupten. In der Adenauerzeit allerdings war das noch ganz anders.

Vor allem dem einflussreichen Staatsrechtler Carlo Schmid war es zu verdanken, dass an der Eberhard Karls Universität bald nach Kriegsende mehrere Professoren unterrichteten, die sich dem Nazi-Regime offen entgegengestellt hatten, darunter Romano Guardini und Wilhelm Weischedel, der für viele zum Vorbild und zur akademischen Vaterfigur wurde, so auch für den jungen Siegfried Unseld.

Als der 1946 aus der britischen Kriegsgefangenschaft entlassene Unseld Weischedel kennenlernte, war er noch Lehrling im Ulmer

Aegis-Verlag, und ohne die Vermittlung des Philosophen hätte man ihn in Tübingen wahrscheinlich gar nicht zum Studium zugelassen, war er doch zuvor dreimal aufgrund des Numerus clausus abgelehnt worden. In beruflicher Hinsicht hatte Unseld 1947 doppelt Glück: Parallel zur Immatrikulation bekam er auch seine erste Stelle beim Tübinger Traditionsverlag J. C. B. Mohr; ähnlich wie später bei Suhrkamp sollte er dort eine Werbeabteilung aufbauen. Dreieinhalb Jahre arbeitete Unseld voller Elan tagsüber im Verlag, während er die Universität vorwiegend abends besuchte. Durchzuhalten war dieses Pensum vielleicht nur, weil der 23-Jährige in Tübingen in ein überraschend anregendes Umfeld geraten war. Im Verlag galt es nicht nur, das große akademische Erbe des Hauses zu pflegen. Noch interessanter war für ihn die Aufgabe, für die *Philosophie der Neuen Musik* von Theodor W. Adorno zu werben, der im Begriff war, aus dem Exil zurückzukehren. So konnte Unseld erste Erfahrungen mit der Kritischen Theorie sammeln, die er später zu einer tragenden Säule seines eigenen Verlagsprogramms machte.

Auf der Universität wiederum kreuzten sich 1950 die Wege mehrerer Studenten, die das Kulturleben der Bundesrepublik bald maßgeblich prägen sollten. Besonders galt das für das Oberseminar des Hölderlin-Herausgebers Friedrich Beißner, der nicht nur Unselds Doktorvater wurde, sondern auch derjenige von Johannes Poethen und Martin Walser. Beide waren damals viel arrivierter als Unseld: Von Poethen waren bereits Gedichte in der legendären *Neuen Rundschau* gedruckt worden, und Walser, der seine Dissertation über Franz Kafka schrieb, verdiente sein Geld schon beim Stuttgarter Rundfunk. Auch der junge Hochschulassistent und Schriftsteller Walter Jens nahm gelegentlich an Beißners Veranstaltungen teil.[37]

Unseld hatte sich in den Kopf gesetzt, seine Dissertation über Hermann Hesse zu schreiben, dessen Werk er seit Jahren bewunderte. Dabei erwies sich Beißner als hilfreich und problematisch

Siegfried Unseld um 1950 auf der Tübinger Neckarbrücke, rechts im Hintergrund das Grundstück, auf dem bis 1944 das Uhland-Haus stand

zugleich. Einerseits war er offen für den seinerzeit mehr als ungewöhnlichen Plan, über einen lebenden Autor zu promovieren. Andererseits machte Beißner seinem Doktoranden das Ende des Verfahrens unnötig schwer, indem er die Begutachtung verschleppte, nicht mehr auf Briefe reagierte und Unseld bei der mündlichen Abschlussprüfung so sehr schikanierte, dass dieser nicht über die schlechteste Note hinauskam.[38]

Unseld tat das einzig Richtige und ließ sich davon nicht aus der Bahn werfen. Seine Zukunft sah er ohnehin nicht in der Wissenschaft. Noch vor der Prüfung war er zurück in seine Heimatstadt Ulm gezogen. Er heiratete, arbeitete im Buchhandel und schrieb erste Literaturkritiken für die Schwäbische Donau-Zeitung. Die Universität verlor er dabei überraschend schnell aus den Augen. Wilhelm Weischedel gestand er bereits am 17. Juni 1951, dass in seinem «Erinnerungsbild an Tübingen» vieles «schon verblaßt» sei; «einige wenige Stellen» jedoch strahlten ungebrochen: «Dies sind Ihre Vorlesungs- und Seminarstunden, vor allem das Seminar über Platon und die Vorlesung über ‹Tod und Unsterblichkeit› [...]; diese Stellen sind die Erinnerungen an die erfüllten Abende des Kreises, die Stunden in Ihrer Familie, wobei mir die herzliche Fürsorge Ihrer Frau Gemahlin unvergeßlich sein wird, und vor allem auch die paar Spaziergänge, die ich mit Ihnen unternehmen durfte.»[39]

Ende August 1951 begegnete Unseld im Schloss Bremgarten bei Bern Hermann Hesse zum ersten Mal persönlich. Der Nobelpreisträger, der seinen Weg in die Literatur mehr als ein halbes Jahrhundert zuvor als Lehrling in der Tübinger Buchhandlung Heckenhauer begonnen hatte, empfahl seinem jungen Verehrer, sich an Peter Suhrkamp zu wenden, wenn er sein Leben auch weiterhin dem Büchermachen widmen wolle. Gut zehn Jahre später galt Unseld bereits als einer der einflussreichsten Verleger der Bundesrepublik.

Doch das ist eine Geschichte, die sich nicht am Neckar abspielte, sondern an einem wesentlich längeren Nebenfluss des Rheins – in Frankfurt am Main.

Anmerkungen

In der Schleuse

1 Vgl. David Blackbourn, Die Eroberung der Natur. Eine Geschichte der deutschen Landschaft, aus dem Englischen von Udo Rennert, München ²2008, S. 9–31; ferner Hansjörg Küster, Die Entdeckung der Landschaft. Einführung in eine neue Wissenschaft, München 2012.

2 Vgl. Der Neckar. Das Land und sein Fluss, hg. vom Fachdienst Naturschutz, Heidelberg, Ubstadt-Weiher, Basel 2007, S. 42 f.

3 Vgl. Claudio Magris, Donau. Biographie eines Flusses, aus dem Italienischen von Hans-Georg Held, München 1988 [erstmals 1986]; Peter Ackroyd, Die Themse. Biographie eines Flusses, aus dem Englischen von Michael Müller, München 2008 [Originalausgabe 2007].

4 Schillers Werke, Nationalausgabe, Band 8, Wallenstein, hg. von Hermann Schneider und Lieselotte Blumenthal, Weimar 1949, S. 207.

1. Tübingen

1 Zit. nach: Friedrich Hölderlin, Sämtliche Werke. Historisch-kritische Ausgabe (Frankfurter Ausgabe), hg. von Dietrich E. Sattler, Band 9: Dichtungen nach 1806. Mündliches, hg. von Michael Franz und Dietrich E. Sattler, Frankfurt a. M. 1983, S. 443.

2 Georg Herwegh, Ein Verschollener, in: ders., Gedichte und kritische Aufsätze aus den Jahren 1839 und 1840, Constanz 1845, S. 112.

3 Zit. nach: Friedrich Hölderlin, Sämtliche Werke. Historisch-kritische Ausgabe (Frankfurter Ausgabe), hg. von Dietrich E. Sattler, Band 9 (wie Anm. 1), S. 445 f.

4 Handschrift im DLA Marbach, vgl. Friedrich Hölderlin, Sämtliche Werke. Historisch-kritische Ausgabe (Frankfurter Ausgabe), hg. von Dietrich E. Sattler, Band 9 (wie Anm. 1), S. 425.

5 So Friedrich Wilhelm Hackländer in seiner *Erinnerung an Hölderlin* (Kölnische Zeitung, 23.6.1843), nach: Friedrich Hölderlin, Sämtliche

Werke. Historisch-kritische Ausgabe (Frankfurter Ausgabe), hg. von Dietrich E. Sattler, Band 9 (wie Anm. 1), S. 414. – Hackländer hatte den Dichter im Juni 1841 in seinem Turmzimmer besucht, vgl. auch Werner Volke, Hölderlin (Marbacher Kataloge 33), Marbach a. N. 1980, S. 91.

6 Friedrich Hölderlin, Sämtliche Werke. Historisch-kritische Ausgabe (Frankfurter Ausgabe), hg. von Dietrich E. Sattler, Band 9 (wie Anm. 1), S. 439.

7 Ebd., Band 7: Gesänge, dokumentarischer Teil, Frankfurt a. M. 2000, S. 82.

8 Helmut Hornbogen, Tübinger Dichter-Häuser. Literaturgeschichten aus Schwaben. Ein Wegweiser, Tübingen ³1999, S. 83.

9 Friedrich Hölderlin, Sämtliche Werke. Historisch-kritische Ausgabe (Frankfurter Ausgabe), hg. von Dietrich E. Sattler, Band 9 (wie Anm. 1), S. 327.

10 Wilhelm Waiblinger, Tagebücher 1821–1826. Textkritische und kommentierte Ausgabe in zwei Bänden, hg. von Hans Königer, Band 1, Stuttgart 1993, S. 664.

11 Wilhelm Waiblinger, Friedrich Hölderlins Leben, Dichtung und Wahnsinn, in: ders.,Werke und Briefe, hg. von Hans Königer, Band 3, Stuttgart 1986, S. 379–407, hier S. 389–391.

12 Friedrich Hölderlin, Sämtliche Werke und Briefe, hg. von Michael Knaupp, Band 3, München 1993, S. 655.

13 Wilhelm Waiblinger, Friedrich Hölderlins Leben, Dichtung und Wahnsinn (wie Anm. 11), S. 394 f.

14 Hermann Hesse, Gesammelte Erzählungen, Band 4, Frankfurt a. M. 1977, S. 261.

15 Wilhelm Waiblinger, Tagebücher 1821–1826 (wie Anm. 10), S. 872.

16 Hans-Ulrich Simon, Wilhelm Waiblinger, Marbacher Magazin 14/1979, Marbach a. N. 1979, S. 61.

17 Wilhelm Waiblinger, Tagebücher 1821–1826. Textkritische und kommentierte Ausgabe in zwei Bänden, hg. von Hans Königer, Band 2, Stuttgart 1993, S. 874.

18 Ebd., S. 967.

19 Ebd., Band 1, S. 763.

20 Ebd., Band 2, S. 814.

21 Wilhelm Waiblinger, Friedrich Hölderlins Leben, Dichtung und Wahnsinn (wie Anm. 11), S. 328.

22 Vgl. Gunter Martens, Friedrich Hölderlin, Reinbek 2002, S. 21.

23 Vgl. Joachim Hahn und Hans Mayer, Das Evangelische Stift in Tübingen, Stuttgart 1985, S. 203–206.

24 Dessen ungeachtet wird die Anekdote bis in die Gegenwart hinein auch in der anspruchsvollen Literatur immer wieder nacherzählt, z. B. von Rüdiger Safranski in: Schiller oder Die Erfindung des Deutschen Idealismus. Biographie, München 2004, S. 27.

25 Zit. nach: Friedrich Hölderlin, Sämtliche Werke und Briefe, hg. von Michael Knaupp, Band 3, München 1993, S. 838.

26 Zit. nach: Justinus Kerner, Das Bilderbuch aus meiner Knabenzeit, Wien, Berlin u. a. 1921, S. 87.

27 Ebd., S. 88.

28 Vgl. Joachim Hahn und Hans Mayer (wie Anm. 23), S. 192 f.

29 Wilhelm Waiblinger, Friedrich Hölderlins Leben, Dichtung und Wahnsinn (wie Anm. 11), S. 382.

30 Vgl. Gunter Martens, Friedrich Hölderlin, Reinbek 2002, S. 30 f.

31 Friedrich Hölderlin, Sämtliche Werke und Briefe, hg. von Michael Knaupp, Band 2, München 1992, S. 429.

32 Ebd., S. 424 f.

33 Wilhelm Waiblinger, Friedrich Hölderlins Leben, Dichtung und Wahnsinn (wie Anm. 11), S. 379.

34 Ebd., S. 380.

35 Ebd., S. 381.

36 Ebd., S. 383.

37 Ebd., S. 384.

38 Ebd., S. 385.

39 Ebd., S. 386.

40 Vgl. Friedrich Hölderlin, Sämtliche Werke und Briefe, hg. von Michael Knaupp, Band 3, München 1993, S. 549.

41 Wilhelm Waiblinger, Friedrich Hölderlins Leben, Dichtung und Wahnsinn (wie Anm. 11), S. 388 f.

42 Ebd., S. 390.

43 Wilhelm Waiblinger, Tagebücher 1821–1826 (wie Anm. 17), S. 833.

44 Brief an Ludwig Uhland, Tübingen, 7. Juli 1823, in: Wilhelm Waiblinger, Werke und Briefe. Textkritische und kommentierte Ausgabe in fünf Bänden, hg. von Hans Königer, Band 5/1, Stuttgart 1982, S. 189 f.

45 Zu Julie Michaelis' Familie vgl. Wilhelm Waiblinger, Werke und Briefe.

Textkritische und kommentierte Ausgabe in fünf Bänden, hg. von Hans Königer, Band 5/2, Stuttgart 1985, S. 798–800.

46 Wilhelm Waiblinger, Tagebücher 1821–1826 (wie Anm. 17), S. 1043.

47 Brief an Theodor Wagner, Tübingen, 19. August 1825, in: Wilhelm Waiblinger, Werke und Briefe. Textkritische und kommentierte Ausgabe in fünf Bänden, hg. von Hans Königer, Band 5/1, Stuttgart 1982, S. 237.

48 Ebd., S. 223.

49 Ebd., S. 237.

50 Ebd., S. 825.

51 Ebd., S. 237.

52 Vgl. Hans-Ulrich Simon (wie Anm. 16), S. 59–67.

53 Johannes Bobrowski, Die Gedichte, hg. von Eberhard Haufe, Stuttgart 1998, S. 107.

54 Zur Geschichte des Hölderlinturms siehe Wilfried Setzler (Redaktion), Dokumente zu Ernst Zimmer und zur Geschichte des Hölderlinturms, Sonderausstellung im Hölderlinturm, Tübingen ²1997; Homepage der Hölderlin-Gesellschaft, *www.hoelderlin-gesellschaft.de*; Helmut Hornbogen, Tübinger Dichter-Häuser, Literaturgeschichten aus Schwaben. Ein Wegweiser, Tübingen ³1999, S. 79–87.

55 Wilhelm Waiblinger, Tagebücher 1821–1826 (wie Anm. 10), S. 664.

2. Nürtingen

1 Vgl. Gerhard Schäfer, Der Spekulative württembergische Pietismus des 18. Jahrhunderts – Systeme und Ausstrahlung, in: Peter Härtling und Gerhard Kurz (Hg.), Hölderlin und Nürtingen, Stuttgart 1994, S. 48–78.

2 Alle Zit. nach: Friedrich Hölderlin, Sämtliche Werke und Briefe, hg. von Michael Knaupp, Band 2, München 1992, S. 393.

3 Friedrich Hölderlin, Sämtliche Werke, Band 7/2: Dokumente, hg. von Adolf Beck, Stuttgart 1972, S. 253; vgl. Gunter Martens, Friedrich Hölderlin, Reinbek 2002, S. 52.

4 Peter Härtling, Herzwand. Mein Roman, Frankfurt a. M. 1990, S. 54.

5 Alfons Paquet, Der Neckar. Ein Lebensbild, Heidelberg 1928, S. 17 f.

6 Nach der Zählung von 1895.

7 Vgl. Peter Härtling, Leben lernen. Erinnerungen, Köln 2003, S. 123–125.

8 Albert Kautter, Die Oberamtsstadt Nürtingen. Eine kurze Darstellung ihrer Vergangenheit, Nürtingen 1898 (Reprint ebd. 1981), S. 46.

9 Vgl. Anja Benscheidt, Nürtinger Lebenswelten. Alltagskultur in einer württembergischen Kleinstadt zur Zeit Hölderlins, in: Peter Härtling und Gerhard Kurz (Hg.), Hölderlin und Nürtingen, Stuttgart 1994, S. 31–47, hier S. 35; Albert Kautter, Die Oberamtsstadt Nürtingen. Eine kurze Darstellung ihrer Vergangenheit, Nürtingen 1898 (Reprint ebd. 1981), S. 9 f.

10 Jakob Kocher, Geschichte der Stadt Nürtingen. Band 1, Stuttgart 1924, S. 193 f.; vgl. Benscheidt (wie Anm. 9), S. 36.

11 Vgl. Kocher (wie Anm. 10), S. 192 f.; Benscheidt (wie Anm. 9), S. 40 f.

12 Albert Kautter, Die Oberamtsstadt Nürtingen. Eine kurze Darstellung ihrer Vergangenheit, Nürtingen 1898 (Reprint ebd. 1981), S. 34.

13 Eduard Mörike, Werke und Briefe, Band 19/1, Briefe 1868–1875, hg. von Regina Cerfontaine und Hans-Ulrich Simon, Stuttgart 2006, S. 175 f.; vgl. Horst Zimmermann, Wege zu Hölderlin und Mörike. Ein literarischer Führer durch Nürtingen, Nürtingen 2007, S. 33.

14 Eduard Mörike, Werke und Briefe, Band 19/1 (wie Anm. 13), S. 122.

15 Georg an Emma Herwegh, 4. August 1845, in: Georg Herwegh, Briefe 1832–1848 [Werke und Briefe, Band 5], bearbeitet von Ingrid Pepperle, Bielefeld 2005, S. 223.

16 Friedrich Hölderlin, Sämtliche Werke und Briefe, hg. von Michael Knaupp, Band 3, München 1993, S. 643.

17 Eduard Mörike, Werke und Briefe, Band 14, Briefe 1842–1845, hg. von Albrecht Bergold und Bernhard Zeller, Stuttgart 1994, S. 84; Friedrich Hölderlin, Sämtliche Werke und Briefe, hg. von Michael Knaupp, Band 3, München 1993, S. 673.

18 Eduard Mörike, Erinnerung an Friedrich Hölderlin, in: ders., Werke und Briefe, Band 7, Idylle vom Bodensee, Dramatische Schriften, Vermischte Schriften, hg. von Albrecht Bergold, Stuttgart 2008, S. 223.

19 Eduard Mörike, Werke und Briefe, Band 14, Briefe 1842–1845, hg. von Albrecht Bergold und Bernhard Zeller, Stuttgart 1994, S. 84.

20 Ebd., S. 84 f.

21 Friedrich Hölderlin, Sämtliche Werke und Briefe, hg. von Michael Knaupp, Band 1, München 1992, S. 446.

3. Esslingen

1 Vgl. Helmuth Mojem, «Glükseelig Suevien ...» Die Entdeckung Württembergs in der Literatur, Marbacher Magazin 97/2002, Marbach a. N. ²2003, S. 62.

2 Vgl. Paul Michael Lützeler, Hauffs «Lichtenstein» im literaturhistorischen und zeitgeschichtlichen Kontext, in: Wilhelm Hauff, Lichtenstein. Romantische Sage aus der württembergischen Geschichte, Stuttgart 2002, S. 439–452.

3 Wilhelm Hauff, Lichtenstein. Romantische Sage aus der württembergischen Geschichte, Stuttgart 2002, S. 5.

4 Ebd., S. 124 f.

5 Vgl. Helmuth Mojem (wie Anm. 1), S. 56–72.

6 Alfons Paquet, Der Neckar. Ein Lebensbild, Heidelberg 1928, S. 18.

7 Wilhelm Hauff, Lichtenstein (wie Anm. 3), S. 354.

8 Vgl. Otto Borst, Geschichte der Stadt Esslingen am Neckar, Esslingen a. N. 1977, S. 393.

9 Vgl. Carlheinz Gräter, Der Neckar, Stuttgart und Aalen 1977, S. 68.

10 Vgl. Otto Borst (wie Anm. 8), S. 20.

11 Philipp Röder und Ludwig Hermann, Geographisches Statistisch-Topographisches Lexikon von Schwaben ..., erster Band, Ulm 1791, Spalte 472 f.

12 Vgl. Otto Borst (wie Anm. 8), S. 20.

13 Vgl. Christian Ottersbach und Claus Ziehr (Hg.), Esslingen am Neckar. Kunsthistorischer Stadtführer, Esslingen a. N. ³2005, S. 31–34.

14 Vgl. Hannelore und Rainer Jooß, Evang. Stadtkirche St. Dionys, Esslingen am Neckar, Regensburg ²2002, S. 2 f.

15 Carlheinz Gräter, Der Neckar, Stuttgart und Aalen 1977, S. 69.

16 Vgl. Christian Ottersbach und Claus Ziehr (wie Anm. 13), S. 15.

17 Vgl. Christian Ottersbach und Claus Ziehr (wie Anm. 13), S. 154.

18 Vgl. Otto Borst, Geschichte Baden-Württembergs. Ein Lesebuch, hg. von Susanne und Franz Quarthal, Stuttgart 2004, S. 291.

19 Vgl. Mercedes-Benz Museum (Hg.), Mythos & Collection, Stuttgart 2010, S. 26–28.

20 Vgl. Otto Borst, Geschichte Baden-Württembergs (wie Anm. 18), S. 275; Carlheinz Gräter, Der Neckar, Stuttgart und Aalen 1977, S. 71.

21 Gustav Schwab, Wanderungen durch Schwaben, mit 30 Stahlstichen nach Zeichnungen von Ludwig Mayer, München 1979 [Erstausgabe 1837], S. 191.

22 Vgl. Otto Borst (wie Anm. 8), S. 396.

23 Gustav Schwab, Wanderungen durch Schwaben (wie Anm. 21), S. 197.

24 Ebd., S. 195.

25 Vgl. Bernhard Zeller, «Dieses Fleckchen Erde umfaßte einen Kranz glücklicher Menschen»: Graf Alexander von Württemberg und seine Freunde in Serach, in: Irene Ferchl, Ute Harbusch und Thomas Scheuffelen (Hg.), Literarische Spuren in Esslingen, Esslingen a. N. 2003, S. 43–54; Otto Borst (wie Anm. 8).

26 Vgl. Michael Ritter, Zeit des Herbstes. Nikolaus Lenau. Biografie, Wien und Frankfurt a. M. 2002, S. 94 f.

27 Zit. nach: Bernhard Zeller, «Dieses Fleckchen Erde umfaßte einen Kranz glücklicher Menschen» (wie Anm. 25), S. 43.

28 Nikolaus Lenau, Werke und Briefe, Band 6/1, Briefe 1838–1847, hg. von Norbert Oellers und Hartmut Steinecke, Wien 1990, S. 294.

29 Emma Niendorf, Lenau in Schwaben. Aus dem letzten Jahrzehnt seines Lebens, Leipzig 1853, S. 20; vgl. Irene Ferchl, Ute Harbusch und Thomas Scheuffelen (Hg.), Literarische Spuren in Esslingen, Esslingen a. N. 2003, S. 56.

30 Vgl. Kurt Leonhard, Texte aus sechs Jahrzehnten, 1934 bis 1994, ausgewählt und bearbeitet von Renate Damsch-Wiehager, Esslingen a. N. 1995.

31 Beide Zitate: Kurt Leonhard, Die heilige Fläche. Gespräche über moderne Kunst, Stuttgart 1947, S. 7.

32 Hermann Lenz, Ein Fremdling, Frankfurt a. M. 1988 [erstmals 1983], S. 230 f.

33 Paul Celan und Gisèle Celan-Lestrange, Briefwechsel, aus dem Französischen von Eugen Helmlé, hg. von Bertrand Badiou in Verbindung mit Eric Celan, Band 1, Frankfurt a. M. 2001, S. 64, vgl. auch Band 2, S. 84 f.

34 Vgl. Joachim J. Halbekann, Das alte Bechtle-Verlagsgebäude in Esslingen, in: Ute Harbusch und Gregor Wittkop (Hg.), Kurzer Aufenthalt. Streifzüge durch literarische Orte, Göttingen 2007, S. 113–116.

35 Vgl. Thomas Scheuffelen, «Lauter Anfänge». Lyrik aus dem Bechtle Verlag 1950–1959, in: Irene Ferchl, Ute Harbusch und Thomas Scheuffelen (Hg.), Literarische Spuren in Esslingen, Esslingen a. N. 2003, S. 173–183.

36 Peter Härtling, Leben lernen. Erinnerungen, Köln 2003, S. 123 und 166.

37 Vgl. *http://www.artnet.de/magazine/retrospektive-anton-stankowski-teil-2*.

38 Kurt Leonhard, Texte aus sechs Jahrzehnten, 1934 bis 1994, ausgewählt und bearbeitet von Renate Damsch-Wiehager, Esslingen a. N. 1995, S. 68.

39 Schillers Werke, Nationalausgabe, Band 20, Philosophische Schriften, Erster Teil, unter Mitwirkung von Helmut Koopmann hg. von Benno von Wiese, Weimar 1962, S. 359.

4. Stuttgart und Cannstatt

1 Zit. nach: Ehrenfried Kluckert, Neckarreise. Biographie einer Kulturlandschaft, Stuttgart 1999, S. 148.

2 Vgl. Otto Borst, Stuttgart. Die Geschichte der Stadt, Stuttgart und Aalen 1973, S. 267.

3 Brief an Sophie von Löwenthal, Stuttgart, 17.5.1844, in: Nikolaus Lenau, Werke und Briefe, Band 6/1, Briefe 1838–1847, hg. von Norbert Oellers und Hartmut Steinecke, Wien 1990, S. 359 f.

4 Brief an Sophie von Löwenthal, Stuttgart, 13.4.1841, in: Nikolaus Lenau, Werke und Briefe, Band 6/1, Briefe 1838–1847 (wie Anm. 3), S. 180 f.

5 Brief an Sophie von Löwenthal, Stuttgart, 24.5.1843, in: Nikolaus Lenau, Werke und Briefe, Band 6/1 (wie Anm. 3), S. 289.

6 Vgl. Otto Borst, Stuttgart (wie Anm. 2), S. 284.

7 Vgl. 175 Jahre DVA. Die Deutsche Verlags-Anstalt von 1831–2006 (Text: Hans Wetzel, Bildrecherche: Ursula Locke-Groß), München 2006, S. 16–23.

8 Samuel Beckett, Flötentöne. Aus dem Französischen von Elmar Tophoven und Karl Krolow, Frankfurt a. M. 1981, S. 49.

9 Vgl. Otto Borst, Stuttgart (wie Anm. 2), S. 194–197, 467.

10 Vgl. Martin Hohnecker, Aus grauem Beton sprießt die Umwelt grün, in: Die 60er Jahre. Ein Stuttgarter Jahrzehnt in Bildern, Karlsruhe 1995, S. 34–36.

11 Vgl. Martin Wörner, Gilbert Lupfer und Ute Schulz, Architekturführer Stuttgart, Berlin 32006, S. 60.

12 Peter Handke, Tage wie ausgeblasene Eier (1973), in: Einladung, Hermann Lenz zu lesen, hg. von Rainer Moritz, Frankfurt a. M. 1988, S. 35–45, hier S. 38.

13 Hermann Lenz, Die Augen eines Dieners, Frankfurt a. M. 1997, S. 183.

14 Hermann Lenz, Seltsamer Abschied, Frankfurt a. M. 1988, S. 330.

15 Hermann Lenz, Ein Fremdling, Frankfurt a. M. 1988 [erstmals 1983], S. 222.

16 Hermann Lenz, Stuttgart deine Straßen, Schwieberdingen und Stuttgart 1975, S. 10.

17 Vgl. Felix Berner, Louis und Eduard Hallberger. Die Gründer der Deutschen Verlags-Anstalt, Stuttgart 1983.

18 Vgl. Willi A. Koch an Ingeborg Bachmann, 19. September 1952, DLA.

19 Hierzu ausführlich: Jan Bürger, «Befreit von tausend Ungewissheiten». Wie der Lyriker Paul Celan entdeckt wurde, in: Paul Celan, Mohn und Gedächtnis. Gedichte, München 2012, S. 79–95.

20 Zit. nach: Paul Celan und Gisèle Celan-Lestrange, Briefwechsel, aus dem Französischen von Eugen Helmlé, hg. von Bertrand Badiou in Verbindung mit Eric Celan. Frankfurt a. M. 2001, Band 2, S. 52.

21 Ebd.

22 Paul Celan, Hanne und Hermann Lenz, Briefwechsel, hg. von Barbara Wiedemann in Verbindung mit Hanne Lenz, Frankfurt a. M. 2001, S. 8.

23 Hans Werner Richter offenbarte das in seinen postum veröffentlichten Tagebüchern. Anlässlich des Todes von Celan notierte er unter dem 7. Mai 1970: «Ich wußte damals noch nicht, daß Ingeborg [Bachmann] die Geliebte Paul Celans gewesen war, ja, daß er sie in ihrer Lyrik maßgeblich *beeinflusst* hatte. So kam es zu seltsamen Zwischenfällen. Nach der Lesung beim Mittagessen hatte ich ganz nebenbei und ohne jede Absicht gesagt, daß die Stimme Celans mich an die Stimme Joseph Goebbels erinnere.» (Mittendrin. Die Tagebücher 1966–1972, hg. von Dominik Geppert in Zusammenarbeit mit Nina Schnutz, München 2012, S. 158.)

24 Koch an Celan, 25. Juni 1952, DLA.

25 Ingeborg Bachmann und Paul Celan, Herzzeit. Der Briefwechsel, hg. von Bertrand Badiou, Hans Höller, Andrea Stoll und Barbara Wiedemann, Frankfurt a. M. 2008, S. 50.

26 Paul Celan, Hanne und Hermann Lenz, Briefwechsel, hg. von Barbara Wiedemann in Verbindung mit Hanne Lenz, Frankfurt a. M. 2001, S. 7.

27 31. Juli 1952, DLA.

28 Paul Celan, Briefwechsel mit den rheinischen Freunden, hg. von Barbara Wiedermann, Berlin 2011, S. 11.

29 DLA.

30 21. August 1952, DLA.

31 Ebd.

32 Anzeige für *Mohn und Gedächtnis*, 1953, DLA.

33 Brief an Koch (DVA), 16. September 1952, DLA.

34 Brief an Gotthold Müller (DVA), 11. April 1955, DLA.

35 An Franz Wurm, 27. März 1970, in: Paul Celan und Franz Wurm, Briefwechsel, hg. von Barbara Wiedemann in Verbindung mit Franz Wurm,
Frankfurt a. M. 1995, S. 239.

36 Zit. nach: Stuttgart. Dichter sehen eine Stadt. Texte und Bilder aus 250 Jahren, hg. von Horst Brandstätter und Jürgen Holwein, Stuttgart 1989, S. 355.

37 Ebd.; vgl. Irene Ferchl, Stuttgart. Literarische Wegmarken in der Bücherstadt, Stuttgart 2000, S. 204.

38 Hans Magnus Enzensberger, Flucht vor Deutschland. Ein Dialog, in: Sansibar ist überall. Alfred Andersch, hg. von Marcel Korolnik und Annette
Korolnik-Andersch, München 2008, S. 25–28, hier S. 25.

39 Vgl. Stephan Reinhardt, Alfred Andersch. Eine Biographie, Zürich 1990,
S. 255–304.

40 Hermann Lenz, Ein Fremdling, Frankfurt a. M. 1988 [erstmals 1983],
S. 434.

41 Ebd., S. 433.

42 Vgl. Irene Ferchl, Stuttgart. Literarische Wegmarken in der Bücherstadt,
Stuttgart 2000, S. 203.

43 Fritz West, So ist Stuttgart, Stuttgart 1933, S. 116.

44 Ebd., S. 118.

45 Gustav Schwab, Wanderungen durch Schwaben, mit 30 Stahlstichen nach
Zeichnungen von Ludwig Mayer, München 1979 [Erstausgabe 1837], S. 15.

46 Ebd., S. 27.

47 Hierzu ausführlich: Martin Schalhorn, «… daß Sie der Verleger aller meiner künftigen Schriften werden». Ein Sonntagsausflug von Schiller und
Cotta nach Untertürkheim am 4. Mai 1794, Spuren 69, Marbach a. N.
2005.

48 Brief vom 19. Mai 1794, Schillers Werke, Nationalausgabe, Band 27, Schillers Briefe 1794–1795, hg. von Günter Schulz, Weimar 1958, S. 2.

49 Jena, Brief vom 10. Dezember 1794, in: Schillers Werke, Nationalausgabe,
Band 22, Vermischte Schriften, hg. von Herbert Meyer, Weimar 1958,
S. 107.

50 Vgl. Peter-André Alt, Schiller. Leben – Werk – Zeit. Eine Biographie, Band
2, S. 197–208.

51 Brief vom 26. Januar 1798 an Goethe, in: Schillers Werke, Nationalausgabe, Band 29, Briefwechsel, Schillers Briefe 1.11.1796–31.10.1798, hg. von
Norbert Oellers und Frithjof Stock, Weimar 1977, S. 195 f.

5. Ludwigsburg und Marbach

1 Johann Wolfgang von Goethe, Tagebücher. Historisch-kritische Ausgabe, hg. von Edith Zehm, Band II/1, Stuttgart und Weimar 2000, S. 147.

2 Der Briefwechsel zwischen Schiller und Goethe, hg. von Emil Staiger, rev. Neuausgabe von Hans-Georg Dewitz, Frankfurt a. M. und Leipzig 2005, S. 453.

3 Johann Wolfgang von Goethe, Tagebücher (wie Anm. 1), S. 159.

4 Justinus Kerner, Das Bilderbuch aus meiner Knabenzeit, Wien, Berlin u. a. 1921, S. 13 f.

5 Zit. nach: Rüdiger Safranski, Schiller oder Die Erfindung des Deutschen Idealismus. Biographie, München 2004, S. 379.

6 Vgl. Jürgen Oelkers, Schillers Schulen, in: Schiller und Ludwigsburg. Eine kulturgeschichtliche Annäherung, hg. von der Stadt Ludwigsburg, Ludwigsburg 2010, S. 48–71, hier S. 64 f.

7 Vgl. hierzu: Schillers Werke, Nationalausgabe, Band 8, S. 358, sowie Band 43, S. 172.

8 Philipp Röder und Ludwig Hermann, Geographisches Statistisch-Topographisches Lexikon von Schwaben ..., Band 2, Ulm 1792, Spalte 97.

9 Johann Wolfgang von Goethe, Tagebücher (wie Anm. 1), S. 159.

10 Vgl. Andrea Hahn, Ludwigsburg. Stationen einer Stadt, Ludwigsburg 2004, S. 48 f.

11 Nach: Albert Sting, Geschichte der Stadt Ludwigsburg, Band 1: Von der Vorgeschichte bis zum Jahr 1816, Ludwigsburg 2000, S. 221.

12 Vgl. Franz Quarthal, Friedrich Schiller, Herzog Carl Eugen und der Hof in Ludwigsburg, in: Schiller und Ludwigsburg. Eine kulturgeschichtliche Annäherung, hg. von der Stadt Ludwigsburg, Ludwigsburg 2010, S. 30–47, hier S. 38; Albert Sting, Geschichte der Stadt Ludwigsburg, Band 1: Von der Vorgeschichte bis zum Jahr 1816, Ludwigsburg 2000, S. 222.

13 Nach: Franz Quarthal, Friedrich Schiller, Herzog Carl Eugen und der Hof in Ludwigsburg (wie Anm. 12), S. 37; Karlheinz Wagner, Herzog Karl Eugen von Württemberg. Modernisierer zwischen Absolutismus und Aufklärung, Stuttgart und München 2001, S. 27 f.

14 Zit. nach: Peter-André Alt, Schiller. Leben – Werk – Zeit. Eine Biographie, Band 1, München 2000, S. 48; vgl. Juliane Vogel, Autodafé über Natur und Dichtkunst – Der junge Schiller und die Oper, in: Schiller und Ludwigs-

burg. Eine kulturgeschichtliche Annäherung, hg. von der Stadt Ludwigsburg, Ludwigsburg 2010, S. 92–110, hier S. 96.

15 Johann Wolfgang von Goethe, Tagebücher (wie Anm. 1), S. 160.

16 Ebd., S. 170.

17 Schillers Werke, Nationalausgabe, Band 26, Briefwechsel, Schillers Briefe
1.3.1790–17.5.1794, hg. von Edith und Horst Nahler, Weimar 1992, S. 285.

18 Der Briefwechsel zwischen Schiller und Goethe (wie Anm. 2), S. 449 und
411.

19 Justinus Kerner (wie Anm. 4), S. 28.

20 Andreas Streichers Schiller-Biographie, hg. von Herbert Kraft, Mannheim
1974, S. 16.

21 Christian Friderich Sattler, Historische Beschreibung des Herzogthums
Würtemberg, hg. von Hermann Treffz, Stuttgart 1942 [Reprint der Ausgabe von 1752], S. 87.

22 Vgl. Der Neckar. Das Land und sein Fluss, hg. vom Fachdienst Naturschutz, Heidelberg, Ubstadt-Weiher, Basel 2007, S. 18–22.

23 Vgl. Frank Druffner und Martin Schalhorn, Götterpläne & Mäusegeschäfte. Schiller 1759–1805, Marbach a. N. 2005, S. 21.

24 Zit. nach: Bernhard Zeller (Hg.), Klassiker in finsteren Zeiten 1933–1945,
Band 1, Marbach a. N. 1983, S. 166.

25 Ebd., S. 172.

26 Ebd., S. 180.

27 Gustav Schwab, Wanderungen durch Schwaben, mit 30 Stahlstichen nach
Zeichnungen von Ludwig Mayer, München 1979 [Erstausgabe 1837], S. 39.

28 Zit. nach: Marbach Schillerhöhe. Hundert Jahre Architektur für Literatur,
mit Beiträgen von Ulrich Ott, Heike Gfrereis und Alexander Schwarz,
Marbacher Magazin 103/2003, Marbach a. N. 2003, S. 8.

29 Joachim Ringelnatz, Das Gesamtwerk in sieben Bänden, hg. von Walter
Pape, Band 1, Berlin 1984, S. 237 [erstmals in: Simplicissimus, 30. Jg.,
Nr. 38, 21.12.1925].

30 Paul Raabe, Mein expressionistisches Jahrzehnt. Anfänge in Marbach,
Zürich und Hamburg 2004, S. 48.

31 Vgl. Bernhard Fischer, Der Verleger Johann Friedrich Cotta. Chronologische Verlagsbibliographie 1787–1832, München 2003.

32 Hermann Lenz, Erinnerung an Eduard. Erzählung, Frankfurt a. M. 1981,
S. 71.

33 Ebd., S. 22.

34 Vgl. Selma Stern, Jud Süß. Ein Beitrag zur deutschen und zur jüdischen Geschichte, München 1973 [erstmals 1929], S. 161–176.

6. Heilbronn und seine Umgebung

1 Johann Wolfgang von Goethe, Tagebücher. Historisch-kritische Ausgabe, hg. von Edith Zehm, Band 2/1, Stuttgart und Weimar 2000, S. 159.

2 Beschreibung des Oberamts Heilbronn, hg. von dem königlichen statistisch-topographischen Bureau, Stuttgart 1865, S. 209.

3 Johann Wolfgang von Goethe, Tagebücher (wie Anm. 1), S. 155.

4 Vgl. Beschreibung des Oberamts Heilbronn (wie Anm. 2), S. 235.

5 Philipp Röder und Ludwig Hermann, Geographisches Statistisch-Topographisches Lexikon von Schwaben ..., Band 1, Ulm 1791, Spalte 694.

6 Vgl. Rupert und Gudrun Emberger, «Siehst du durch's Thal das Dampfroß schnaubend fliegen ...» Wie die Eisenbahn nach Tübingen kam, in: Evamarie Blattner, Ulrich Hägele und Sarah Willner (Hg.), Schwelle zur Moderne. 150 Jahre Eisenbahn in Tübingen, Tübingen 2011, S. 23–37; Otto Borst, Geschichte Baden-Württembergs. Ein Lesebuch, hg. von Susanne und Franz Quarthal, Stuttgart 2004, S. 279 f.

7 Justinus Kerner, Das Bilderbuch aus meiner Knabenzeit, Wien, Berlin u. a. 1921, S. 42.

8 Lutz-W. Wolff, Heimito von Doderer, Reinbek 1996, S. 7; ausführlich hierzu: Jan Bürger, «Wie der vergessene Tempel einer Gottheit». Heimito von Doderer und der Kirchheimer Tunnel in Lauffen, Spuren 84, Marbach a. N. 2008.

9 Martin Loew-Cadonna, Zug um Zug. Studien zu Heimito von Doderers Roman «Ein Mord den jeder begeht», Wien 1991, S. 74 f.

10 Heimito von Doderer, Tagebücher 1920–1939, hg. von Wendelin Schmidt-Dengler, Martin Loew-Cadonna und Gerald Sommer, zwei Bände, München 1996, S. 988.

11 Heimito von Doderer, Studien und Extremas. Aus den Skizzenbüchern der Jahre 1923–1939, ediert von Gerald Sommer und Martin Brinkmann, in: Sinn und Form 6/2006, S. 765–781, hier S. 780.

12 Heimito von Doderer, Ein Mord den jeder begeht. Roman, München ⁹1993 [erstmals 1938], S. 219.

13 Heimito von Doderer, Tagebücher 1920–1939 (wie Anm. 10), S. 1073 f.

14 Heimito von Doderer, Ein Mord den jeder begeht. Roman, München
⁹1993 [erstmals 1938], S. 222.

15 Ebd., S. 237.

16 Mark Twain, A Tramp Abroad, with an introduction by Robert Gray Bruce
and Hamlin Hill, New York u. a. 1997, S. 64 [Zitat übertragen von J. B.].

17 2. Akt, 3. Auftritt; Heinrich von Kleist, Dramen 2, hg. von Siegfried Streller, Frankfurt a. M. 1986, S. 152.

18 Mark Twain, A Tramp Abroad (wie Anm. 16), S. 77 f. [Zitat übertragen von
J. B.].

19 Ebd., S. 79 [Zitat übertragen von J. B.].

20 Gustav Schwab, Wanderungen durch Schwaben, mit 30 Stahlstichen nach
Zeichnungen von Ludwig Mayer, München 1979 [Erstausgabe 1837],
S. 50 f.

21 Theodor Heuss, Auf dem Kiliansturm, in: Merian, Heilbronn a. N., 5. Jg.,
H. 3, 1952, S. 3–11, hier S. 8.

22 Vgl. Beschreibung des Oberamts Heilbronn (wie Anm. 2), S. 176.

23 Vgl. Ehrenfried Kluckert, Neckarreise. Biographie einer Kulturlandschaft,
Stuttgart 1999, S. 158 f.

24 Mark Twain, A Tramp Abroad (wie Anm. 16), S. 82 f. [Zitat übertragen von
J. B.].

25 Alfons Paquet, Der Neckar. Ein Lebensbild, Heidelberg 1928, S. 21.

7. Von Weinsberg zur Abtei Neuburg

1 Deutsche Sagen, hg. von den Brüdern Grimm, ediert und kommentiert von
Heinz Rölleke, Frankfurt a. M. 1994, S. 540 f.

2 Adelbert von Chamisso, Sämtliche Werke in zwei Bänden. Nach dem
Text der Ausgaben letzter Hand und den Handschriften, Textred. Jost
Perfahl, Bibl. und Anm. von Volker Hoffmann, Band 1, München 1975,
S. 735.

3 Heinrich Heine, Der Schwabenspiegel, in: ders., Historisch-kritische Ge-
samtausgabe der Werke [Düsseldorfer Ausgabe], Band 10, Shakespeares
Mädchen und Frauen und Kleinere literaturkritische Schriften, bearb. von
Jan-Christoph Hauschild, Hamburg 1993, S. 269.

4 Vgl. Uwe Henrik Peters, Justinus Kerner als Arzt, in: Justinus Kerner
1786–1862, Marbacher Magazin 39/1986, Marbach a. N. 1986, S. 53–60.

5 So lautet der lange Untertitel der *Seherin von Prevorst*.

6 Zit. nach: Justinus Kerner 1786–1862, Marbacher Magazin 39/1986, Marbach a. N. 1986, S. 26.

7 Morgenblatt für gebildete Leser, 28.3.1852, zit. nach: Justinus Kerner 1786–1862, Marbacher Magazin 39/1986, Marbach a. N. 1986, S. 94 f.

8 Heinrich Heine, Der Schwabenspiegel (wie Anm. 3).

9 Vgl. Franz Kafka, Tagebücher, hg. von Hans-Gerd Koch, Michael Müller und Malcolm Pasley, Frankfurt a. M. 1990, S. 131.

10 Vgl. Franz Kafka, Briefe an Milena, hg. von Jürgen Born und Michael Müller, Frankfurt a. M. 1983, S. 305.

11 Morgenblatt für gebildete Leser, 10.11.1830, zit. nach: Justinus Kerner 1786–1862, Marbacher Magazin 39/1986, Marbach a. N. 1986, S. 99.

12 Gustav Schwab, Wanderungen durch Schwaben, mit 30 Stahlstichen nach Zeichnungen von Ludwig Mayer, München 1979 [Erstausgabe 1837], S. 62 f.

13 Zit. nach: Justinus Kerner 1786–1862, Marbacher Magazin 39/1986, Marbach a. N. 1986, S. 40.

14 Vgl. Mark Twain, A Tramp Abroad, with an introduction by Robert Gray Bruce and Hamlin Hill, New York u. a. 1997, S. 68.

15 Vgl. Der Neckar. Das Land und sein Fluss, hg. vom Fachdienst Naturschutz, Heidelberg, Ubstadt-Weiher, Basel 2007, S. 50.

16 Mark Twain, A Tramp Abroad (wie Anm. 14), S. 80 [Zitat übertragen von J. B.].

17 Brief an Sophie von Löwenthal, Stuttgart, 5.7.1840, in: Nikolaus Lenau, Werke und Briefe, Band 6/1, Briefe 1838–1847, hg. von Norbert Oellers und Hartmut Steinecke, Wien 1990, 138 f.

18 Deutsche Sagen, hg. von den Brüdern Grimm (wie Anm. 1), S. 374.

19 Ebd., S. 375.

20 Vgl. Der Neckar. Das Land und sein Fluss, hg. vom Fachdienst Naturschutz, Heidelberg, Ubstadt-Weiher, Basel 2007, S. 235.

21 Ludwig Tieck, Der junge Tischlermeister. Novelle in sieben Abschnitten, Frankfurt a. M. und Berlin 1996 [erstmals 1836], S. 96.

22 Clemens Brentano, Sämtliche Werke und Briefe, Band 31, Briefe, Dritter Band, 1803–1807, hg. von Lieselotte Kinskofer, Stuttgart 1991, S. 533.

23 Gustav Schwab, Wanderungen durch Schwaben (wie Anm. 12), S. 82.

24 Vgl. Otto Heuschele (Hg.), In Memoriam Alexander von Bernus. Ausgewählte Prosa aus seinem Werk, Heidelberg 1966, S. 34 f.

25 Vgl. Carlheinz Gräter, Der Neckar, Stuttgart und Aalen 1977, S. 195–197.

26 Vgl. Michael Buselmeier, Literarische Führungen durch Heidelberg. Eine Stadtgeschichte im Gehen, Heidelberg ²2003, S. 245 f.; Richard Benz, Heidelberg. Schicksal und Geist, Konstanz 1961, S. 347.

27 Klaus Mann, Der Wendepunkt. Ein Lebensbericht, hg. von Fredric Kroll, Reinbek ²2008, S. 194 f.

28 Brief vom 25. November 1912, zit. nach: Franz Anselm Schmitt, Alexander von Bernus. Dichter und Alchymist. Leben und Werk in Dokumenten, Nürnberg 1971, S. 103.

29 Klaus Mann, Der Wendepunkt (wie Anm. 27), S. 192.

30 Vgl. In Memoriam Alexander von Bernus (wie Anm. 24), S. 38 f.

31 Brief vom 14. Juli 1909, in: Worte der Freundschaft für Alexander von Bernus (Zum 70. Geburtstag), Nürnberg 1949, S. 102.

32 In Memoriam Alexander von Bernus (wie Anm. 24), S. 25 f.

33 Helmut Zander, Rudolf Steiner. Die Biografie, München 2011, S. 314.

34 Vgl. In Memoriam Alexander von Bernus (wie Anm. 24), S. 33.

8. Heidelberg

1 Vgl. Joachim Radkau, Max Weber. Die Leidenschaft des Denkens, München 2005, S. 63.

2 Vgl. Jürgen Egyptien, Stefan George auf Stift Neuburg, Spuren 85, Marbach a. N. 2009, S. 12 f.

3 Vgl. Thomas Karlauf, Stefan George. Die Entdeckung des Charisma. Biographie, München 2008, S. 373.

4 Vgl. Michael Buselmeier, Literarische Führungen durch Heidelberg. Eine Stadtgeschichte im Gehen, Heidelberg ²2003, S. 182–189.

5 Percy Gothein, Das Seelenfest in der Villa Lobstein. Zit. nach: Michael Buselmeier (Hg.), Heidelberg-Lesebuch. Stadtbilder von 1800 bis heute, Frankfurt a. M. 1986, S. 227.

6 Zit. nach: Joachim Radkau (wie Anm. 1), S. 471.

7 Zit. nach: Thomas Karlauf (wie Anm. 3), S. 414.

8 Vgl. ebd., S. 410–418.

9 William Turner hat Heidelberg um 1840 mehrmals gemalt; eines der bekanntesten Bilder hängt in der Tate Gallery, London.

Anmerkungen

10 Friedrich Hebbel in einem Brief an den Kirchspielschreiber Voß in Wesselburen, Heidelberg, 14. Juli 1836, zit. nach: Michael Buselmeier (Hg.), Heidelberg-Lesebuch. Stadtbilder von 1800 bis heute, Frankfurt a. M. 1986, S. 113.

11 Carl Zuckmayer, Als wär's ein Stück von mir, Frankfurt a. M. 1969, S. 242.

12 Ebd., S. 255.

13 Alfred Mombert, Briefe 1893–1942, ausgewählt und hg. von B. J. Morse, Heidelberg und Darmstadt 1961, S. 69.

14 Vgl. Michael Buselmeier, Literarische Führungen durch Heidelberg (wie Anm. 4), S. 165–167; Richard Benz, Heidelberg. Schicksal und Geist, Konstanz 1961, S. 345 f.

15 Brief an Ulrich Middeldorf (Durchschlag), Ciudad Trujillo, 11. September 1949, Nachlass Erwin Walter Palm, DLA.

16 Ulrich Raulff, Kreis ohne Meister. Stefan Georges Nachleben, München 2009, S. 339.

17 Brief (Durchschlag) an Karl Wolfskehl, Ciudad Trujillo, undatiert, ca. 1945/46, Nachlass Erwin Walter Palm, DLA.

18 Zur Biografie siehe: Elisabeth Südkamp, Heinrich Zimmer (1890–1943), in: Heidelberg. Jahrbuch zur Geschichte der Stadt, hg. vom Heidelberger Geschichtsverein, Nr. 12, 2008, S. 89–106.

19 Vgl. Arno Weckbecker, Die Judenverfolgung in Heidelberg 1933–1945, Heidelberg 1985, S. 151–156 und 159 f.

20 Hilde Domin, Die Liebe im Exil. Briefe an Erwin Walter Palm aus den Jahren 1931–1959, hg. von Jan Bürger und Frank Druffner, Frankfurt a. M. 2009, S. 59.

21 Ebd., S. 58.

22 Vgl. Joachim-Felix Leonhard (Hg.), Bücherverbrennung. Zensur, Verbot, Vernichtung unter dem Nationalsozialismus in Heidelberg, Heidelberg 1983, besonders S. 17 f. und 62 f.

23 Alfred Mombert, Briefe (wie Anm. 13), S. 110.

24 Vgl. Susanne Himmelheber und Karl-Ludwig Hofmann (Hg.), Alfred Mombert (1872–1942), Heidelberg 1993, S. 111.

25 Alfred Mombert, Briefe (wie Anm. 13), S. 143.

26 Ebd., S. 144.

27 Brief vom 6. April 1939, Nachlass Heinrich Zimmer, DLA.

28 Hilde Domin, Gesammelte autobiographische Schriften. Fast ein Lebenslauf, Frankfurt a. M. 1993, S. 63.

9. Mannheim

1 Vgl. Annette Borchardt-Wenzel, Kleine Geschichte Badens, Regensburg 2011, S. 112–114.

2 Clemens Brentano, Sämtliche Werke und Briefe, Band 7, Des Knaben Wunderhorn, Teil II, Text, hg. von Heinz Rölleke, Stuttgart u. a. 1976, S. 16.

3 Zit. nach: Frank Druffner und Martin Schalhorn, Götterpläne & Mäusegeschäfte. Schiller 1759–1805, Marbach a. N. 2005, S. 53.

4 Schillers Werke, Nationalausgabe, Band 23, Briefwechsel, Schillers Briefe 1772–1785, hg. von Walter Müller-Seidel, Weimar 1956, S. 30.

5 Authentischer Bericht über die Ermordung des Kaiserlich-Russischen Staatsraths Herrn August von Kotzebue nebst vielen interessanten Notizen über ihn und über Carl Sand den Meuchelmörder, mit einem Nachwort von Sabine Bayerl, Heidelberg 2005 [erstmals Mannheim 1819], S. 43.

6 Ebd., S. 43 f.

7 Ebd., S. 192.

8 Ebd., S. 193.

9 Zit. nach: Günter Moltmann (Hg.), unter Mitarbeit von Ingrid Schöberl, Aufbruch nach Amerika. Friedrich List und die Auswanderung aus Baden und Württemberg 1816/17, Tübingen 1979, S. 47.

10 Ebd.

11 Vgl. Haus der Geschichte Baden-Württemberg (Hg.), Landesgeschichten. Der deutsche Südwesten von 1790 bis heute, Stuttgart 2002, S. 66–68; Jakob Kocher, Geschichte der Stadt Nürtingen, Band 1, Stuttgart 1924, S. 166–170.

12 Zit. nach: Aufbruch nach Amerika (wie Anm. 9), S. 48.

13 Bettine von Arnim, Clemens Brentano's Frühlingskranz. Die Günderode, hg. von Walter Schmitz, Frankfurt a. M. 2006, S. 76.

14 Vgl. Mercedes-Benz Museum (Hg.), Mythos & Collection, Stuttgart 2010, S. 24 f.

15 Hierzu ausführlich: Wolfgang Ranke, Schiller, Schubart und der Hohenasperg, Spuren 86, Marbach a. N. 2009; vgl. Peter-André Alt, Schiller. Leben – Werk – Zeit. Eine Biographie, Band 1, München 2000, S. 224 f.

16 Hierzu: Wolfram Müller, Ein Besuch, der nie stattfand. Schiller, Schubart und die Festung Hohenasperg, in: Jahrbuch der Deutschen Schillergesellschaft 56/2012, Göttingen 2012, S. 19–39.

17 Andreas Streichers Schiller-Biographie, hg. von Herbert Kraft, Mannheim 1974, S. 55 f.

18 Zu Schillers Flucht und Mannheimer Zeit vgl. Peter-André Alt, Schiller. Leben – Werk – Zeit. Eine Biographie, Band 1, München 2000; Rüdiger Safranski, Schiller oder Die Erfindung des Deutschen Idealismus. Biographie, München 2004, S. 121–208; Friedrich Dieckmann, «Diesen Kuß der ganzen Welt!» Der junge Mann Schiller, Frankfurt a. M. und Leipzig 2005, S. 7–163.

19 Andreas Streichers Schiller-Biographie (wie Anm. 17), S. 61.

20 Ebd., S. 63.

21 Ebd., S. 97.

22 Vgl. David Blackbourn, Die Eroberung der Natur. Eine Geschichte der deutschen Landschaft, aus dem Englischen von Udo Rennert, München ²2008, S. 128 f.

23 Schillers Werke, Nationalausgabe, Band 23 (wie Anm. 4), S. 109.

24 Vgl. Peter-André Alt, Schiller. Leben – Werk – Zeit. Eine Biographie, Band 1, München 2000, S. 330 f.

25 Schillers Werke, Nationalausgabe, Band 23 (wie Anm. 4), S. 137; vgl. Peter-André Alt (wie Anm. 24), S. 353.

26 Schillers Werke, Nationalausgabe, Band 23 (wie Anm. 4), S. 177.

10. Vom Schwenninger Moos nach Sulz und darüber hinaus

1 Alfons Paquet, Der Neckar. Ein Lebensbild, Heidelberg 1928, S. 9.

2 Philipp Röder und Ludwig Hermann, Geographisches Statistisch-Topographisches Lexikon von Schwaben ..., Band 2, Ulm 1792, Spalte 607.

3 Ebd., Spalte 222 f.

4 Vgl. Der Neckar. Das Land und sein Fluss, hg. vom Fachdienst Naturschutz, Heidelberg, Ubstadt-Weiher, Basel 2007, besonders S. 27–30, 109–117 und 211–213.

5 Beschreibung des Oberamts Rottweil, hg. vom K.[öniglich] statistisch-topographischen Bureau, Stuttgart 1875, S. 12.

6 Wilhelm Hauff, Sämtliche Märchen, hg. von Hans-Heino Ewers, Stuttgart 2003, S. 272.

7 Vgl. Der Neckar. Das Land und sein Fluss (wie Anm. 4), S. 47; empfehlenswert sind die Informationen der Initiative *Von Fischen und Frachtern*, getra-

gen von der Wasser- und Schifffahrtsverwaltung des Bundes und dem Ministerium für Umwelt, Naturschutz und Verkehr Baden-Württemberg, *www.fische-frachter.de.*

8 Vgl. Winfried Hecht, Münster Heilig Kreuz Rottweil, Lindenberg 2012, S. 17–20.

9 Ludwig Uhland, Brief an Karl Mayer, Tübingen, 21. Januar 1812, in: Uhlands Briefwechsel, hg. von Julius Hartmann, Band 1: 1795–1815, Stuttgart und Berlin 1911, S. 282.

10 Vgl. Thomas Faltin, Die Keimbelastung ist weiterhin zu hoch, in: Stuttgarter Zeitung, 17.3.2011, S. 23; ders., Baden im Neckar bleibt eine heikle Sache, in: Stuttgarter Zeitung, 12.3.2012, S. 19.

11 Philipp Röder und Ludwig Hermann (wie Anm. 2), Spalte 733–737.

12 Vgl. Bernhard Rüth, Eine «Kunstakademie» am oberen Neckar. Paul Kälberer und die Bernsteinschule, in: Stefan Borchardt und Bernhard Rüth (Hg.), Der obere Neckar. Bilder einer Landschaft, Stuttgart 2011, S. 45–51.

13 Peter Härtling, Leben lernen. Erinnerungen, Köln 2003, S. 127.

14 Ebd., S. 129.

15 Ebd., S. 136.

11. Nordstetten bei Horb

1 Berthold Auerbach, Der Tolpatsch, in: ders., Schwarzwälder Dorfgeschichten, erster Band, Stuttgart 1861, S. 3–34, hier S. 3.

2 Brief vom 25. September 1842, zit. nach: Anton Bettelheim, Berthold Auerbach. Der Mann – Sein Werk – Sein Nachlaß, Stuttgart und Berlin 1907, S. 128.

3 Brief an Heinrich Laube, 5. April 1847, in: Heinrich Heine, Säkularausgabe, hg. von der Klassik-Stiftung Weimar und dem Centre national de la recherche scientifique in Paris, Band 22, Briefe 1842–1849, bearb. von Fritz H. Eisner, Berlin 1972, S. 246.

4 Zit. nach: Thomas Scheuffelen, Berthold Auerbach. 1812–1882, Marbacher Magazin 36/1985, Marbach a. N. 1985, S. 54.

5 Vgl. Hermann Kinder, Berthold Auerbach. «Einst fast eine Weltberühmtheit». Eine Collage, Tübingen 2011, besonders S. 251–256.

6 Berthold Auerbach, Der Tolpatsch (wie Anm. 1), S. 7.

7 Ebd., S. 17.

8 Brief an Auerbach nach der Lektüre der «Neuen Folge» der *Schwarz-wälder Dorfgeschichten*, 13. Mai 1854, in: Ludwig Uhland, Briefwechsel, Vierter Teil, 1851–1862, hg. von Julius Hartmann, Stuttgart und Berlin 1916, S. 96.

9 Berthold Auerbach, Ivo, der Hajrle, in: ders., Schwarzwälder Dorf-geschichten, erster Band, Stuttgart 1861, S. 167–368, hier S. 270.

10 Beschreibung des Oberamts Horb, hg. von dem königlichen statistisch-topographischen Bureau, Stuttgart 1865, S. 225.

11 Vgl. Thomas Scheuffelen (wie Anm. 4), S. 29 f.

12 Zit. nach: Anton Bettelheim, Berthold Auerbach. Der Mann – Sein Werk – Sein Nachlaß, Stuttgart und Berlin 1907, S. 30.

13 Ebd., S. 31.

14 Zit. nach: Thomas Scheuffelen (wie Anm. 4), S. 31.

15 Vgl. ebd., S. 42.

16 Anton Bettelheim (wie Anm. 12), S. 386.

17 Ebd., S. 29.

18 Vgl. Beschreibung des Oberamts Horb (wie Anm. 10), S. 99.

19 Vgl. Franz Quarthal, Das Land am oberen Neckar. Eine Kulturlandschaft zwischen Schwarzwald und Schwäbischer Alb, in: Stefan Borchardt und Bernhard Rüth (Hg.), Der obere Neckar. Bilder einer Landschaft, Stuttgart 2011, S. 9–19, hier S. 13; Franz Quarthal, Zur Wirtschaftsgeschichte der österreichischen Städte am oberen Neckar, in: ders. (Hg.), Zwischen Schwarzwald und Schwäbischer Alb. Das Land am oberen Neckar, Sigma-ringen 1984, S. 393–446.

20 Beschreibung des Oberamts Horb (wie Anm. 10), S. 8 f.

21 Vgl. Winfried Hecht, Münster Heilig Kreuz Rottweil, Lindenberg 2012, S. 7–9.

22 Zur Biografie von Veit Stoß vgl. Gottfried Sello, Veit Stoß, München 1988, S. 7–10; Bernhard Sandherr, Veit Stoß und die Stadt Horb am Neckar, Bonn 2010.

12. Unter der Wurmlinger Kapelle

1 Friedrich Hölderlin, Sämtliche Werke und Briefe, hg. von Michael Knaupp, Band 2, München 1992, S. 462.

2 Vgl. Kerner. Uhland. Mörike, bearbeitet von Albrecht Bergold, Jutta Salchow und Walter Scheffler (Marbacher Kataloge 34), München 1980, S. 7 f.

3 Hierzu ausführlich: Valérie Lawitschka, Die schwäbische Schule und die
Wurmlinger Kapelle, Spuren 92, Marbach a. N. 2012.

4 Ludwig Uhland, Werke I. Sämtliche Gedichte, hg. von Walter Scheffler,
München 1980, S. 16.

5 Beschreibung des Oberamts Rottenburg, hg. im Auftrag der Regierung von
Professor Memminger, Stuttgart und Tübingen 1828, S. 44.

6 Ebd.

7 Rudolf Schlichter, Die Verteidigung des Panoptikums. Autobiographische,
zeit- und kunstkritische Schriften sowie Briefe 1930–1955, hg. von Dirk
Heißerer, mit einem Essay von Günter Metken und 13 Zeichnungen von
Rudolf Schlichter, Berlin 1995, S. 280.

8 Brief an Mark Neven DuMont, 16.9.1930, zit. nach: Rudolf Schlichter, Die
Verteidigung des Panoptikums (wie Anm. 7), S. 380.

9 Vgl. Rudolf Schlichter, Die Verteidigung des Panoptikums (wie Anm. 7),
S. 382; ferner: Das Auge der Welt. Otto Dix und die Neue Sachlichkeit, hg.
vom Kunstmuseum Stuttgart, Ostfildern 2012, S. 223–251.

10 Rudolf Schlichter, Aus der Heimat (Nürtingen 1941), teilweise unver-
öffentlicht, Fotokopie im Nachlass Rudolf Schlichter, DLA, S. 10 f.,
Erstdruck in: ders., Die Verteidigung des Panoptikums (wie Anm. 7), S. 177.

11 Aus der Heimat (Nürtingen im Juli 1941), zweiter Absatz (unveröffent-
licht), Fotokopie im Nachlass Rudolf Schlichter, DLA, S. 11.

12 Dieses treffende Bild findet sich in der Beschreibung des Oberamts Rottenburg (wie Anm. 5), S. 214.

13 Friedrich Hölderlin, Sämtliche Werke und Briefe, hg. von Michael Knaupp,
Band 1, München 1992, S. 253.

14 Ebd., Band 3, München 1993, S. 133.

15 Ebd., Band 1, München 1992, S. 254.

16 Ebd., Band 3, München 1993, S. 133; vgl. hierzu den Kommentar von
Jochen Schmidt, in: ders. (Hg.), Friedrich Hölderlin, Sämtliche Werke und
Briefe, Band 1, Frankfurt a. M. 1992, S. 668–672.

17 Ebd., Band 1, München 1992, S. 336 f.

18 Vgl. Helmuth Mojem, «Glükseelig Suevien …» Die Entdeckung Württembergs in der Literatur, Marbacher Magazin 97/2002, Marbach a. N.
²2003, S. 23–31.

19 Karl-Heinz Ott, Tübingen, Alte Burse, in: Zum Kuckuck! Literarische

Umrisse eines Landes. 60 Jahre Literatur in und aus Baden-Württemberg (Redaktion: Stefanie Stegmann und Nina Allweier), Stuttgart und Freiburg 2012, S. 60–63, hier S. 62.

20 Vgl. Joachim Köhler und Dieter Manz (Hg.), Die Wurmlinger Kapelle. Sage, Geschichte, Dichtung, Kunst, Sigmaringen 1985, S. 129–131.

21 Abgeschlossen hat Lenau das Gedicht am 22. Januar 1832.

22 Nikolaus Lenau, Werke und Briefe, Band 1, Gedichte bis 1834, hg. von Herbert Zeman und Michael Ritter in Zusammenarbeit mit Wolfgang Neuber und Xavier Vicat, Wien 1995, S. 175.

23 Ebd., S. 176.

24 Bach komponierte das Lied eines unbekannten Dichters 1736, BWV 478.

25 Brief Ludwig Uhlands aus Tübingen, 16.11.1844, in: Nikolas Lenau, Werke und Briefe, Band 6, Briefe 1838–1847, Teil 2, bearbeitet von Norbert Otto Eke u. a., Wien 1992, S. 481.

26 Brief Kerners vom 2.12.1844, in: Kerner. Uhland. Mörike (wie Anm. 2), S. 124 f.

27 Vgl. Helmut Hornbogen, Tübinger Dichter-Häuser. Literaturgeschichten aus Schwaben. Ein Wegweiser, Tübingen ³1999, S. 110.

28 Vgl. Friedrich Theodor Vischer, Ludwig Uhland, in: ders., Kritische Gänge. Neue Folge. Viertes Heft, Stuttgart 1863, S. 97–169; Hartmut Fröschle, Nachwort, in: Ludwig Uhland, Werke IV, München 1984, S. 909–953; Helmuth Mojem, «Glückseelig Suevien ...» (wie Anm. 18), S. 45–51.

29 Vgl. Wilfried Setzler, Tübingen und Ludwig Uhland. Eine Stadt im Umbruch, in: Ludwig Uhland. Tübinger, Linksradikaler, Nationaldichter, hg. von Georg Braungart, Stefan Knödler, Helmuth Mojem und Wiebke Ratzeburg, Tübingen 2012, S. 11–19, hier S. 16.

30 Vgl. Ludwig Uhland, Lyrik und Prosa, hg. von Hermann Bausinger, Tübingen 2010, S. 14 der Einleitung.

31 Zit. nach: Otto Borst, Geschichte Baden-Württembergs. Ein Lesebuch, hg. von Susanne und Franz Quarthal, Stuttgart 2004, S. 232; vgl. auch Friedrich Theodor Vischer, Kritische Gänge. Neue Folge. Viertes Heft, Stuttgart 1863, S. 134.

32 Friedrich Theodor Vischer (wie Anm. 31).

33 Ludwig Uhland, Werke IV. Wissenschaftliche und poetologische Schriften, politische Reden und Aufsätze, hg. von Hartmut Fröschle, München 1984, S. 725.

34 Vgl. Otto Borst, Geschichte Baden-Württembergs (wie Anm. 31), S. 222–241.

35 Brief an Wilhelm Hartlaub, in: Eduard Mörike, Werke und Briefe, Band 15: Briefe 1846–1850, hg. von Albrecht Bergold und Bernhard Zeller, Stuttgart 2000, S. 309, vgl. auch S. 803.

36 Brief an Konrad D. Haßler, 31. Dezember 1849, Uhlands Briefwechsel, Dritter Teil: 1834–1850, hg. von Julius Hartmann, Stuttgart und Berlin 1914, S. 438; vgl. Gerd Ueding, Erbschaft mit Widersprüchen. Ludwig Uhland im bürgerlichen Zeitalter, in: Ludwig Uhland 1787–1862, bearbeitet von Walter Scheffler und Albrecht Bergold, Marbacher Magazin 42/1987, Marbach a. N. ²1998, S. 2–13.

37 Vgl. Helmut Hornbogen, Im Gespräch mit Walter Jens, in: ders., Tübinger Dichter-Häuser. Tübingen ³1999, S. 467–477, hier S. 472 f.; Jörg Magenau, Martin Walser. Eine Biographie, Reinbek 2005, S. 66–74.

38 Vgl. Unselds unveröffentlichte Briefwechsel mit Friedrich Beißner und Wilhelm Weischedel aus dem Jahr 1951, Siegfried Unseld Archiv im DLA; zu Unselds Ausbildung und Studium vgl. Raimund Fellinger, Nachbemerkung, in: Siegfried Unseld, Chronik 1970, hg. von Ulrike Anders, Raimund Fellinger u. a., Berlin 2010, S. 382–392; ferner Peter Michalzik, Unseld. Eine Biographie. München 2002, S. 19–70.

39 Brief an Wilhelm Weischedel, 17. Juni 1951, Siegfried Unseld Archiv im DLA.

Ausgewählte Literatur

Peter Ackroyd, Die Themse. Biographie eines Flusses, aus dem Englischen von Michael Müller, München 2008.

Peter-André Alt, Schiller. Leben – Werk – Zeit. Eine Biographie, zwei Bände, München 2000.

Bettine von Arnim, Clemens Brentano's Frühlingskranz. Die Günderode, hg. von Walter Schmitz, Frankfurt a. M. 2006.

Berthold Auerbach, Dorfgeschichten, hg. von Hermann Bausinger, Tübingen 2011.

Berthold Auerbach, Schwarzwälder Dorfgeschichten, erster Band, Stuttgart 1861.

Authentischer Bericht über die Ermordung des Kaiserlich-Russischen Staatsraths Herrn August von Kotzebue nebst vielen interessanten Notizen über ihn und über Carl Sand den Meuchelmörder, mit einem Nachwort von Sabine Bayerl, Heidelberg 2005 [erstmals Mannheim 1819].

Ingeborg Bachmann und Paul Celan, Herzzeit. Der Briefwechsel, hg. von Bertrand Badiou, Hans Höller, Andrea Stoll und Barbara Wiedemann, Frankfurt a. M. 2008.

Samuel Beckett, Flötentöne, aus dem Französischen von Elmar Tophoven und Karl Krolow, Frankfurt a. M. 1981.

Richard Benz, Heidelberg. Schicksal und Geist, Konstanz 1961.

Felix Berner, Louis und Eduard Hallberger. Die Gründer der Deutschen Verlags-Anstalt, Stuttgart 1983.

Pierre Bertaux, Friedrich Hölderlin. Eine Biographie, Frankfurt a. M. und Leipzig 2000.

Beschreibung des Oberamts Heilbronn, hg. von dem königlichen statistisch-topographischen Bureau, Stuttgart 1865.

Beschreibung des Oberamts Horb, hg. von dem königlichen statistisch-topographischen Bureau, Stuttgart 1865.

Beschreibung des Oberamts Rottenburg, hg. im Auftrag der Regierung von Professor Memminger, Stuttgart und Tübingen 1828.

Beschreibung des Oberamts Rottweil, hg. vom K.[öniglich] statistisch-topographischen Bureau, Stuttgart 1875.

Anton Bettelheim, Berthold Auerbach. Der Mann – Sein Werk – Sein Nachlaß, Stuttgart und Berlin 1907.

David Blackbourn, Die Eroberung der Natur. Eine Geschichte der deutschen Landschaft, aus dem Englischen von Udo Rennert, München ²2008.

Johannes Bobrowski, Die Gedichte, hg. von Eberhard Haufe, Stuttgart 1998.

Franz X. Bogner, Das Land des Neckars, Ostfildern 2005.

Stefan Borchardt und Bernhard Rüth (Hg.), Der obere Neckar. Bilder einer Landschaft, Stuttgart 2011.

Annette Borchardt-Wenzel, Kleine Geschichte Badens, Regensburg 2011.

Otto Borst, Alte Städte in Württemberg, München 1968.

Otto Borst, Geschichte Baden-Württembergs. Ein Lesebuch, hg. von Susanne und Franz Quarthal, Stuttgart 2004.

Otto Borst, Geschichte der Stadt Esslingen am Neckar, Esslingen a. N. 1977.

Otto Borst, Stuttgart. Die Geschichte der Stadt, Stuttgart und Aalen 1973.

Nicholas Boyle, Goethe. Der Dichter in seiner Zeit. Band 1 und 2, aus dem Englischen von Holger Fliessbach, Frankfurt a. M. und Leipzig 2004.

Horst Brandstätter und Jürgen Holwein (Hg.), Stuttgart. Dichter sehen eine Stadt. Texte und Bilder aus 250 Jahren, Stuttgart 1989.

Clemens Brentano, Sämtliche Werke und Briefe, Bd. 7, Des Knaben Wunderhorn, Teil II, Text, hg. von Heinz Rölleke, Stuttgart u. a. 1976.

Jan Bürger, «Befreit von tausend Ungewissheiten». Wie der Lyriker Paul Celan entdeckt wurde, in: Paul Celan, Mohn und Gedächtnis. Gedichte, München 2012, S. 79–95.

Jan Bürger (Hg.), Friedrich Schiller. Dichter, Denker, Vor- und Gegenbild, Göttingen 2007.

Jan Bürger, «Wie der vergessene Tempel einer Gottheit». Heimito von Doderer und der Kirchheimer Tunnel in Lauffen a. N., Spuren 84, Marbach a. N. 2008.

Michael Buselmeier (Hg.), Heidelberg-Lesebuch. Stadtbilder von 1800 bis heute, Frankfurt a. M. 1986.

Michael Buselmeier, Literarische Führungen durch Heidelberg. Eine Stadtgeschichte im Gehen, Heidelberg ²2003.

Paul Celan, Briefwechsel mit den rheinischen Freunden, hg. von Barbara Wiedermann, Berlin 2011.

Paul Celan, Die Gedichte. Kommentierte Gesamtausgabe, hg. von Barbara Wiedemann, Frankfurt a. M. 2005.

Paul Celan und Gisèle Celan-Lestrange, Briefwechsel, aus dem Französischen von Eugen Helmlé, hg. von Bertrand Badiou in Verbindung mit Eric Celan. Frankfurt a.M. 2001.

Paul Celan, Hanne und Hermann Lenz, Briefwechsel, hg. von Barbara Wiedemann in Verbindung mit Hanne Lenz, Frankfurt a.M. 2001.

Paul Celan und Franz Wurm, Briefwechsel, hg. von Barbara Wiedemann in Verbindung mit Franz Wurm, Frankfurt a.M. 1995.

Adelbert von Chamisso, Sämtliche Werke in zwei Bänden, nach dem Text der Ausgaben letzter Hand und den Handschriften, Textred. Jost Perfahl, Bibl. und Anm. von Volker Hoffmann, München 1975.

Deutsche Sagen, herausgegeben von den Brüdern Grimm. Ausgabe auf der Grundlage der ersten Auflage, hg. von Heinz Rölleke, Frankfurt a.M. 1994.

Friedrich Dieckmann, «Diesen Kuß der ganzen Welt!» Der junge Mann Schiller, Frankfurt a.M. und Leipzig 2005.

Heimito von Doderer, Ein Mord den jeder begeht. Roman, München 9 1993.

Heimito von Doderer, Studien und Extremas. Aus den Skizzenbüchern der Jahre 1923–1939, ediert von Gerald Sommer und Martin Brinkmann, in: Sinn und Form 6/2006, S. 765–781.

Heimito von Doderer, Tagebücher 1920–1939, hg. von Wendelin Schmidt-Dengler, Martin Loew-Cadonna und Gerald Sommer, zwei Bände, München 1996.

Hilde Domin, Die Liebe im Exil. Briefe an Erwin Walter Palm aus den Jahren 1931–1959, hg. von Jan Bürger und Frank Druffner, Frankfurt a.M. 2009.

Hilde Domin, Gesammelte autobiographische Schriften. Fast ein Lebenslauf, Frankfurt a.M. 1993.

Frank Druffner und Martin Schalhorn, Götterpläne & Mäusegeschäfte. Schiller 1759–1805, Marbach a.N. 2005.

Jürgen Egyptien, Stefan George auf Stift Neuburg, Spuren 85, Marbach a.N. 2009.

Rupert und Gudrun Emberger, «Siehst du durch's Thal das Dampfroß schnaubend fliegen ...» Wie die Eisenbahn nach Tübingen kam, in: Evamarie Blattner, Ulrich Hägele und Sarah Willner (Hg.), Schwelle zur Moderne. 150 Jahre Eisenbahn in Tübingen, Tübingen 2011, S. 23–37.

Hans Magnus Enzensberger, Flucht vor Deutschland. Ein Dialog, in: Sansibar ist überall. Alfred Andersch, hg. von Marcel Korolnik und Annette Korolnik-Andersch, München 2008, S. 25–28.

Fachdienst Naturschutz (Hg.), Der Neckar. Das Land und sein Fluss, Heidelberg, Ubstadt-Weiher, Basel 2007.

Irene Ferchl, Stuttgart. Literarische Wegmarken in der Bücherstadt, Stuttgart 2000.

Irene Ferchl, Ute Harbusch und Thomas Scheuffelen (Hg.), Literarische Spuren in Esslingen, Esslingen a. N. 2003.

Bernhard Fischer, Der Verleger Johann Friedrich Cotta. Chronologische Verlagsbibliographie 1787–1832, München 2003.

Johann Wolfgang von Goethe, Tagebücher. Historisch-kritische Ausgabe, hg. von Edith Zehm, Stuttgart und Weimar 2000.

Carlheinz Gräter, Der Neckar, Stuttgart und Aalen 1977.

Andrea Hahn, Ludwigsburg. Stationen einer Stadt, Ludwigsburg 2004.

Joachim Hahn und Hans Mayer, Das Evangelische Stift in Tübingen, Stuttgart 1985.

Joachim J. Halbekann, Das alte Bechtle-Verlagsgebäude in Esslingen, in: Ute Harbusch und Gregor Wittkop (Hg.), Kurzer Aufenthalt. Streifzüge durch literarische Orte, Göttingen 2007, S. 113–116.

Peter Härtling, Herzwand. Mein Roman, Frankfurt a. M. 1990.

Peter Härtling, Leben lernen. Erinnerungen, Köln 2003.

Peter Härtling und Gerhard Kurz (Hg.), Hölderlin und Nürtingen, Stuttgart 1994.

Wilhelm Hauff, Lichtenstein. Romantische Sage aus der württembergischen Geschichte, Stuttgart 2002.

Wilhelm Hauff, Sämtliche Märchen, hg. von Hans-Heino Ewers, Stuttgart 2003.

Haus der Geschichte Baden-Württemberg (Hg.), Landesgeschichten. Der deutsche Südwesten von 1790 bis heute, Stuttgart 2002.

Winfried Hecht, Münster Heilig Kreuz Rottweil, Lindenberg 2012.

Heinrich Heine, Historisch-kritische Gesamtausgabe der Werke [Düsseldorfer Ausgabe], Band 10, Shakespeares Mädchen und Frauen und Kleinere literaturkritische Schriften, bearb. von Jan-Christoph Hauschild, Hamburg 1993.

Heinrich Heine, Säkularausgabe, hg. von der Klassik-Stiftung Weimar und dem Centre national de la recherche scientifique in Paris, Band 22, Briefe 1842–1849, bearb. von Fritz H. Eisner, Berlin 1972.

Georg Herwegh, Gedichte und kritische Aufsätze aus den Jahren 1839 und 1840, Constanz 1845.

Georg Herwegh, Briefe 1832–1848 [Werke und Briefe, Band 5], bearbeitet von Ingrid Pepperle, Bielefeld 2005.

Hermann Hesse, Gesammelte Erzählungen, Band 4, Frankfurt a. M. 1977.

Hermann Hesse und Peter Suhrkamp, Briefwechsel 1945–1959, hg. von Siegfried Unseld, Frankfurt a. M. 1969.

Otto Heuschele (Hg.), In Memoriam Alexander von Bernus. Ausgewählte Prosa aus seinem Werk, Heidelberg 1966.

Theodor Heuss, Auf dem Kiliansturm, in: Merian, Heilbronn a. N., 5. Jg, H. 3, 1952, S. 3–11.

Susanne Himmelheber, Karl-Ludwig Hofmann (Hg.), Alfred Mombert (1872–1942), Heidelberg 1993.

Martin Hohnecker, Aus grauem Beton sprießt die Umwelt grün, in: Die 60er Jahre. Ein Stuttgarter Jahrzehnt in Bildern, Karlsruhe 1995, S. 34–36.

Friedrich Hölderlin, Sämtliche Werke (Stuttgarter Ausgabe), hg. von Friedrich Beißner und Adolf Beck, acht Bände, Stuttgart 1943–1985.

Friedrich Hölderlin, Sämtliche Werke. Historisch-kritische Ausgabe (Frankfurter Ausgabe), hg. von Dietrich E. Sattler, 20 Bände, Frankfurt a. M. 1975–2008.

Friedrich Hölderlin, Sämtliche Werke und Briefe, hg. von Michael Knaupp, drei Bände, München 1992 f.

Helmut Hornbogen, Literaturgeschichten aus Schwaben. Ein Wegweiser, Tübinger Dichter-Häuser, Tübingen ³1999.

Hannelore und Rainer Jooß, Evang. Stadtkirche St. Dionys, Esslingen am Neckar, Regensburg ²2002.

Franz Kafka, Briefe an Milena, hg. von Jürgen Born und Michael Müller, Frankfurt a. M. 1983.

Franz Kafka, Tagebücher, hg. von Hans-Gerd Koch, Michael Müller und Malcolm Pasley, Frankfurt a. M. 1990.

Thomas Karlauf, Stefan George. Die Entdeckung des Charisma. Biographie, München 2008.

Albert Kautter, Die Oberamtsstadt Nürtingen. Eine kurze Darstellung ihrer Vergangenheit, Nürtingen 1898 (Reprint ebd. 1981).

Justinus Kerner 1786–1862, Marbacher Magazin 39/1986, Marbach a. N. 1986.

Justinus Kerner, Das Bilderbuch aus meiner Knabenzeit, Wien, Berlin u. a. 1921.

Justinus Kerner, Die Seherin von Prevorst, Vorwort von Joachim Bodamer, Stuttgart ⁹2007.

Kerner. Uhland. Mörike. Schwäbische Dichtungen im 19. Jahrhundert, bearbeitet von Albrecht Bergold, Jutta Salchow und Walter Scheffler (Marbacher Kataloge 34), München 1980.

Hermann Kinder, Berthold Auerbach. «Einst fast eine Weltberühmtheit». Eine Collage, Tübingen 2011.

Heinrich von Kleist, Werke und Briefe in vier Bänden, hg. von Siegfried Streller, Frankfurt a. M. 1986.

Ehrenfried Kluckert, Neckarreise. Biographie einer Kulturlandschaft, Stuttgart 1999.

Jakob Kocher, Geschichte der Stadt Nürtingen, Drei Bände, Stuttgart 1924 und 1928.

Joachim Köhler und Dieter Manz (Hg.), Die Wurmlinger Kapelle. Sage, Geschichte, Dichtung, Kunst, Sigmaringen 1985.

Kunstmuseum Stuttgart (Hg.), Das Auge der Welt. Otto Dix und die Neue Sachlichkeit, Ostfildern 2012.

Hansjörg Küster, Die Entdeckung der Landschaft. Einführung in eine neue Wissenschaft, München 2012.

Valérie Lawitschka, Die schwäbische Schule und die Wurmlinger Kapelle, Spuren 92, Marbach a. N. 2012.

Nikolaus Lenau, Werke und Briefe, Band 1, Gedichte bis 1834, hg. von Herbert Zeman und Michael Ritter in Zusammenarbeit mit Wolfgang Neuber und Xavier Vicat, Wien 1995.

Nikolaus Lenau, Werke und Briefe, Band 6/1, Briefe 1838–1847, hg. von Norbert Oellers und Hartmut Steinecke, Wien 1990.

Nikolas Lenau, Werke und Briefe, Band 6/2, Briefe 1838–1847, bearbeitet von Norbert Otto Eke u. a., Wien 1992.

Hermann Lenz, Andere Tage. Roman, Frankfurt a. M. 1978.

Hermann Lenz, Die Augen eines Dieners. Roman, Frankfurt a. M. 1997.

Hermann Lenz, Ein Fremdling. Roman, Frankfurt a. M. 1988.

Hermann Lenz, Erinnerung an Eduard. Erzählung, Frankfurt a. M. 1981.

Hermann Lenz, Seltsamer Abschied. Roman, Frankfurt a. M. 1988.

Hermann Lenz, Stuttgart deine Straßen, Schwieberdingen und Stuttgart 1975.

Joachim-Felix Leonhard (Hg.), Bücherverbrennung. Zensur, Verbot, Vernichtung unter dem Nationalsozialismus in Heidelberg, Heidelberg 1983.

Kurt Leonhard, Die heilige Fläche. Gespräche über moderne Kunst, Stuttgart 1947.

Kurt Leonhard, Texte aus sechs Jahrzehnten, 1934 bis 1994, ausgewählt und bearbeitet von Renate Damsch-Wiehager, Esslingen a. N. 1995.

Ursula Locke-Groß und Hans Wetzel, 175 Jahre DVA. Die Deutsche Verlags-Anstalt von 1831–2006, München 2006.

Martin Loew-Cadonna, Zug um Zug. Studien zu Heimito von Doderers Roman «Ein Mord den jeder begeht», Wien 1991.

Jörg Magenau, Martin Walser. Eine Biographie, Reinbek 2005.

Claudio Magris, Donau. Biographie eines Flusses, aus dem Italienischen von Hans-Georg Held, München 1988.

Klaus Manger und Gerhard vom Hofe, Heidelberg im poetischen Augenblick, Heidelberg 1987.

Klaus Mann, Der Wendepunkt. Ein Lebensbericht, hg. von Fredric Kroll, Reinbek ²2008.

Marbach. Rückblick auf ein Jahrhundert 1895–1995, Marbach a. N. 1996.

Marbach Schillerhöhe. Hundert Jahre Architektur für Literatur, mit Beiträgen von Ulrich Ott, Heike Gfrereis und Alexander Schwarz, Marbacher Magazin 103/2003, Marbach a. N. 2003.

Gunter Martens, Friedrich Hölderlin, Reinbek 2002.

Mathias Mayer, Mörike und Peregrina. Geheimnis einer Liebe, München 2004.

Winfried Menninghaus, Hälfte des Lebens. Versuch über Hölderlins Poetik, Frankfurt a. M. 2005.

Mercedes-Benz Museum (Hg.), Mythos & Collection, Stuttgart 2010.

Peter Michalzik, Unseld. Eine Biographie, München 2002.

Volker Michels (Hg.), Hesse. Sein Leben in Bildern und Texten, Frankfurt a. M. 1987.

Helmuth Mojem, «Glükseelig Suevien …» Die Entdeckung Württembergs in der Literatur, Marbacher Magazin 97/2002, Marbach a. N. ²2003.

Günter Moltmann (Hg.), unter Mitarbeit von Ingrid Schöberl, Aufbruch nach Amerika. Friedrich List und die Auswanderung aus Baden und Württemberg 1816/17, Tübingen 1979.

Alfred Mombert, Briefe 1893–1942, ausgewählt und hg. von B. J. Morse, Heidelberg und Darmstadt 1961.

Eduard Mörike, Werke in einem Band, hg. von Herbert G. Göpfert, München ⁵2004.

Eduard Mörike, Werke und Briefe. Historisch-kritische Gesamtausgabe, hg. von Hubert Arbogast, Hans-Henrik Krummacher, Herbert Meyer und Bernhard Zeller, Stuttgart 1967 ff.

Rainer Moritz (Hg.), Einladung, Hermann Lenz zu lesen, Frankfurt a. M. 1988.

Hartmut Müller, Literaturreisen. Der Neckar, Stuttgart und Dresden 1994.

Wolfram Müller, Ein Besuch, der nie stattfand. Schiller, Schubart und die Festung Hohenasperg, in: Jahrbuch der Deutschen Schillergesellschaft 56/2012, Göttingen 2012, S. 19–39.

Emma Niendorf, Lenau in Schwaben. Aus dem letzten Jahrzehnt seines Lebens, Leipzig 1853.

Jürgen Oelkers, Schillers Schulen, in: Schiller und Ludwigsburg. Eine kulturgeschichtliche Annäherung, hg. von der Stadt Ludwigsburg, Ludwigsburg 2010, S. 48–71.

Karl-Heinz Ott, Tübingen, Alte Burse, in: Zum Kuckuck! Literarische Umrisse eines Landes. 60 Jahre Literatur in und aus Baden-Württemberg (Redaktion: Stefanie Stegmann und Nina Allweier), Stuttgart und Freiburg 2012, S. 60–63.

Christian Ottersbach und Claus Ziehr (Hg.), Esslingen a. N. Kunsthistorischer Stadtführer, Esslingen a. N., ³2005.

Alfons Paquet, Der Neckar. Ein Lebensbild, Heidelberg 1928.

Franz Quarthal, Das Land am oberen Neckar. Eine Kulturlandschaft zwischen Schwarzwald und Schwäbischer Alb, in: Stefan Borchardt und Bernhard Rüth (Hg.), Der obere Neckar. Bilder einer Landschaft, Stuttgart 2011, S. 9–19.

Franz Quarthal, Friedrich Schiller, Herzog Carl Eugen und der Hof in Ludwigsburg, in: Schiller und Ludwigsburg. Eine kulturgeschichtliche Annäherung, hg. von der Stadt Ludwigsburg, Ludwigsburg 2010, S. 30–47.

Franz Quarthal, Zur Wirtschaftsgeschichte der österreichischen Städte am oberen Neckar, in: ders. (Hg.), Zwischen Schwarzwald und Schwäbischer Alb. Das Land am oberen Neckar, Sigmaringen 1984, S. 393–446.

Paul Raabe, Mein expressionistisches Jahrzehnt. Anfänge in Marbach, Zürich und Hamburg 2004.

Joachim Radkau, Max Weber. Die Leidenschaft des Denkens, München 2005.

Wolfgang Ranke, Schiller, Schubart und der Hohenasperg, Spuren 86, Marbach a. N. 2009.

Ulrich Raulff, Kreis ohne Meister. Stefan Georges Nachleben, München 2009.

Stephan Reinhardt, Alfred Andersch. Eine Biographie, Zürich 1990.

Hans Werner Richter, Mittendrin. Die Tagebücher 1966–1972, hg. von Dominik Geppert in Zusammenarbeit mit Nina Schnutz, München 2012.

Joachim Ringelnatz, Das Gesamtwerk in sieben Bänden, hg. von Walter Pape, Band 1, Berlin 1984.

Michael Ritter, Zeit des Herbstes. Nikolaus Lenau. Biografie, Wien und Frankfurt a. M. 2002.

Philipp Röder und Ludwig Hermann, Geographisches Statistisch-Topographisches Lexikon von Schwaben oder vollständige alphabetische Beschreibung aller im ganzen Schwäbischen Kreis liegenden Städte, Klöster, Schlösser, Dörfer, Flecken, Höfe, Berge, Thäler, Flüsse, Seen, merkwürdiger Gegenden u. s. w., zwei Bände, Ulm 1791 ff.

Bernhard Rüth, Eine «Kunstakademie» am oberen Neckar. Paul Kälberer und die Bernsteinschule, in: Stefan Borchardt und Bernhard Rüth (Hg.), Der obere Neckar. Bilder einer Landschaft, Stuttgart 2011, S. 45–51.

Rüdiger Safranski, Schiller oder Die Erfindung des Deutschen Idealismus. Biographie, München 2004.

Bernhard Sandherr, Veit Stoß und die Stadt Horb am Neckar, Bonn 2010.

Christian Friderich Sattler, Historische Beschreibung des Herzogthums Würtemberg, hg. von Hermann Treffz, Stuttgart 1942 [Reprint der Ausgabe von 1752].

Martin Schalhorn, «... daß Sie der Verleger aller meiner künftigen Schriften werden». Ein Sonntagsausflug von Schiller und Cotta nach Untertürkheim am 4. Mai 1794, Spuren 69, Marbach a. N. 2005.

Thomas Scheuffelen, Berthold Auerbach. 1812–1882, Marbacher Magazin 36/1985, Marbach a. N. 1985.

Schillers Werke. Nationalausgabe, begründet von Julius Petersen und Gerhard Fricke, fortgeführt von Lieselotte Blumenthal und Benno von Wiese, hg. im Auftrag der Stiftung Weimarer Klassik und des Schiller-Nationalmuseums Marbach von Norbert Oellers, Weimar 1943 ff.

Schiller und Goethe, Briefwechsel, hg. von Emil Staiger, revidierte Neuausgabe von Hans-Georg Dewitz, Frankfurt a. M. und Leipzig 2005.

Heinz Schlaffer, Die kurze Geschichte der deutschen Literatur, München 2002.

Rudolf Schlichter, Die Verteidigung des Panoptikums. Autobiographische, zeit- und kunstkritische Schriften sowie Briefe 1930–1955, hg. von Dirk Heißerer, mit einem Essay von Günter Metken und 13 Zeichnungen von Rudolf Schlichter, Berlin 1995.

Franz Anselm Schmitt, Alexander von Bernus. Dichter und Alchymist. Leben und Werk in Dokumenten, Nürnberg 1971.

Gustav Schwab, Landschaftsbilder, hg. von Wolfgang Alber, Tübingen 2012.

Gustav Schwab, Wanderungen durch Schwaben, mit 30 Stahlstichen nach Zeichnungen von Ludwig Mayer, München 1979 [Erstausgabe 1837].

Gottfried Sello, Veit Stoß, München 1988.

Wilfried Setzler (Redaktion), Dokumente zu Ernst Zimmer und zur Geschichte des Hölderlinturms, Sonderausstellung im Hölderlinturm, Tübingen ²1997.

Wilfried Setzler (Hg.), Tübingen und der Neckar [Werkhefte des Stadtmuseums Tübingen, Nr. 1], Tübingen 1993.

Hans-Ulrich Simon, Wilhelm Waiblinger, Marbacher Magazin 14/1979, Marbach a. N. 1979.

Selma Stern, Jud Süß. Ein Beitrag zur deutschen und zur jüdischen Geschichte, München 1973 [erstmals 1929].

Albert Sting, Geschichte der Stadt Ludwigsburg, Band 1: Von der Vorgeschichte bis zum Jahr 1816, Ludwigsburg 2000.

Andreas Streichers Schiller-Biographie, hg. von Herbert Kraft, Mannheim 1974.

Elisabeth Südkamp, Heinrich Zimmer (1890–1943), in: Heidelberg. Jahrbuch zur Geschichte der Stadt, hg. vom Heidelberger Geschichtsverein, Nr. 12, 2008, S. 89–106.

Ludwig Tieck, Der junge Tischlermeister. Novelle in sieben Abschnitten, Frankfurt a. M. und Berlin 1996 [erstmals 1836].

Mark Twain, A Tramp Abroad, with an introduction by Robert Gray Bruce and Hamlin Hill, New York u. a. 1997.

Ludwig Uhland 1787–1862, bearbeitet von Walter Scheffler und Albrecht Bergold, Marbacher Magazin 42/1987, Marbach a. N. ²1998.

Ludwig Uhland. Tübinger, Linksradikaler, Nationaldichter, hg. von Georg Braungart, Stefan Knödler, Helmuth Mojem und Wiebke Ratzeburg, Tübingen 2012.

Ludwig Uhland, Briefwechsel, hg. von Julius Hartmann, vier Bände, Stuttgart und Berlin 1911–1916.

Ludwig Uhland, Lyrik und Prosa, hg. von Hermann Bausinger, Tübingen 2010.

Ludwig Uhland, Werke, hg. von Hartmut Fröschle und Walter Scheffler, vier Bände, München 1980–1984.

Siegfried Unseld, Chronik 1970, hg. von Ulrike Anders, Raimund Fellinger u. a., Berlin 2010.

Friedrich Theodor Vischer, Kritische Gänge. Neue Folge. Viertes Heft, Stuttgart 1863.

Juliane Vogel, Autodafé über Natur und Dichtkunst – Der junge Schiller und die Oper, in: Schiller und Ludwigsburg. Eine kulturgeschichtliche Annäherung, hg. von der Stadt Ludwigsburg, Ludwigsburg 2010, S. 92–110.

Werner Volke, Hölderlin (Marbacher Kataloge 33), Marbach 1980.

Stephan Wackwitz, Friedrich Hölderlin, Stuttgart ²1997.

Karlheinz Wagner, Herzog Karl Eugen von Württemberg. Modernisierer zwischen Absolutismus und Aufklärung, Stuttgart und München 2001.

Wilhelm Waiblinger, Die Tagebücher 1821–1826, in Zusammenarbeit mit Erwin Breitmeyer hg. von Herbert Meyer, Stuttgart 1956.

Wilhelm Waiblinger, Werke und Briefe. Textkritische und kommentierte Ausgabe in fünf Bänden, hg. von Hans Königer, Stuttgart 1980–1988.

Wilhelm Waiblinger, Tagebücher 1821–1826. Textkritische und kommentierte Ausgabe in zwei Bänden, hg. von Hans Königer, zwei Bände, Stuttgart 1993.

Arno Weckbecker, Die Judenverfolgung in Heidelberg 1933–1945, Heidelberg 1985.

Fritz West, So ist Stuttgart, Stuttgart 1933.

Rosemarie Wildermuth, «Zweimal ist kein Traum zu träumen». Die Weiber von Weinsberg und die Weibertreu, Marbacher Magazin 53/1990, Marbach a. N. 1990.

Lutz-W. Wolff, Heimito von Doderer, Reinbek 1996.

Martin Wörner, Gilbert Lupfer und Ute Schulz, Architekturführer Stuttgart, Berlin ³2006.

Worte der Freundschaft für Alexander von Bernus (Zum 70. Geburtstag), Nürnberg 1949.

Helmut Zander, Rudolf Steiner. Die Biografie, München 2011.

Bernhard Zeller (Hg.), Klassiker in finsteren Zeiten 1933–1945, zwei Bände, Marbach a. N. 1983.

Bernhard Zeller (Hg.), Schillers Leben und Werk in Daten und Bildern, Frankfurt a. M. 1966.

Horst Zimmermann, Wege zu Hölderlin und Mörike. Ein literarischer Führer durch Nürtingen, Nürtingen 2007.

Carl Zuckmayer, Als wär's ein Stück von mir, Frankfurt a. M. 1969.

Alle unveröffentlichten Quellen finden sich im Deutschen Literaturarchiv Marbach (DLA).

Dank

Ohne den Blick auf den Fluss aus dem Fenster meines Büros im Deutschen Literaturarchiv Marbach und die zahlreichen Gespräche und Diskussionen, die ich in den vergangenen zehn Jahren mit Kollegen und Freunden über den Neckar und das literarische Leben an seinen Ufern führen durfte, wäre das vorliegende Buch nicht zustande gekommen.

Für Hinweise, Anregungen, freundschaftliche Hilfe und praktische Unterstützung bin ich Richard Brendler, Frank Druffner, Daniel Graf, Chris Korner, Ulrich Raulff, Thomas Schmidt, Uwe Schneider, Tanja Warter, Meike G. Werner und Katharina von Wilucki zu besonderem Dank verpflichtet.

Udo Allgeier von der Schleuse Schwabenheim sowie Rolf Neuer und die Crew der ‹Hanna Krieger› haben mich einen Tag lang in ihre Welt eingeführt.

Für die Erlaubnis, Archivalien zitieren zu dürfen und Bilder zu verwenden, danke ich dem Deutschen Literaturarchiv Marbach (Nachlässe Hilde Domin und Erwin Walter Palm), Viola Roehr von Alvensleben (Nachlass Rudolf Schlichter), Hans Saner (Nachlass Karl Jaspers), dem Kurpfälzischen Museum Heidelberg, der Staatsgalerie Stuttgart und dem Suhrkamp Verlag.

Martin Hielscher, Michael Hahn und Dietrich Bürger waren besonders in der Schlussphase des Schreibens eine wichtige Stütze.

Anna Katharina Hahn hat alle Seiten dieses Buches wieder und wieder durchgesehen, als ginge es um ein eigenes Werk. Moritz und Nicolas Bürger haben nicht nur viel Geduld mit mir gehabt, sondern mich auch oft an den Neckar begleitet.

J. B., im Dezember 2012

Bildnachweis

Deutsches Literaturarchiv Marbach: S. 19, 24, 28, 49, 53, 55, 86, 111, 114, 120, 139, 142, 169, 210, 223, 231, 236.

heidelberg-images.com: S. 167 (Foto: Hans Lossen).

Jan Bürger, Stuttgart: S. 41, 147, 198.

Kurpfälzisches Museum Heidelberg: S. 166.

Mercedes-Benz Classic Archive: S. 66, 189.

Philipps-Universität Marburg, Deutsches Dokumentationszentrum für Kunstgeschichte – Bildarchiv Foto Marburg: S. 79.

Reiss-Engelhorn-Museen Mannheim: S. 180 (Foto: Jean Christen).

Staatsgalerie Stuttgart: S. 60, 98.

Wikimedia Commons: S. 133 (Foto: US Army).

Württembergische Landesbibliothek Stuttgart: S. 204.

Karten auf dem Vorsatz: © Peter Palm, Berlin.

Register der Orts- und Personennamen

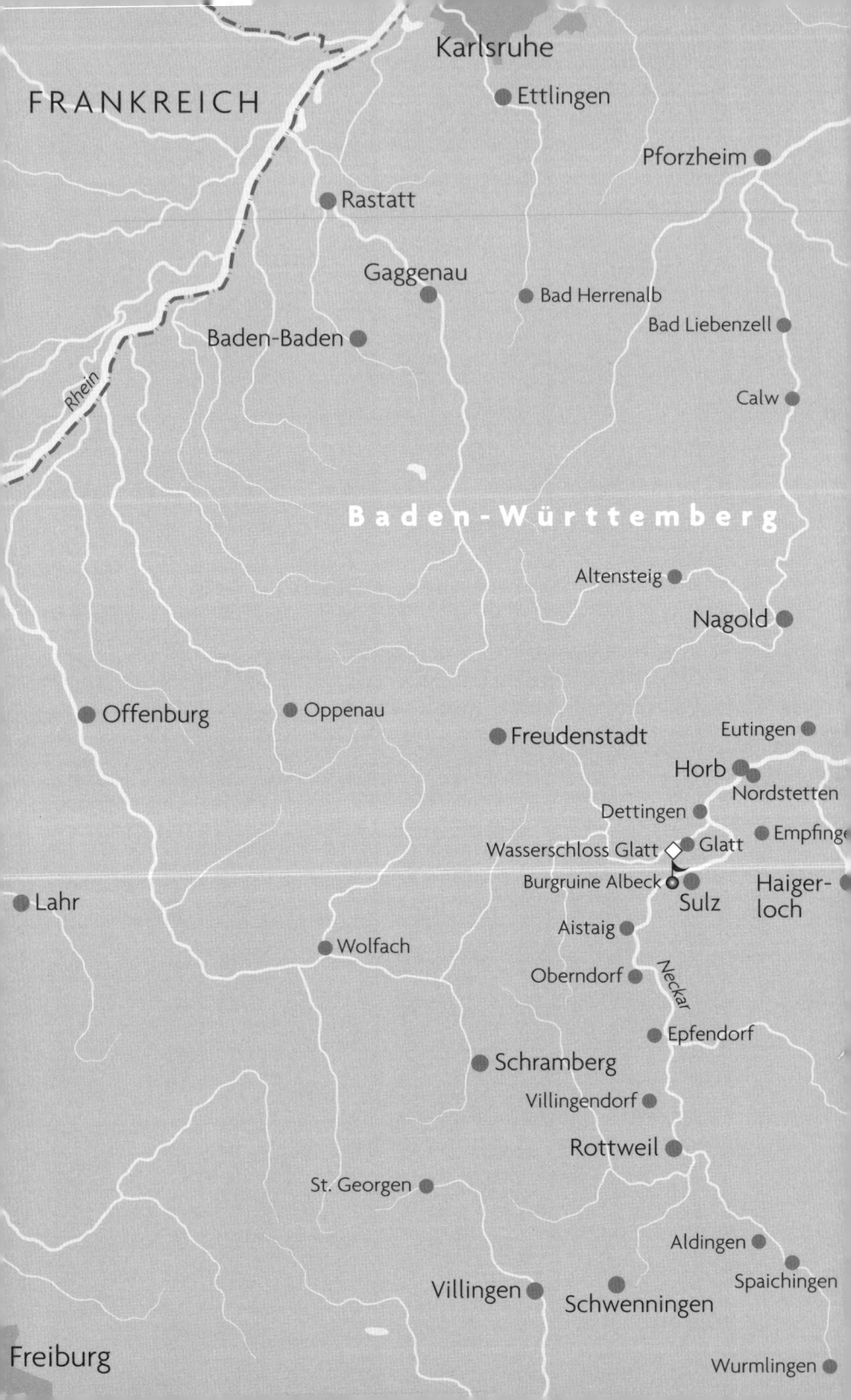

FRANKREICH

Karlsruhe

Ettlingen

Pforzheim

Rastatt

Gaggenau

Bad Herrenalb

Bad Liebenzell

Baden-Baden

Calw

Rhein

Baden-Württemberg

Altensteig

Nagold

Offenburg

Oppenau

Freudenstadt

Eutingen

Horb

Nordstetten

Dettingen

Empfinge

Wasserschloss Glatt

Glatt

Burgruine Albeck

Haiger-
loch

Lahr

Sulz

Aistaig

Wolfach

Oberndorf

Neckar

Epfendorf

Schramberg

Villingendorf

Rottweil

St. Georgen

Aldingen

Spaichingen

Villingen

Schwenningen

Freiburg

Wurmlingen